本书为2016年度教育部人文社会科学重点研究基地重大项目『高考制度改革研究』（16JJD880029）之成果

高考制度伦理研究

徐　萍／著

高考改革研究丛书
刘海峰／主编
华中师范大学出版社

国家出版基金项目
NATIONAL PUBLICATION FOUNDATION

新出图证（鄂）字 10 号

图书在版编目（CIP）数据

高考制度伦理研究/徐萍著. —武汉：华中师范大学出版社，2016.12
（高考改革研究丛书/刘海峰主编）
ISBN 978-7-5622-7601-2

Ⅰ.①高… Ⅱ.①徐… Ⅲ.①高等学校—招生—考试制度—研究—中国
Ⅳ.①G649.22

中国版本图书馆 CIP 数据核字（2016）第 260626 号

高考制度伦理研究
© 徐 萍 著

责任编辑：袁正科　**责任校对**：王　炜
编辑室：学术出版中心　**电话**：027－67867792
出版发行：华中师范大学出版社　**社址**：湖北省武汉市洪山区珞喻路 152 号
电话：027－67863426/67863280（发行部）　027－67861321（邮购）
传真：027－67863291　**邮编**：430079
网址：http：//press.ccnu.edu.cn　**电子信箱**：press@mail.ccnu.edu.cn
印刷：湖北新华印务有限公司　**督印**：王兴平
封面设计：甘　英　**封面制作**：胡　灿
开本：710mm×1000mm　1/16　**印张**：14.25
版次：2016 年 12 月第 1 版　**印次**：2016 年 12 月第 1 次印刷
字数：230 千字　**定价**：35.00 元

欢迎上网查询、购书

总　　序

高考是我国各类考试中最重要、影响最大的考试。高考改革不仅关系到国家创新人才的培养、学生的健康成长，而且关系到社会公平的维护、高等教育资源的分配，还涉及宏大的社会利益再分配问题，关系到维护我国改革发展稳定的大局，是一项“牵一发而动全身”的社会系统工程，具有综合性、系统性。高考改革事关教育全局，不仅已成为重大的民生议题，而且是教育领域中最复杂、最敏感的问题，受到民众和国家教育主管部门的高度关注。

2010年7月正式颁布的《国家教育中长期改革和发展规划纲要(2010—2020年)》列有关于招生考试的专门一章，即第十二章“考试招生制度改革”。在中国历次教育改革文件中，这是第一次将招生考试单独列出一章，足见此问题在现阶段的重要性。2012年7月，国家教育考试指导委员会在北京成立，研究制定考试改革方案，指导考试改革试点。国家专门成立一个国家级决策咨询机构来指导高考改革实践，说明考试招生改革意义非常重大。2013年11月，十八届三中全会通过了《中共中央关于全面深化改革若干重大问题的决定》，其中教育方面最主要的就是考试招生改革的内容。2014年9月公布的《国务院关于深化考试招生制度改革的实施意见》，是恢复高考以来最全面、最系统的改革文件。以往也有各种各样的高考改革政策出台，但多数都是单项的或者某一个侧面的改革，而这次改革涉及考试招生的方方面面，是一个顶层设计的系统改革，标志着高考改革进入一个新阶段。

由于高考是一个至为复杂的大规模选拔性考试，是一项“横看成岭侧成峰，远近高低各不同”的制度，从某一特定的角度去观察，站在某一种特定的立场去评说，可能所见都是事实，所言也都有一定道理，但也可能会出现盲人摸象、各说各话的情况。因此，在评价高考时，重要的是全面和客观。

而要理性地、全面地评价高考，提出切实可行的改进意见，就应该对高考进行全面深入的研究。

中国是考试制度的发源地，不仅是一个考试古国，而且是一个考试大国。有些西方国家的大学入学考试只是一种测量手段，只是在小范围内引起关注，只是一个部分人关心的话题。然而，受传统和现实的制约，中国人却将高考变成了文化，变成了经济，变成了政治，变成了盛大的仪式，变成了一种备受关注的社会活动，变成了一种惯例式的全民动员。在有五千年悠久文化传统和千余年科举考试影响的中国，在一个幅员辽阔、人口众多、地域和城乡文化教育水平差异很大的中国，在民众高度重视甚至是过度重视教育的中国，高考既与世界各国的大学入学考试有相同的规律，也有不少独有的现象和问题。

长期以来，高考作为一项影响重大、关注度甚高的重要制度，总体而言是“三多三少”，即新闻报道多，理论研究相对较少；一般议论多，深入分析相对较少；零星探讨多，系统研究相对较少。近年来，情况有了一些改观，特别是 2012 年前后讨论异地高考政策问题，2014 年《国务院关于深化考试招生制度改革的实施意见》出台以后，出现了研究高考改革的热潮，许多相关论文见诸报刊。但是，对于整个高考制度还缺少系统的研究，尤其缺少真正有分量的高考改革研究著作。

高考改革是一个谁都能说得上两句的话题，但又是一个专业性很强的问题。要谈谈自己关于高考改革的观点，发表一两篇文章不难，而要深入阐述自己的观点，发表不重复的系列论文或出版专著却很难。为了将高考研究推向深入，并为现实高考提供决策参考和理论依据，在深入研究的基础上，特组织一套“高考改革研究丛书”。

作为中国高考研究的重镇，厦门大学考试研究中心一直将高考改革作为重点研究方向之一，推出了一系列研究论文和专著，研究成果为全国性的和部分省市的高考改革提供重要的理论支持。本丛书是中国第一套较全面、深入研究高考改革的丛书，对高考从理论、制度、政策、法治、内容、形式，到招生考试的区域公平、民族政策、效度和评价等各方面进行全面的研究，同时对美国、英国、法国、俄罗斯、加拿大、澳大利亚、日本和我国台湾地区的高校招生考试制度等进行了探讨；既有对高考制度的理论剖析，又有对高考改革的一些热点问题的专题论述；是从理论到实践、从宏观到微观、从国内到域外，对高考制度及其改革进行的全面而深入的研究。

“高考改革研究丛书”是对高考的基础性、系统性研究。2015 年，该丛书获得国家出版基金资助，出版社与丛书主编将原来已出版的十多本著作加以修订，并扩充至 22 本，使之成为一个更全面、成气候的书系。本丛书基本上由我自己的著作和历年指导通过答辩的高考研究博士论文、博士后出站报告为基础构成。在我历年指导的众多博士论文或博士后出站报告中，以高考研究为选题的占大多数。要想真正为高考改革提供参考，我们的研究应力求建立在对招生考试历史与现实充分了解的基础之上。为了使这些论文的写作不至于陷入空谈，我总是要求博士生和博士后多了解高考实际。多年来，以高考为选题的博士生和博士后一般都要到部分省市教育招生考试院等考试机构实习，真正深入招生考试第一线，多与考试管理工作者接触交流，这样他们才不会太书生气，所写论文才能脚踏实地。凡是研究别国高校招生考试制度的博士生和博士后，都通晓所在国的语言文字，并尽可能到研究对象国去搜集资料和实地调研，多位博士生和博士后都在研究对象国留学多年或做访问研究一年以上。

丛书中每本著作各有专攻，希望都能切中肯綮，真正做到既有学术价值，也有现实意义；对高考改革的顶层设计，对高考改革的顺利推行，进而对维护教育公平和社会稳定起到一定的作用。恢复高考 40 周年即将到来，相信本丛书的出版能够为高考改革提供理论支撑，为完善中国的考试招生制度贡献绵薄之力，作为一名上世纪的 77 级大学生，我深感欣慰。

刘海峰

2016 年 10 月 6 日

目　　录

绪　论

对于高考的评价不管是来自民间的，还是来自官方的，不管是来自一般民众的经验感受，还是来自专家学者的理性思辨，多是一种伦理评价，简单地说是“好”与“不好”的评价。“好”与“不好”似乎都有充足的理由，而这种“好”与“不好”的评价恰恰会汇聚成一种思潮，成为高考改革的前奏与推力。因此对高考制度价值取向的分析以及对以高考制度价值取向为基础的高考评价的分析就显得非常重要，它关乎高考改革的走向与成败。

对高考的伦理评价主要聚焦于公正性方面。由于高考制度在不断发展，对公正性的理解也在不断发生改变，因此，高考制度的公正性是一个常议常新的话题。高考制度伦理评价的另一焦点纠结于高考制度与学校教育的关系，其实质是纠结于高考制度与人的发展的关系。冀望一种制度来满足所有美好的价值期待总是会落空，因而高考制度的改革时常会陷入面临着要解决一系列两难问题的伦理困境。循着高考制度变迁的脉络，从制度伦理学的视角对高考制度的“善”与“恶”进行全面的解析和把握，使得高考改革能随着时代发展适度取舍，多一分理性，少一分冲动，这即是本书的主要目的。

一、概念界定

为了使研究问题更加明确、具体，我们首先要对本书所涉及的几个主要概念进行清晰的界定。首先是制度这一概念。制度是一个充满分歧和争议的概念。制度最初是政治学的研究对象，后来社会学、经济学等领域都对制度给予了充分的关注，到了20世纪80年代之后，人们对制度的理解趋向多元化和复杂化，即使是在同一领域里探讨制度问题都会有各种不同的理解，这使得不论从哪个领域来研究制度的学者都必须在这个问题上做出某种选择或者声明。

制度对人类的公共生活十分重要，这也是制度研究能不断成为学术增长点的主要原因。按照塞尔的说法，人的存在是一种制度化的存在，即生活在“制度场景（institutional context)”当中。在塞尔看来，人只要活着，就无法摆脱无所不包的制度安排，而且“人应该做什么”也只有在一定社会的“制度场景”中才有意义①。正是因为人无时无刻不生活在制度场景中，所以人们每天大部分的行为只要按部就班地去做就可以了。“我们在一天中90％的行动都根本无须太多思考。但实际上，正是那一系列嵌入其间的制度实存，才使我们可以这样不假思索地做出这样那样的选择。”② 新制度经济学甚至认为制度性因素是经济增长的一个重要变量。

那么，到底什么是制度呢？下面列举几个制度学派的比较有代表性的观点：

柯武刚、史漫飞认为，制度是“用于共同体内的、众所周知的规则。它们抑制着人类交往中可能出现的机会主义行为，并无例外地对违规行为施加某些惩罚”③。

道格拉斯·诺斯认为，“制度是一个社会的游戏规则，更规范地说，它们是为决定人们的相互关系而人为设定的一些制约”④。

青木昌彦将制度概括为“关于博弈重复进行的主要方式的共有信念的自我维系系统”⑤。

“制度是为人类设计的，构造着政治、经济和社会相互关系的一系列约束。是人类设计出来的形塑人们互动行为的一系列约束。”⑥

…………

概而言之，一般意义上的制度指的是人类相互交往的一系列规则，这是

① 韦森：《语言、道德与制度——语言哲学能搭起“实然”与“应然”之桥?》，《东岳论丛》2004年第3期。

② 道格拉斯·诺斯：《制度、制度变迁与经济绩效》，杭行译，格致出版社，2008年，第30页。

③ 柯武刚、史漫飞：《制度经济学：社会秩序与公共政策》，韩朝华译，商务印书馆，2001年，第110页。

④ 道格拉斯·诺斯：《制度、制度变迁与经济绩效》，杭行译，格致出版社，2008年，第3页。

⑤ 青木昌彦：《比较制度分析》，周黎安译，上海远东出版社，2001年，第11页。

⑥ 卡尔·波普：《开放社会及其敌人（第1卷)》，陆衡译，中国社会科学出版社，1999年，第237页。

狭义的制度。宽泛意义上的制度以新制度主义的观点为代表，既指正式规则，如法律、规章，也指非正式规则，如伦理道德、惯例、习俗等。当然，正如青木昌彦所说，“给诸如‘制度’之类的任何概念下一个合适的定义将取决于分析的目的”。“关于制度的定义不涉及谁对谁错的问题，它取决于分析的目的。”① 鉴于本书的分析目的，文中的制度指的是狭义的制度，即正式的制度安排和制度运行。

在我国，“高考”这个名词家喻户晓、无人不知，似乎无须过多的解释，但往往越是司空见惯的越是歧义丛生。根据杨学为主编的《中国考试大辞典》，高考有三种含义，一是指高等考试，二是指普通高等学校招生全国统一考试，三是指成人高等学校招生全国统一考试。

第一，高考即高等考试。“民国时期考试种类之一。简称‘高考’。为考试院办理的最重要亦具传统的考试。含公务人员高考、专门职业及技术人员高考，是政府选拔事务官（文官）的重要手段，也是检定专门职业及技术人员职业资格的重要工具。”②

第二，高考即普通高等学校招生全国统一考试。“普通高等学校招生全国统一考试，现代考试的种类之一，简称‘高考’，即普通高等学校每年在报考的合格高中毕业生中，按国家计划选拔优秀新生的考试。1952 年 6 月开始实行。”③

第三，高考即成人高等学校招生全国统一考试。“成人高等学校招生全国统一考试，现代考试种类之一。是经国家教委审批的成人高校实行的全国统一招生考试。开始于 1986 年，每年举行一次。报考对象为在职干部、职工、教师、从业人员，具有高中毕业文化程度或同等学力的社会人员。”④

“高考”这个名词在中国的内地、台湾，香港三地意义有所不同。在内地，高考一般指后两种含义，是高等学校招生全国统一考试的简称，根据招生对象的不同，具体分为普通高考和成人高考，它是考生进入大学的手段，是我国的国家考试之一。在台湾地区，高考则被理解为当地公务人员高等考

① 青木昌彦：《比较制度分析》，周黎安译，上海远东出版社，2001 年，第 2 页、第 11 页。

② 杨学为：《中国考试大辞典》，上海辞书出版社，2006 年，第 371 页。

③ 杨学为：《中国考试大辞典》，上海辞书出版社，2006 年，第 371 页。

④ 杨学为：《中国考试大辞典》，上海辞书出版社，2006 年，第 371 页。

试，属于第一种含义，而决定学生能够进入大学就读的资格考试称为大学入学指定科目考试。在香港特别行政区，高考则是香港高级程度会考。

目前，学术界在讨论高考制度相关问题时，对高考制度的概念使用较为混乱，这是高考制度的“所指”[①] 随着时代的发展而有所变化引起的。比如人们通常将“高考制度”等同于“全国高等学校招生统一考试制度”，这是由于新中国成立后长期实行统一招生考试制度而导致的惯性思维的结果。事实上，“高考制度”应是高等学校入学制度的简称，统一高考制度只是高考制度的一种。出于概念延展性以及适于比较的考虑，也是为了顾及高考制度的日常习惯用法，本书将高考制度界定为以统考制度为主体的高等学校入学制度，包括高等学校入学考试制度、高等学校招生录取制度以及高考管理制度等。由于狭义的制度概念排斥以非正式的高考制度规则为研究对象，因而本书中的高考制度主要指的是正式的高考规则。当然，高考作为一种重要的文化现象，其所形成的高考惯例和高考习俗发挥着强大的伦理导向作用，因而本书也会不可避免地论及高考制度的非正式规则方面。

那么，什么是制度伦理呢？顾名思义，制度伦理的研究必然包含对制度问题的研究和对伦理问题的研究。但对中心词的强调不同，就产生了不同的研究向度。按照学科属性来说，制度伦理是政治学、经济学、社会学、法学、管理学等学科与伦理学交叉所产生的新概念。从不同的学科视角出发，对制度伦理内涵把握的侧重有所不同。从制度伦理学研究的源头来看，制度伦理问题首先是在伦理学的领域发起的。伦理学也叫道德哲学，是“关于道德、道德问题和道德判断的哲学思考”[②]。近年来，有关伦理问题的探讨随着罗尔斯《正义论》的问世而实现了由元伦理学向规范伦理学的范式复归。

一般认为，尽管在罗尔斯的《正义论》中并没有明确指出“制度伦理”的概念，但是就其内容和所探讨的问题来看，它实际上是一部论述制度伦理学的著作。从这个意义上说，《正义论》是制度伦理问题研究的开山之作。罗尔斯在《正义论》中指出：“正义是社会制度的首要价值。……某些法律和制度，不管它们如何有效率和有条理，只要它们不正义，就必须加以改造或废除。”[③] “在一个正义的社会里，平等的公民自由是确定不移的，由正

---

① 语言哲学家索绪尔认为，任何语言符号是由“能指”和“所指”构成的，“能指”指语言的声音形象，“所指”指语言所反映的事物的概念。

② 威廉·K弗兰克纳：《伦理学》，生活·读书·新知三联书店，1987年，第7页。

③ 罗尔斯：《正义论》，何怀宏、何包钢、廖申白译，中国社会科学出版社，1988年，第1页。

义所保障的权利绝不受制于政治的交易或社会利益的权衡。”① 在罗尔斯看来，制度正义已经成为构建一个秩序良好的正义社会的重要基础，是解决社会中大部分的或基本的伦理问题的前提条件。制度是公共产品，其面对和作用的是整个社会关系。当一个制度不正义时，受到侵犯的往往是所有社会成员。

还有一个值得一提的关注制度与道德关系的思想家是基督教哲学家尼布尔。虽然尼布尔将宗教信仰作为解决社会问题和消除社会不公正的首要资源，但他同时也认识到了社会制度的强制力量对加强公共道德理性的重要作用。在《道德的人与不道德的社会》的导言中，尼布尔认为，作为个体的人可以成为道德的人，这是因为在涉及行为的关键问题上他们能够考虑与自己利益不同的利益，有时甚至能够把他人的利益放到自己的利益之上。作为个体的人生来就有同情心，并且关心他们的同类，通过精心设计的社会教育方法可以扩展他们的这种同情关怀。他们天生的理性能力使他们具有正义感，通过教育的熏陶能够使得他们的这种正义感增强；同时，他们的这种理性能力还会使他们人性中的利己成分进化到他们能够以一种客观公正的态度去评价涉及他们自己利益的社会状况。但是，所有这些成就对于人类社会和群体社会来说都是很困难的，甚至几乎是不可能的。因为在每一种人类群体中，群体缺乏理性去引导与抑制他们的冲动，缺乏自我超越的能力，不能理解他人的需要，因而比个人更难克服自我中心主义。在尼布尔看来，随着文明的发展和权力的日益集中，复杂的社会不可避免地要造成高度的不平等。群体道德低于个体道德，必然导致道德与不道德之间的社会矛盾，并造成社会不和谐的严重后果——社会的冲突不可避免。而要改变这种状况，就需要通过合理的制度强制来引导、规范和整合群体社会生活的道德共识，以形成道德社会所需要的公共道德理性②。换言之，提高群体社会相互合作的道德水平，拯救不道德社会的重要出路，在于重视和加强制度伦理建设。

在我国，制度伦理研究的著述也多是将制度伦理作为伦理学的范畴来讨论的，换言之，是把“伦理”作为中心词的。当然，即使同在伦理学视域

① 罗尔斯：《正义论》，何怀宏、何包钢、廖申白译，中国社会科学出版社，1988 年，第 1 页。

② R 尼布尔：《道德的人与不道德的社会》，蒋庆，等译，贵州人民出版社，2009 年，导言。

中，对制度伦理的界定也存在差异。由于制度概念存在广义和狭义之分，对制度伦理的定义也存在广义和狭义的差别。例如，万俊人认为，“所谓制度伦理，主要是指以社会基本制度、结构和秩序的伦理维度为中心主题的社会性伦理文化、伦理规范和公民道德体系，如制度正义、社会公平、社会信用体系、公民道德自律等。制度伦理包括三个基本的层面：(1) 以国家根本政治结构为核心的社会基本制度伦理系统；(2) 以社会公共生活秩序为基本内容的公共管理——与狭义的行政管理或企业管理不同——伦理系统；(3) 以公民道德——与一般意义上的个人美德不同——建设为目标的社会日常生活伦理系统”①。可以看出，这是从广义的制度概念出发来确定制度伦理范围的。而高兆明认为，“在‘制度伦理’问题的思考中，‘制度’概念只能在狭义上被使用，否则就会出现后述语义混乱的逻辑错误”。他认为，制度伦理应是“对制度的伦理分析，其核心是揭示制度的伦理属性和伦理功能”②。项义华在《制度的道德与个人的道德》一文中则直截了当地指出，“制度伦理是指人们对制度的道德评价”③。方军在《制度伦理与制度创新》一文中指出，“制度伦理有两种：制度的伦理——对制度的正当、合理与否的伦理评价和制度中的伦理——制度本身内蕴着一定的伦理道德原则和价值判断”④。王本陆认为，“制度伦理的核心要义是对制度进行伦理考量，是为制度建设提供道德支持，优先关注的是制度建设的价值方向、资源分配机制以及制度运作形式的道德合理性和道德原则问题”⑤。本书从狭义的制度伦理概念出发，主要是对高考制度进行价值向度的伦理分析和伦理评价。

二、文献综述

迄今为止，直接以高考制度伦理为研究对象的研究论文或专著非常少见，即使有相关研究，但也为数不多，在这为数不多的相关研究中，并不乏卓越的见解，这对本项研究来说是非常宝贵的资源。鉴于科举制度伦理与高

① 万俊人：《制度伦理与当代伦理学范式转移》，《浙江学刊》2002 年第 4 期。

② 高兆明：《制度伦理与制度“善”》，《中国社会科学》2007 年第 6 期。

③ 项义华：《制度的道德与个人的道德》，《浙江社会科学》1997 年第 1 期。

④ 方军：《制度伦理与制度创新》，《中国社会科学》1997 年第 1 期。

⑤ 王本陆：《教育公正：教育制度伦理的核心原则》，《华南师范大学学报》（社会科学版）2005 年第 1 期。

考制度伦理的极大的关联性，我们可以从科举制度伦理及相关研究和高考制度伦理及相关研究两个方面展开综述。

（一）科举制度伦理及相关研究

目前所能搜集到的直接以科举制度伦理为研究对象的研究论文有两篇，一篇是邓建国的《科举制度的伦理审视》，另一篇是蒋纯焦的《制度公正与社会公正——科举考试的伦理学分析》。前者指出，中国古代科举制度具有把儒家伦理道德制度化并使教育服务于政治的特质，科举制度包含着大量的伦理道德问题，不仅在考试的内容上以儒家经义为核心和主旨，而且在考试的组织和形式上也深受儒家伦理道德的熏陶和影响；科举制度及其所带来的伦理道德效应，如同一块镜子的两面，不仅有善的一面，而且有恶的一面①。后者从程序、内容、规则和个人等方面对科举考试的制度公正和社会公正进行了分析和探讨，认为科举制度公正与社会公正并不是正相关②。两篇论文的侧重点虽不同，但都对科举制度的伦理属性和伦理功能进行了初步探讨，为我们进一步拓宽思路提供了参考。

科举制度伦理的相关研究大体有两类。一类是对科举制度的评价。国外很多学者（汉学界、政治学界）对科举制度给予了高度的赞赏和评价，如认为科举制是“中国对世界最重要的贡献”、“中国文明的最好方面”、“最珍贵礼物”、“遥远榜样”等，代表人物如 Morison（1853）、Meadows（1847）、Martin W A P（1896，1901）、Wells Williams（1878）、Kracke（1964）、Bodde（1972）、Twichett（1974）、Creel H G（1964）等③。科举制度受到西方学者的青睐和重视，主要是因为西方文官考试制度受到科举制度很大的启发，美籍华人学者邓嗣禹也举出大量资料说明英、法、美等国建立文官考试制度曾受中国科举的影响。自科举废除后，科举制度在我国大陆地区的评价经历了一个从非理性的贬斥到理性看待的过程。科举制度废除后尤其到新中国成立初期，人们对科举制度的评价是同丑恶制度画等号的（也有少数人对科举制度作过肯定评价，如康有为、梁启超、孙中山等）。近年来，人们对科举制度的评价开始趋于理性和客观。对科举制度的评价直接影响到大学

---

① 邓建国：《科举制度的伦理审视》，湖南师范大学博士学位论文，2007 年。

② 蒋纯焦：《制度公正与社会公平——科举考试的伦理学分析》，《考试研究》2004 年第 2 辑。

③ 刘海峰：《科举制对西方考试制度影响新探》，《中国社会科学》2001 年第 5 期。

招生考试制度的建制及其评价，本书第四章将会对此进行详细的讨论。

另一类是科举与阶层流动的关系研究。代表人物如美国汉学家费正清、何炳棣、克拉克、张仲礼、顾立雅、贾志扬和中国学者费孝通、潘光旦等。此类研究对本项目的意义在于，通过对科举与阶层流动关系层面的考察，探讨科举制度的社会功能，揭示出科举制度对社会公平正义所发挥的作用。

（二）高考制度伦理及相关研究

目前国外还未见有专门研究高校招生考试制度伦理的论文公开发表或专著出版。国内的相关研究可以粗略分为三类。一类是关于考试伦理的研究，另一类是关于高考制度伦理公正的研究，还有一类是对高考制度的评价。

考试伦理与考试制度伦理是应区分开的两个概念。从屈指可数的考试伦理研究文献中可以看出，考试伦理确切地说指的是考试活动的伦理，是“向所有与考试有关的人员提出道德要求”①。有学者将此定义进一步展开，认为考试伦理是“贯穿于考试活动中的道德意识、道德良心、道德准则和道德行为活动的总和。其主体主要有命题者、保密者、监考者、巡视者、阅卷者、登分者、成绩公布者、考生等所有与考试相关的人”②。据此，研究者认为，考试伦理实际上是由公正和诚信共同维护的道德体系，换句话说，所有与考试相关的人都应遵循公正与诚信的道德要求。由此可以看出，考试伦理探讨的是个体（主要是考生和考试管理者）伦理问题，而考试制度伦理探讨的是制度伦理问题。事实上，与个体道德相比，制度的道德性具有更广泛、更客观、更现实等特点。反过来说，“人若发现某种制度或规范的执行是不公正的，它偏向某一群体、组织或个人时，一般的做法不是去改变这种制度执行的不公，使其成为一种公正的制度，而是去改变自身，去努力改变自身的身份，去进入某一群体，去分享这种利益”③。因而根本解决考试伦理问题在于有效的好的考试制度，因为如果考试制度低效或无效，考试舞弊的人就会越来越多，考试守纪的人就会越来越少。可见，考试伦理研究对我们廓清研究问题很有帮助，也会进一步增强我们对高考制度伦理研究意义的认同。

对于高考制度伦理公正的研究方面，虽然目前尚缺乏对高考制度伦理的

---

① 韩东屏：《考试伦理的失落与拯救》，《湖北大学学报》（哲学社会科学版）2005 年第 5 期。

② 欧海燕：《考试伦理之探微》，《哈尔滨学院学报》2006 年第 1 期。

③ 刘超良：《论制度德性》，《江西教育科研》2004 年第 10 期。

系统而深入的研究，但对于高考制度伦理某一方面的研究和对高考制度中某一具体制度的伦理性考察还是很有价值的，其中对高考制度公正性的研究较为突出，这类研究或者阐明高考制度设计为什么要遵循公正原则，或者指出高考制度存在哪些方面的不公正，或者提出高考制度如何才能够实现公正。如戴家干认为，高等学校招生全国统一考试是公平公正原则的重要制度设计和社会实践，而高考的改革实际上是在一定社会条件下对公平公正理念的诠释和践行，这既由高考的社会属性所决定，也是正确认识和评价高考改革的视角①。苏尚锋依照教育公平理论发展从形式公平到实质公平的价值参照，对高考制度的起点公平、过程公平、结果公平问题进行分析，认为高考制度形式公正的背后可能隐含着实质不公②。李立峰以复合正义论作为理论分析工具，分析了我国高等教育入学机会地域失衡的问题，认为考试公平与地域公平的矛盾反映了两种公正观（个体公正和集体公正）的矛盾，从而以复合正义论的观点避免了任何一方对另一方的不公正指斥。在此基础上，他以立足现实（区域公平）、追求理想（考试公平）的方式协调了二者的矛盾③。有一些是对高考制度的公正与效率关系的研究，如刘海峰认为，高考改革的发展趋势是从效率优先走向公平优先，继而走向公平与效率的兼顾与平衡④。裴云认为，任何一种人才选拔制度，只要其核心价值——公平和效率原则得以保证，那么，它就始终具有生命力⑤。有学者在实证研究的基础上，尝试建构了高考公平性的评价体系⑥。

此外，还有部分学者的研究论及了高考制度的人道性。如臧铁军认为，考试改革必须遵循人道的原则，高考要高扬人性，把学生切实作为一个精神的生命体，考试应该担起培养人的精神力量的责任⑦。

---

① 戴家干：《高考改革与教育公平公正》，《中国高等教育》2006 年第 12 期。

② 苏尚锋：《考试的起点、过程和结果公平》，《湖北招生考试》2005 年第 20 期。

③ 李立峰：《我国高校招生考试中的区域公平问题研究》，华中师范大学出版社，2007 年。

④ 刘海峰：《高考改革中的公平与效率问题》，《教育研究》2002 年第 12 期。

⑤ 裴云：《公平与效率——高考改革的永恒动力》，《湖北招生考试》2005 年第 8 期。

⑥ 张知生：《高考公平问题的伦理审视与实证研究》，中南大学博士学位论文，2013 年。

⑦ 臧铁军：《考试的人道性与人道原则》，《北京师范大学学报》（社会科学版）1996 年第 3 期。

就高考制度评价而言，高考自建制始就一直在人们的拷问与评价中不断改进，人们从各个角度和方面对高考做出各自不同的评价。对高考制度进行评价的文献具有广泛性和片面性的特点，一方面大量地存在于各门各类的书刊中，另一方面又呈现出对高考制度评价简单化、情绪化的特点，各种评说之间缺乏理性对话的基础。在对高考的各种评价中，有些是出于认识的错误而影响了对高考制度做出正确的评价，还有一些是出于不同的价值标准而武断地对高考制度做出道德评价。这种不同评价之间的争论往往变成了争吵，正如麦金太尔指出的，“这些争论的各方谁也说服不了谁，没有任何可以使对方信服的理由，因为争论的各方都站在与对方无法沟通的理论立场上。某人之所以采取这种立场，并不是因为有某种令人信服的理由，而仅仅是某种非理性的决定所使然。因此，这种相互都具有对方无法接受的论点的辩论，结果变成了仅仅是断言和反断言的争吵”①。对高考制度的断言与反断言的争吵式的评价通常在包括网络在内的新媒体中有所反映。值得注意的是：其一，对高考制度公正的探讨呈现出多学科多角度分析的态势。其中多数学者认为高考有利于社会正义目标的实现，高考的筛选功能对教育分流、社会分层和人才流动的意义重大。这说明高考制度作为一种社会制度，其所具有的强大社会调节功能是绝对不容忽视的。如有学者从社会学的角度出发，认为是公平将考试（科举和高考）与社会紧密地联系起来。社会选择了考试或者考试能长期存在的历史原因就在于考试追求公平。他们还通过考察中国考试历史变革的公平动机，分析了公平对考试发展的影响，认为考试制度的改革若改掉公平，就等于革自己的命②。有学者从政策分析的视角对转型期我国高考公平的现状、问题和成因进行了分析，认为高考政策是影响高考公平的决定性因素，并提出了促进高考公平的政策建议③。有学者从经济学的角度出发，探讨中国经济发展战略与高等教育入学机会公平性之间的关系，分析中国高等教育地区公平问题和由于经济差异引起的公平问题，揭示造成中国高等教育入学机会不公平的经济原因④。有学者从法学的角度提出高等学校

① 麦金太尔：《德性之后》，龚群、戴扬毅，等译，中国社会科学出版社，1995 年，译者序言。

② 郑若玲：《科举、高考与社会之关系研究》，华中师范大学出版社，2007 年，第 279～309 页。

③ 王后雄：《我国高考政策的公平性研究》，华中师范大学博士学位论文，2008 年。

④ 李文胜：《中国高等教育入学机会的公平性研究》，北京大学出版社，2008 年。

招生考试法的建设对高考公平、公正发挥着重要的保障作用①。这些都从另一个角度说明了高考制度公正的至关重要性。所不同的是，伦理学视角探讨的高考制度公正问题主要是本体论问题，而其他视角探讨的主要是目的论和方法论的问题。从这个意义上说，伦理学视角的高考制度公正研究更具根本性。当然，本书对一些问题的讨论并不会囿于学科的限制。

其二，已有的高考制度伦理研究多集中在对公正伦理的考察上，然而，制度公正的探讨是否能够涵盖高考制度伦理的全部？正如弗兰克纳所言，“公正的领域是道德的一部分而不是全部”。本书认为，高考制度不能仅以公正为由确立自己的合法地位，丧失公正性的高考制度必然根基不牢，但仅仅强调公正性或者过度强调公正性都是不可取的。可以说，高考改革中的各种矛盾中，最难以调和的矛盾归根到底是不可通约的不同伦理价值标准的矛盾，当今高考制度合法性危机的实质是高考制度伦理危机。讨论高考制度伦理的主要价值取向，并对高考制度“善”、“恶”做出合理的分析与评价正是本书的旨趣所在。

三、研究意义

高考改革是教育改革中一个带有全局性的重大问题，是深化教育改革、全面推进素质教育的瓶颈。由于高考关系到千家万户的利益，涉及学生、家长、教师以及中小学和高等学校等各个方面，并具有维护社会公平和稳定社会秩序的功能，因而高考一度成为我国社会高度关注的热点问题。高考制度不但随着新问题的不断出现以及公民理性自觉程度的提高而遭遇到比以往更加复杂难解的高考是否公正的问题，而且在更加注重人的自由与解放、张扬人的主体性的当今时代，也面临着异化学校教育目的、压抑人的自由而全面发展的严厉责问。因而高考制度道德合理性的研究对于教育改革的顺利推进、社会的和谐稳定发展就有着特殊重要的意义。

无论我国还是世界其他国家，教育改革都是当今时代的重要课题。在我国，高考改革尤其是教育改革的关节点，它牵制和影响着各项教育改革的进行。可以说，任何一项社会改革的核心都是制度的变革，因此，高考制度改革是教育改革的关键一环。另一方面，作为举国大考的高考不单单是一项教育制度，它也是一项重要的社会制度，甚至有时很难判定高考是更多地作为

---

① 覃红霞：《高校招生考试法治研究》，华中师范大学出版社，2007年。

教育制度还是更多地作为社会制度而存在。社会制度的伦理诉求与教育制度的伦理诉求虽有重合，但并不一致，甚至会有冲突，因此高考制度的伦理分析有助于我们深刻认识和积极应对高考改革中面临的种种矛盾。

具体而言，其意义表现在以下两个方面：

（一）理论意义

高考制度的发展充满了种种苦难，“而苦难的根源，部分的是因为没有或缺乏科学的考试理论”①。所幸的是，厦门大学考试研究中心正在致力于对高考制度的整体把握，相信这对考试理论必将是一种深刻的建构。本书始于高考制度“好”与“不好”这样一个两难评价，希望通过对高考制度进行伦理分析找到出路，或者至少找到出路的线索。一方面，探讨高考制度的价值体系与价值坐标，另一方面，通过对高考制度及前高考制度的评价分析，对高考制度伦理评价的合理性等问题进行探讨。本书的研究不但可以丰富考试学的理论，也为多学科视角的高考制度研究提供了一个新的研究视角。

制度伦理主要是研究制度安排的道德性、正当性和合理性，而不是研究个人行为的合理性。能否在制度中体现道德的精神，比个人能否履行道德准则更为重要。因此，不仅社会政治制度开始广泛讨论制度伦理问题，以伦理学的价值维度为标准审视或评价制度设计与制度运行，教育制度的伦理问题也引起了人们的广泛关注。本书的研究可以为制度伦理的研究拓宽思路，为教育制度伦理研究提供新的理论增长点。

（二）现实意义

当前，教育内部和外部环境都在发生深刻的变革，高考制度正面临新的形势、新的挑战。党的十六大报告提出全面建设小康社会的教育文化发展目标是“形成比较完善的现代国民教育体系”；党的十七大报告又进一步提出了对全面建设小康社会的新的教育要求（现代国民教育体系更加完善，终身教育体系基本形成，全民受教育程度和创新人才培养水平明显提高）。高校招生考试制度是国家教育考试制度的主要类型，是现代国民教育体系的重要组成部分。深入研究考试制度伦理对推动我国高校招生考试制度的现代转型和构建具有重要的现实意义。

高考关系到千百万青年学子的前途命运和千家万户的切身利益，关系到

---

① 杨学为、廖平胜：《考试社会学问题研究》，华中师范大学出版社，2003年，总序。

高等教育的质量和基础教育的改革，承载着广大学生、家长和教师的期望，承载着维护社会公平和社会稳定的重任，担负着太多的社会舆论压力。深入研究考试制度伦理，对于畅通教育分流和社会分层的渠道，维护社会公平与社会稳定具有重要的现实意义。

为了切实使教育成为促进人的自由全面发展的手段，党和政府颁布和制定了多项法律、政策。如为了扭转中小学教育中的“片面追求升学率”现象，相继把实施素质教育写进《中国教育改革和发展纲要》、《中共中央关于基础教育改革的规定》、新修订的《义务教育法》；从 2001 年开始进行基础教育课程改革，从课程目标的设置、课程结构的调整、课程内容的选编、课程实施的设计、课程评价体系的建构、课程管理的落实等方面处处体现了促进学生自由全面发展这一核心，紧紧抓住了时代变革的特征和需要，给新世纪的基础教育带来了蓬勃的生机。《国家中长期教育改革与发展规划纲要(2010－2020 年)》明确将“坚持以人为本、全面实施素质教育”确定为教育改革发展的战略主题。党的十八大报告指出，全面实施素质教育，着力提高教育质量，培养学生社会责任感、创新精神和实践能力。深入研究考试制度伦理对于新课程改革的顺利推进、对于素质教育的全面展开都具有重要的现实意义。

总之，教育考试工作正处在巨大的、充满活力的变革中。高考制度的改革只有不断审视自身的定位，始终以伦理目标为旨归，才能适应社会变革和教育发展的需要。深入研究高考制度伦理对于建构有中国特色的高等学校招生考试制度具有重要的现实意义。

四、研究方法

本书的主要内容是研究高考制度的价值取向和伦理评价，属于基础理论的研究，因此采用哲学思辨的方法论范式。具体而言，本书将采用文献研究法、历史分析法、深度解释学等研究方法。

（一）文献研究法

文献研究法是一种以文献资料为依据，通过对这些资料中所涉及的问题和结论进行抽象归纳、逻辑演绎、辩证分析、框架重组，进而抽取出与研究课题相关的成果和了解研究进展状况，以便发现问题、继续开展研究的方法。其特点是能够在短时间内探明本领域研究动态，得出有价值、具有前沿性的研究结论。在本书中，文献研究将主要发挥三个作用：一是获取高考制度伦理研究方面的相关成果，摸清当前此议题的研究在哪些方面做得比较成熟、哪些方面还有待进一步深入、哪些方面尚属空白、都使用了哪些理论工具，以此界定本书的研究空间和研究边界。二是通过查阅相关学科资料，如伦理学、科举学、考试学、教育社会学、高等教育学等学科的研究文献，获取开阔的研究视角及基本理论储备。三是为理论创新提供基本的加工工具。在对研究成果和基本理论的陈述、组织和结合中，文献研究法将发挥引申研究结论、调整研究方向、提供基本事实、丰富研究方式等多项功能。

（二）历史分析法

历史分析法，也叫历史研究法或历史/比较分析法。裴娣娜认为，历史分析法是通过整理、排比史料，在错综复杂的历史中分析和清理出发展线索，明确其内在的相互关系或因果关系，论定问题的是非①。台湾学者将历史研究法划归为质性研究法的一种，认为历史研究是指“有系统地搜集及客观地评价过去所发生事件之有关资料，以考验那些事件的因果关系或趋势，以期能提出精确的描述和解释，进而有助于解释现况与预测未来的一种历程”②。美国社会学家艾尔·巴比认为历史/比较分析法是非介入性研究的一种形式，是一种定性研究方法。“这个方法的名字之所以包含比较两个字，是由于社会科学家——对照于只描述特殊历史事件的历史学家——试图发现不同时期和地点的一般模式。”③ 本书在梳理高考制度的评价及高考制度变迁路径等问题时使用历史分析法。由上述对历史分析法的阐述可以看出，历史分析法的关键在于解释，由此引申出本书的另一主要方法——深度解释学。

（三）深度解释学

这是汤普森在分析意识形态时所采用的一种典型研究方法，与日常解释学相对。深度解释学重在超越解释，进行解释的再解释。汤普森认为，对文化研究的实质就是一个对与其相关的先期解释进行再解释的过程，因此，对文化现象的解释总是一种“意识形态解释”，即阐明各种“象征形式所调动

---

① 裴娣娜：《教育研究方法导论》，安徽教育出版社，1997 年，第 146 页。

② 潘慧玲：《教育研究的取径：概念与应用》，高等教育文化事业有限公司，2004 年，第 124 页。

③ Earl Babbie：《社会研究方法》（上），邱泽奇译，华夏出版社，2000 年，第 393 页。

的意义及该意义所维持的统治关系之间的联系”①。该方法由三个环节构成：“社会历史分析”、“推论的分析”和“再解释”。本书在对高考制度公正等问题进行分析时，使用深度解释学的方法，进行解释的再解释，以期深化对高考制度伦理的认识。

① 约翰·B汤普森：《意识形态与现代文化》，高铦译，译林出版社，2005年，第24页。

第一章　高考制度的哲学观照

考试已经成为当今人们生活的重要组成部分，一个人从出生到死亡，都要经历大大小小无数次考试，有的是教育考试，有的是评价生活和工作所具有的各种能力的考试。有人说，“在我们的社会，对人才的鉴别过程是以公共考试作开头的。但成年人在完成正常教育以后的长时间里，仍继续根据能力而得到提升”①。实际上，成年人在完成正式教育以后根据能力得到提升仍是经由广义的考试而实现的。可以毫不夸张地说，当今社会是一个考试社会，并且在未来相当长的时间内，考试社会将具有持久的生命力。那么，考试这一普遍存在的社会现象是如何产生的？高考制度作为考试制度的一种重要类型发挥了怎样的功能？高考改革又在遵循怎样的制度变迁模式？本章将对这些问题进行探讨，以求解答。

第一节　考试制度的起源与建制

中国是一个考试大国，有着悠久的考试传统，并曾有过严密的考试规则和发达的考试系统。但中国也是深受考试之苦的国度，不仅今天的高考广受诟病，古代的科举考试也曾一度被人们归之为像裹脚布一样的丑恶事物而遭唾弃。人们痛恨考试，却又离不开考试，这从古代数次废止科举考试之后出现的社会秩序紊乱和较近时代停止高考 11 年造成的人才断层中可以得到印证。考试的历史正是在这种欲罢不能的困惑中进行着，这就引发了人们对考试本质的不断反思和追问。

在各种考试理论中，对考试的本质及属性的认识是首当其冲要解决的问题。本书从哲学的高度进行把握，因为哲学是最高层次的认识方式，哲学不

---

① Montgomery R：《考试的新探索》，黄鸣译，广西人民出版社，1984 年，第 8 页。

能只满足于回答事物是什么，还要探索日常所见事物生成和存在的原因。古希腊哲学家亚里士多德把哲学定义为探寻事物本原和原因的思辨科学；黑格尔指出，哲学思维的特殊性在于，它是“以思想的本身为内容，力求思想自觉其为思想”①，也就是说，哲学就是对思想的思想，对认识的认识，哲学就是反思。那么对高考制度的反思首先应该从考试的起源与建制谈起。

一、考试起源与延续的社会文化基础

“考试”这一概念是经过“选”、“举”、“察”、“考”、“比”、“试”、“校”等概念逐步发展来的。从《中国考试史文献集成》中所收录的与考试相关的文献中，我们可以看出“考试”这一概念逐渐形成的脉络。现举要句摘录如下：②

此十六族也，世济其美，不陨其名，以至于尧，尧不能举。（《春秋左传正义》卷二〇《文公十八年》）

〔皇帝〕举风后、力牧、常先、大鸿以治民。（《史记》卷一《五帝本纪》）

三载考绩，三考黜陟幽明，庶绩咸熙。（《尚书正义》卷三《舜典》）

帝曰：“咨！四岳。朕在位七十载，汝能庸命，巽朕位?”岳曰：“否德忝帝位。”曰：“明明扬侧陋。”师锡帝曰：“有鳏在下，曰虞舜。”帝曰：“俞，予闻，如何?”岳曰：“瞽子。父顽，母嚚，象傲克谐。以孝烝烝，乂不格奸。”帝曰：“我其试哉!”女于时，观厥刑于二女。厘降二女于妫汭，嫔于虞。帝曰：“钦哉。”（《尚书·尧典》）

三岁大比，则帅其吏而兴甿，明其有功者，属其地治者。（《周礼注疏》卷一五《地官司徒》）

是故古者天子以射选诸侯、卿、大夫、士。射者，男子之事也，因而饰之以礼乐也。（《礼记·射义》）

《周官》：大司徒以乡三物教民而宾兴之。乡大夫受教于司徒，退颁于乡吏，使各教其所治，以考其德行，察其道义。（朱健《古今治平略·三代贡举》，《古今图书集成》655册）

---

① 黑格尔：《小逻辑》，商务印书馆，1980年，第39页。

② 杨学为、刘芃：《中国考试史文献集成（第一卷）》，高等教育出版社，2003年，第7～19页。

比年入学，中年考校。一年视离经辨志，三年视敬业乐群，五年视博习亲师，七年视论学取友，谓之小成。九年知类通达，强立而不反，谓之大成。(《礼记正义》卷三六《学记》)

在董仲舒的《春秋繁露》中有将考、试合并的用法。

考试之法，大者缓，小者急，贵者舒而贱者促。诸侯月试其国，州伯时试其部，四试而一考。天子岁试天下，三试而一考，前后三考而绌陟，命之曰计。(《春秋繁露义证》卷七，《考功名》第二十一)

需要注意的是，第一，古代的这些与考试相关的概念和我们今天所说的考试并不相同，但都是考试的萌芽，正是有了这些类似考试活动的频繁发生，才使得考试最终得以制度化。

第二，考试与考查关系密切。考试和考查是两个不同的概念，考试源于考查，并最后演化为考查的一种主要方式。广义的考试包括考查，可以追溯到尧；狭义的考试则要从2100多年前的西汉时期算起，从汉文帝前元二年(公元前178年)算起。汉文帝刘桓将自己在治理国家的实践中遇到的重大问题提炼成试题，让考生回答，以此方式选拔政府官员。这一选才方式“开辟了考试之先河，在考试史上有重大意义”①。这种通过对实践的模拟和抽象形成试题来测试考生的方式是人类思维水平发展和社会文明程度提高的结果，也是人类社会发展到一定阶段，必须选拔出领导者、管理者等脑力劳动者管理社群的需要。

第三，考试经历了一个越来越重视笔试的过程。起初的考试是笔试和口试并用，到科举考试正式定型以后，考试的形式就主要是笔试了。这一转折主要发生在宋以后。唐代的科举考试考“身、言、书、判”，宋代不再据此标准选才，所以就没有口试了。中国重笔试，这也正是考试能够在中国获得稳定发展的重要原因。

中国重笔试有着深刻的社会文化背景的原因。首先，中国文化倡导“和为贵”。“家和万事兴、国和万邦朝”，人际和谐与社会和谐是维护大一统政治的重要思想基础，而口头上的冲突是要尽力避免的，“中国人毋宁说是一个不断要避免正面冲突的民族，他们尤其不喜欢在口头上产生冲撞”②。在

---

① 杨学为、廖平胜：《考试社会学问题研究》，华中师范大学出版社，2003年，第10页。

② 李弘祺：《中国科举考试及其近代解释五论》，《厦门大学学报》(哲学社会科学版)2006年第2期。

中国的教育传统和政治生活中，也曾有过问答演讲和游说辩论。例如，从教育传统方面看，孔子在教学中多采用问答式的教学方法；受佛教的影响，在书院的教学中比较盛行演讲。从政治生活方面看，春秋战国时期有养士之风，王公贵族养了很多门客为他们的政治活动献计献策，四处游说；《三国演义》中诸葛亮舌战群儒被传为佳话。但总的来说，这种口舌争辩在传统文化中不占主流。

其次，书写文化是中国文化的特色之一。汉字的构造十分优美。一般来说，汉字都具有对称美和平衡美，汉字形体的优美和种类繁多的书法是拼音文字不可比拟的。汉字从古到今主要的形体大约有五种：篆书、隶书、楷书、草书和行书。与此相应的五种书法各有特色，各具美学价值。隶书和楷书一般为长方形的方块字，隶书扁平而楷书直长，但长和宽的比例都接近数学上的“黄金分割比例”，看起来美观大方；草书和行书具有曲线美，而且颇具动感；篆书则具有古朴的美感。正因为汉字如此优美，所以世界上没有哪一种文化比中华文化更加迷恋书写，更能在书写的过程中产生一种来自文字本身的审美的愉悦。人们常说“字如其人”，意思是从某人写的字当中能够判断某人是哪种气质类型的人，可见国人是多么珍爱与重视自己的文字。唐代科举考试规定须用楷书，以后历朝历代一直沿用楷书，书法甚至成为决定考中与否及考取名次的一个重要因素。从这个意义上可以说，笔试传统是中国书写文化和考试制度互相强化的结果。

再次，中国的选才制度历来特别关注公平性。发展到最后，笔试成为最能体现公平性的选才方式，因为笔试尤其是糊名笔试不见面，能减少人情因素的干扰和主观判断的不当。笔试也使进行大规模的考试成为可能。孙开键教授认为，从宋代开始，科举成为上万甚至上百万考生参加的极大规模的学术考试制度，这在西方历史上从来没有过①。笔试的这种优势是科举考试制度能绵延上千年的重要原因之一，科学考试制度也因而被称为中国的第五大发明②。

---

① 引自 2008 年 4 月 22 日美国宾夕法尼亚州立大学教育学院的杰出教授孙开键博士在厦门大学教育研究院所做报告《心理测量发展史略论》的讲义。

② 实际上，其他文明社会也很早就有考试，只是考试的形式不同。李弘祺在《中国科举考试及其近代解释五论》一文中认为，如果说考试的想法是中国人的发明，很难说得通，但中国是第一个使用糊名笔试的国家，这一点大概没有问题。李弘祺教授这种严谨的说法反映出了笔试在中国考试制度中的重要地位。

相较于中国，西方社会更重视口试，这也是源于西方社会的文化传统。古希腊哲学家、教育家苏格拉底用辩证法和学生交谈，西方的大学一直保留了用口试来招收学生的传统。作为古希腊文明中心的雅典在伯里克立统治时期，发展了民主政治制度，政治生活使辩论术、修辞学和演说本领的重要性凸显了出来，因而辩证法、修辞学和文法（即三艺）就成为智者派的授课内容，后来柏拉图提出了青年人还要学习算术、几何、天文、音乐等四门课程(即四艺)，到中世纪初期这些课程合在一起形成七艺，奠定了西方社会学校课程内容的基础。在古罗马帝国时期，罗马皇帝独揽大权，雄辩术的作用发生了很大的变化。人们不能对国家的重大政治问题发表自己的看法，雄辩术也失去了过去作为争取公众和击败政敌的武器的作用。但是在法庭辩论上还需要雄辩术，这样，雄辩家就变成了辩护家或律师。顺应这种形势的需要，古罗马的雄辩家和教育家昆体良著有《雄辩术原理》一书，古希腊教育家西塞罗也著有《论雄辩家》一书，详细论述了雄辩家应具备的素质。基于这种重视口试的传统，西方历史上没有大规模的学术和能力测试，也没有形成完备系统的考试制度。

二、考试制度的人性论和认识论基础

从考试的起源来看，考试制度的实质是选才制度。中国古代的考试制度首先是一种选官制度，其次才是一种教育制度，而且教育考试最终也是为选官服务的。我国的选才制度主要倚重于考试有其人性论和认识论的基础。

最早思考过人性问题的应该是孔子。孔子的“性相近、习相远”滥觞其源，给后人无尽的发挥空间，无论是性善论、性恶论还是性三品论等都是浩浩乎衍其流。这些对人性的观点虽有不同，但都是为维护君主专制的政治意图服务的，在对某些问题的看法上是殊途同归的，这其中性三品论对于选才制度的发展具有很大的支持性。

性三品论的最早发端是孔子的“中人以上，可以语上也；中人以下，不可以语上也”(《论语·雍也》) 和 “惟上智与下愚不移”(《论语·阳货》)。孔子把人分为中人以上、中人、中人以下或上智、中民、下愚，即将人分为上、中、下三等。孔子虽然未明确地把人性分为三等，但是把人分为上、中、下，这就为其后继者提供了思想前提，留下了发挥的余地。故后世儒家学者便提出和论证了将人性分为上、中、下三品的性三品论。

贾谊根据人的材性、素质等不同，发挥了孔子的人分三等的思想，把人主也分为上、中、下三个不同等级。他说："有上主者，有中主者，有下主者。上主者，可引而上，不可引而下；下主者，可以引而下，不可引而上；中主者，可以引而上，可以引而下。……故材性乃上主也，贤人必合，而不肖人必离，国家必治，无可忧者也。若材性下主也，邪人必合，贤止必远，坐而须亡耳，又不可胜忧矣。故其可忧者，唯中主尔，又似练丝，染之蓝则青，染之缁则黑，得善佐则存，无善佐则亡，此其不可不忧者耳。"（《新书·连语》）所谓"材性"，即先天的自然质性、素质。他说，由于人主的材性不同，而可分为上主、中主、下主。上主只能引导为上，不可引导为下；下主只能引导为下，不可引导为上；中主则可以引导其为上或为下。上主无须引导，下主不可引导，其实真正可引者，只有中主，这种引如同练丝，染之蓝则青，染之缁则黑。贾谊的材性分三等，上下不可互引、变化的思想，与孔子的"上智下愚不移"是一脉相承的，又为董仲舒性三品论的提出做了铺垫。

董仲舒认为，人性受之于天命，这种受之于天命之性，既有善的因素，又有恶的因素，人"有善善恶恶之性"。由此出发，他根据孔子的"中人以上"和"中人以下"的思想，而提出了性三品论，并做了具体说明。董仲舒把人性分为三种：一是情欲很少，不教自善的"圣人之性"；二是情欲很多，教也不能为善的"斗筲之性"；三是有情欲，而可以为善亦可以为恶的"中民之性"。他说，"名性不以上，不以下，以其中名之"（《春秋繁露·深察名号》），"圣人之性，不可以名性，斗筲之性，又不可以名性，名性者，中民之性。中民之性，如茧如卵，卵待覆二十日，而后能为雏；茧待缫以涫汤，而后能为丝；性待渐于教训，而后能为善；善，教训之所然也，非质朴之所能至也，故不谓性"（《春秋繁露·实性》）。董仲舒将人性分为"圣人之性"、"中民之性"、"斗筲之性"。而明确提出将人性分品级的是唐代的韩愈，在《原性》中，他正式提出人性有上中下"三品"，即上中下三等，从而完善了性三品说。

性三品论虽然把人分成等级，为封建统治者奴役民众提供了理论依据，但仍不失其历史进步性。因为它相信中民之性是可以塑造的，这样就为选才制度提供了理论上的支撑，它对由谁来选才、在什么样的人群中选才、选什么样的才等问题都提出了似乎合理的解释。由于王者之性是圣人之性，生而能为善，所以要由王者来选才，而王者本人是不必参选的；由于中民之性可上可下，所以要在中民之中选可上者，斗筲之性教也不能为善，所以部分贱民被排斥在选才制度之外。而选什么样的才和以什么方式选才不仅有人性论的基础，也有认识论的基础。

考试选才的用意是通过考试将贤能之人选拔出来辅助君王治理国家，从政治认识论的角度看，其思想根源是贤能治国论。

尚贤的思想在上古时期就出现了，只是到了春秋战国时期才广为流传起来。因为周灭亡后，社会动荡，礼崩乐坏，许多国君认识到贤士对国家昌亡的重要性，贤能之人受到了特别的重视。春秋战国时期比较有代表性的尚贤思想家有管仲、孔子、孟子、荀子和墨子等，其尚贤思想简述如下①：

管仲认为，人才是治国之本，有了人才才能制定、实施好治国方略。“夫争天下者，必先争人。”而“得天下之众者王，得其半者霸”（《管子·霸言》）。在发现、举荐、任用人才上，他创造、制定了一套“三选”法。其步骤如下：每年正月，乡长上朝时，将本乡“为义好学、慈孝于父母、聪明质仁发闻于乡里者；拳勇股肱之力、筋骨善出于众者”进行报告，不告便为“蔽贤”罚罪。有推荐贤能之士，桓公召见，安排在官府任事。这是一选；年终，桓公命官长书面报告新官政绩，推荐其中确有突出能力者，并普遍调查，广征乡里意见，加以验证。此为二选；此后，桓公亲自召见有卓异才能的人，了解他们的素质，凡真正能成就大事的人，则立为高官，授之以大事。凡提出许多治理国政的难题进行策问，能够应对如流，回答满意的，则到乡里详细调查他的实际能力，确有能力而无大过的，便提拔为上卿的助手。此为三选。这种“三选”制度，相当合理、严密、细致。

孔子是最早明确提出“举贤才”主张的思想家。《论语·子路第十三》载，孔子在与仲弓讨论如何为政时，提出“先有司，赦小过，举贤才”三个方面的工作。孟子继续发扬了贤能治国说。他认为不选拔人才，则国家空虚，要使国富民安，只有举贤用之。在《孟子·万章章句下》中，他说：“悦贤不能举，又不能养，可谓悦贤乎？”荀子认为尚贤使能是立国之要，主张选用人才要破除世官世禄制，实行唯才是举、公平竞争的原则。在《荀子·王制》中，他说：“贤能不待次而举，罢不能不待须而废。”这是贤能治国的明白宣言。

提倡尚贤思想最突出的是墨家学派的墨子。墨子提倡“尚贤使能”，目

① 先秦诸子的尚贤思想的发展在田建荣的《中国考试思想史》（厦门大学博士学位论文，2001 年）中有详细阐述。

标在“平治天下”，而平治天下“必选择贤者，以为群属辅佐”（《尚贤下》）。“群属辅佐”，是指朝廷权臣和各级行政官吏。选择贤能之士担任“群属辅佐”的目的是协助天子治理国家。墨子认为，尚贤举能的标准不能依据一个人的血统和家庭背景，有才能者可以从贫贱的下层进入社会上层成为政府官员，无才者则使其抑废为下层民众。他提出了一个颇具民主色彩的“尚贤”主张：“官无常贵，而民无终贱，有能则举之，无能则下之。”这种人人生而平等、依据才能高下作为社会定位标准的观点，将尚贤思想推向了极致，为后来贤能治国理论付诸制度实践作了充分的舆论准备。在贤能治国的政治认识论推动下，加之察举制度弊端丛生，自东汉以后，选才制度出现了方法论的转向，通过考试选拔人才的意识逐渐增强。

从教育认识论的角度看，考试选才的思想根源是德性可教的信念和培养道德人的教育目的观。中国的传统教育观认为，道德是可以教出来的，不单如此，教育的最重要的目的即是培养道德高尚之人。简单的逻辑是这样，治理国家要靠贤人，贤人从哪里来呢？是教育出来的，因而儒家思想认为，学而优则仕、仕而优则学，这就是我国为什么如此重视教育的原因。

美德是否可教？自苏格拉底起，这在西方就是一个古老而至今尚争论不休的问题。然而，在中国似乎从未怀疑过美德可教。先秦儒家的道德可教的乐观主义建立在他们的人性论基础之上。无论他们对人性怎样认识，在人性可通过后天教养这一点上是一致的。

孔子对于人性的看法是“性相近也，习相远也”（《论语·阳货》）。即人生来具有相近的本性，这种相近的本性由于后天影响而变得不相同。但是，相近之性是善是恶，孔子并没有直接阐述明白。然而，从孔子对“仁”的诸多表述中，可以看出他自觉不自觉地流露着人性本善的观点。孔子以“仁”来标示人的道德本质，即“仁者，人也”。人与动物的分别就在于人有人伦道德，人能“亲亲”、“爱人”，而动物则没有。正因为人有人伦道德，而动物没有，所以才“鸟兽不可以同群”（《论语·微子》）。孔子关于人性善的思想大致可以概括如下：人生而具有相近本性，人同此心，心同此欲。由于我之所欲，亦人之所欲，故可“己欲立而立人，己欲达而达人”（《论语·雍也》），同样“己所不欲，勿施于人”（《论语·卫灵公》）。爱人或被人爱是人的普遍情感欲求，如此“爱人”原则才可能推己及人地得到实施。仁爱、忠恕建立在人有爱心的道德情感基础之上。由于人性相近，本有爱心，这就为人接受道德教育提供了可能性。

同样，孟子也主张人性本善。孟子在孔子的“仁爱”之心的基础上作了发挥，他认为，人性就是人之所以为人的本质，这就是人所特有的仁、义、礼、智四种道德心理情感。所以“无恻隐之心，非人也；无羞恶之心，非人也；无辞让之心，非人也；无是非之心，非人也”（《孟子·公孙丑下》）。孟子把人性特指为道德心理情感，而这四种道德心理情感是人先天就具有的，即“仁义礼智，非由外铄我也，我固有之也”（《孟子·告子上》）。正因为“善端”、“四心”本在于人心之中，所以只要使之扩而充之，就可成为仁、义、礼、智四德。从人性具有善端的前提出发，孟子认为“尧舜与我同耳”，故存在着“人皆可以为尧舜”的可能。但也正因为人性存在的仅是“善端”，而并不就是道德本身，人才不能都成为尧舜或都是仁人君子。后天环境浸染加上主观不努力，人就会丧失善性。道德可教的思想是建立在他的性善论的基础上的。

与孔孟不同，荀子是在性恶论的基础上证明道德教育的可能性的。首先，荀子认为，正因为人性是恶的，人性中缺乏善，故产生了为善的需要。因为如果“从人之性，顺人之情，必出于争夺，合于犯分乱理而归于暴”（《荀子·性恶篇》），人类就不可能生存。所以，人有为善的必要。其次，人性虽恶，但不是不可以改变的，也是有条件可以改变的。荀子认为：“凡以知，人之性也”（《荀子·解蔽》），“凡禹之所以为禹者，以其为仁义法正也。然则仁义法正，有可知可能之理。然则涂之人也，皆有可以知仁义法正之质，皆有可以能仁义法正之具，然则其可以为禹明矣”（《荀子·性恶篇》）。在这里“理”是仁义法正可以被认识和把握的根据；“质”和“具”是指人的理性能力，人具有认识和把握仁义法正的素质和条件。因此，虽然人性本恶，但人人都具有“化性起伪”的能力，也就是说，都有成为圣人的可能性。正因为人具有对善的需求和“凡以知”的认识能力，所以人可以通过教育成为一个道德高尚的人。

可见，尽管在人性善恶方面，先秦诸子有所争议，但在道德教育的可能性上是一致的，均认为通过后天的教育修养，可以成就道德高尚的人。所不同的是，孔孟强调了先天的血亲道德情感在道德教育中的作用，荀子则更加强调个人的认知能力。

总之，对教育的信念和对贤能治国的推崇催生出了中国很具特色的考试制度。李弘祺认为，“按照品行可以教育的观点，围绕察举贤才而滋生的一系列观念，促使了合法官学的兴起，一如闻名于世、毁誉参半，然绝少受挑战的科举制之兴起一样”①。盖此之谓也。

---

① 李弘祺：《宋代官学教育与科举》，联经出版事业公司，1994年，第8页。

第二节　高考制度的体系与功能

由于高考改革频繁进行，对高考制度不断地进行调整，所以很难架构一个稳定的高考制度体系。依照时序的线索，可以将高考制度划分为招生计划制度、考试制度、录取制度等几个组成部分，高考改革一般也都是围绕着这几个方面进行的。按照高考功能发挥作用的层次的不同，可以将其划分为基本功能和派生功能。高考制度的基本功能是由考试这一社会现象的内在特质所规定的，是高考本质特征的反映。而一种制度在实际运作中往往会产生一些派生功能，这些派生功能有时甚至比基本功能发挥更大的作用。厘清高考制度的基本功能与派生功能对于正确认识高考制度的本质属性是重要的，对于正确评价高考制度也同样是重要的。

一、高考制度的体系

高考制度主要由招生计划制度、考试制度、录取制度等组成。每年的高考要按照招生计划组织考试，并主要依据高考的成绩进行录取工作。

招生计划制度主要包括招生计划形式的确定、计划编制的主体及原则。高等学校招生计划是国家及高等学校根据社会经济发展需要，以及高等学校发展规模、办学条件、专业布局等因素确定的招生人数计划，是用来满足社会对人才的需要，并且提高高等学校办学效益的一种计划手段。招生计划形式主要有以下几种：国家任务计划、定向招生计划、委托培养计划、自费生计划、并轨招生计划。其中国家任务计划和定向计划统称为指令性计划，委托培养计划和自费生计划统称为调节性计划。从培养经费来源渠道上看，国家任务计划和定向计划招收的学生所需成本费用主要由国家负担，委托培养计划招收的学生所需成本费用主要由委托培养单位负担，自费生计划和并轨生计划招收的学生所需成本费用主要由国家和学生本人按照一定比例共同负担。

按时间来划分，招生计划形式大致分为三个阶段：1985 年以前的指令性计划阶段，1985—1997 年期间的指令性计划和调节性计划并存阶段，1997 年以后的两种计划的“并轨”阶段。招生计划制度的改革完成了从指令性计划的“单轨”，到指令性计划与调节性计划并存的“双轨”，再到最后的全面“并轨”招生。这三个阶段的招生计划形式的变化是一个渐进的过程，经济和社会的发展对招生计划形式提出新的改革要求，以适应不同时期的人才需求，每一次变革都是这种需求矛盾达到一定水平的必然产物。新中国成立初期，计划经济能够有效地改变从旧社会接手的经济落后、生产力低下的“烂摊子”。由于计划经济在社会发展中的主导地位，新中国的招生计划政策也采取了国家指令性计划的形式。党的十二大提出了以计划经济为主、市场调节为辅的原则，党的十二届三中全会做出了关于经济体制改革的决定。经济体制的改革，要求教育体制要与之相适应。1983 年，教育部正式提出实施“定向招生，定向分配”的办法，规定一些院校，按一定比例实行面向农村、矿区等艰苦行业定向招生。这既是对国家急需人才的基础性行业的政策倾斜，也在人才培养与市场需求之间搭建了桥梁。

由于国家计划难以满足各省市发展对人才的需求，并且学校培养与实际人才需求脱节，致使许多毕业生不能学以致用。国务院在 1983 年 4 月批转的教育部、国家计委《关于加速发展高等教育的报告》中，要求采取多种层次、多种规格和多种形式加快高等教育的发展，并第一次提出本系统、本地区所属学校招生任务不足的，可以采取接受委托培养等办法，为其他系统和地区培养所需的专门人才，以充分发挥办学潜力。1985 年颁布的中共中央《关于教育体制改革的决定》，提出“要改革大学招生的计划制度和毕业生分配制度。改革高等学校全部按国家计划统一招生，毕业生全部由国家包分配的办法”，实行国家计划招生、用人单位委托招生、招收少数自费生三种办法并存的形式。但由于计划经济为主的经济体制没有根本改变，所以开始几年，调节性计划发展十分缓慢。中共中央、国务院 1994 年发布了《中国教育改革和发展纲要》，明确指出招生计划“实行国家任务计划和调节性计划相结合”，“逐步扩大招收委托培养和自费生的比重”，调节性计划有了较大的发展。

调节性计划对人才培养起着重要的调节作用，无论是计划的制订，还是录取分数线的划定、毕业生的分配渠道，都比指令性计划灵活得多。更重要的是，它正在逐渐改变着由国家“包学费、包分配”的观念，促使高等学校根据社会经济发展需求来调整自己的专业结构。但同时也暴露出了一些弊端：一是在两种录取标准下，录取分数线的差距越来越大。由于调节性招生计划在整个招生计划中所占的比例越来越大，为了完成招生计划，高等学校只能采取降低调节性计划录取分数线的办法，导致了两种计划形式下，生源质量显著不同。这种状况的出现，给高等学校的招生、教学和管理都带来了很大的困难，对高等学校教育质量造成了严重的影响。

1994 年开始试点的国家任务计划和委培自费招生计划的“并轨”，在一定程度上克服了上述弊端。所谓“并轨”，即学校招生时不再区分“公费生”和“自费（委培）生”，对两种计划招收的学生采取相同的录取标准。招收新生一律缴费上学，使现行的“公费生”、“自费（委培）生”并轨运行，机制一步到位。所有学生都缴费上学，原来制约学校发展的经费瓶颈得到了缓解，尤其是 1999 年之后大规模扩大招生，报考和录取人数以及高等学校和在校生数都有了大幅度的增加。计划并轨也改变了大学毕业生由国家包分配的做法，毕业生走向市场，实行双向选择就业，使考试、招生计划形式、高等学校专业结构和教育管理更贴近社会主义市场经济，拓宽了高等教育经费来源渠道，促进了高等教育的快速发展。并轨招生计划成为招生和就业制度改革和发展史上一个新的里程碑。

考试制度是高考制度的核心内容，主要涉及内容和形式两个方面。考试内容是教育部门为测试受教育者的学习结果，为高校选拔合适的人才，有目的、有计划地安排的考核内容。考试内容涉及两个方面的问题，其一是考试科目的设置问题，考试科目的多与少、取与舍影响到人才选拔的质量；其二是命题立意的倾向问题，对于同一考试科目，知识立意与能力立意的不同倾向取决于社会对人才规格的不同需求。

考试形式是组织实施考试的方式方法。考试内容要解决的是“考什么”的问题，考试形式要解决的是“怎么考”的问题。有学者将考试形式大致归纳为宏观、中观和微观三种①。他们认为宏观的高考形式即高考的组织形式，是就整个高考制度而言的，体现整体考试制度的结构方式和表现方式，涉及的内容有高考由谁来组织：是国家、地方还是高校；以什么形式组织：是采用全国统一考试、地方分别组织还是高校单独考试，是使用一次高考、二次高考还是多次高考。

中观的高考形式是就高考内容在学科、科目上的选择而言的，是高考内

---

① 张耀萍：《高考形式与内容改革研究——基于利益博弈的视角》，厦门大学博士学位论文，2007 年。

容的组合形式以及实施形式。包括高考的分类形式（文史类、理工类、医农类等）、高考的科目组合形式（3＋2、3＋X、3＋大综合、3＋文/理科综合、3＋大综合＋1等）以及高考考试方法（口试、笔试、实验、操作考试；开卷、闭卷考试）等方面。

微观的高考形式是就相对具体的、各门考试科目的内容而言，主要指考试的题型（主观题、客观题；开放题、半开放或封闭式题等）。我国从20世纪80年代实行的标准化考试就是作为一种考试形式而出现的。

笔者认为，高考形式主要指的是高考的组织形式，涉及高考的组织者、组织形式以及考试次数等问题。所谓中观和微观的高考形式实际上都是考试内容的形式，可以归入考试内容所要解决的问题中。

录取制度是指国家对高等学校录取新生所制定的应该遵守的准则和规范，也包括高等学校自己制定的有关新生录取的原则和规范。录取是高等学校根据国家有关招生政策、规定，按照高等教育一定的培养要求选拔新生的一个具体实施过程，是考生取得高等学校入学资格的最后一道程序。对于大多数参加统一考试的考生而言，高考录取的两个要素是分数和志愿，对于少数通过其他途径入学的考生而言，高考录取的几个要素是特殊才能、平时成绩、综合素质、面试表现等的综合。

高考制度的招生、考试、录取三个环节是互相依存、环环相扣的，因此，在学术界常会出现招生制度与考试制度合用，招生制度和录取制度合用的情况（如高校招生考试制度、招生录取制度等）。如有学者认为，招生录取制度主要包括招生计划编制、生源管理、考试组织和管理以及录取体制四大方面的内容①；刘海峰等主编的《高校招生考试制度改革研究》对高考改革的方方面面进行了综合研究②；张民选主编的《高校招生考试制度改革研究》以上海市的高考改革为个案对高考改革的各个方面进行了研究③。检视各种合用的语境可以发现，一般的合用情况实质上指的都是广义的高考制度。本书在将高考制度体系的各个要素并称的时候，是有所侧重的，并不指代广义的高考制度。

---

① 王秀卿：《高等学校招生考试理论研究》，航空工业出版社，1994年。

② 刘海峰：《高校招生考试制度改革研究》，经济科学出版社，2009年。

③ 张民选：《高校招生考试制度改革研究》，上海教育出版社，2008年。

二、高考制度的基本功能与派生功能

对高考制度功能的探讨有利于加深对考试制度本质的认识。一方面，高考制度功能的发挥是其能够存在的理由，“活的机体，只要具有多种功能，并且善于适应环境的变化，就会蓬勃发展起来。考试之所以蓬勃发展，同样是由于它具有多种功用的性质：考试常常适应多种目的的需要，当某个目的过时了或者与它不相干了，考试仍然能够以其他理由而存在”①。另一方面，从一定程度上说，人们对高考评价的种种误区，也正是因为对高考制度功能认识的偏差造成的。早在上个世纪末，就有学者指出，在我国教育理论界，对“功能”这一概念的把握存在着两个误区：一是使之带有价值判断的倾向，二是使之染上理想主义的色彩。所谓使之带有价值判断的倾向，是指将功能的内涵理解为乃至规定为含有肯定价值意义的“贡献”，致使功能这一概念实际上成了正向功能的代名词。实际上，功能只是一个中性的概念。所谓使之染上理想主义的色彩，是指将功能理解为“社会期待”或“主观意志”的等价物。实际上，功能只是就客观结果而言的，是客观呈现的实际产生的作用，而非主观企求的应当发挥的作用②。所以，从学理上说，说某制度应该发挥什么功能是不成立的，而只能说某制度发挥什么功能。而制度能发挥什么样的功能在于制度设计的价值取向及制度运行环境的限制。

对高考制度功能的分类依据不同的标准有不同的划分方法。从制度发挥作用的成效来看，一般认为制度功能可分为正功能和负功能。有学者认为，“所谓制度的正功能是指制度在运行和发挥作用过程中表现出来的对其目标起促进作用的功能。所谓制度的负功能则是指制度对其自身的目的起破坏作用的功能，它削弱了制度的适应性和目的性。制度的负功能有两种形式，一种是向预定目标的反方向运行，其功能是‘负’；一种是向预定目标的其他方向（除反方向外）运行，其功能是‘副’”③。其实，制度发挥未尝预料到的功能即所谓副功能，并不一定是对制度目的起破坏作用的功能，所以负功能的两种划分形式未免牵强。本书以制度功能发挥作用的层次为标准，将高

---

① Montgomery R：《考试的新探索》，黄鸣译，广西人民出版社，1984 年，第 14 页。

② 瞿葆奎：《教育基本理论之研究》，福建教育出版社，1998 年，第 283 页。

③ 辛鸣：《制度论——关于制度哲学的理论建构》，人民教育出版社，2005 年，第 129 页。

考制度的功能分为基本功能和派生功能。

制度的基本功能，是一种“最基本的、基础的且是恒常、稳定的功能”①。据此，高考制度的基本功能可以概括为评价功能和选择功能。高考制度的评价功能是任何一种形式的考试所具备的基本功能，高考制度的选择功能是高考制度作为大规模选拔性考试所特有的功能。这两种功能所体现出的基础性和稳定性是其他诸多功能所不可比拟的，是由考试这一社会现象的内在特质所规定的，是高考本质特征的反映。

高考是整个学校教育体系中不可缺少的重要环节，同时也是教育中极具影响力的一种教育评价。高考成绩是对学生评价、教师评价、高中教学质量评价、学校评价等一系列评价的重要标准，其评价结果一方面给被评价者反馈信息；另一方面也为决策者提供信息。高考评价的核心是学生评价，因为“学生评价是整个教育和教育评价的出发点和归宿，教育的根本目的是多出人才、出好人才、提高民族素质。因此，对学生质量的综合评价，实际上是教育质量规格规范化研究的核心”②。而高考成绩正是学生质量综合评价的一个指标。

对于学校而言，高考制度发挥着终结性评价和诊断性评价的功能。首先，高考对基础学校教育质量具有终结性评价的功能。终结性评价又称结果评价，是在某一相对完整的教育阶段结束后对整个教育目标实现的程度做出的评价。它要以预先设定的教育目标为基准，考查学生发展达成目标的程度。正由于这一功能的存在，不管当前素质教育宣传和实施力度如何，如果素质教育的实践不能保证较高的升大学比例，必然遭遇强大的社会压力。其次，高考对高等学校发挥着诊断性评价的功能。诊断性评价又称准备性评价，是在教育活动开始之前或教育活动进行之中对学生的学习准备情况或特殊困难进行的评价，是对教学活动的准备。它主要是对教育背景、存在的问题及其原因做出诊断，以便“对症下药”，并据此进行教育设计。大学新生的高考成绩是确定大学教学起点的依据之一。

高考制度的另一个基本功能是选择功能。即通过某种测试或考核方式，将那些适合在大学继续学习深造者从已经达到完全中等教育程度者中选择出来。可以说，高考至少为有才能的人提供了一个脱颖而出的平台。能够通过

---

① 袁振国：《当代教育学》，教育科学出版社，1999 年，第 338 页。

② 吴钢：《现代教育评价基础》，学林出版社，1997 年，第 53 页。

高等教育入学考试的未必都是英才，但杰出人才有时可以通过高考制度显露出来①。

高考制度的选择功能在不同的阶段呈现出不同的样态。在精英教育阶段，高考是一种选拔性考试，其选择功能体现为“择优录取”，即选拔出适合高校标准的优秀新生，而把不符合其标准的考生排除出去。在高等教育大众化阶段，高考录取率逐步扩大，上大学已不是少数优秀高中毕业生的特权，此时高考更多的成为一种选择性考试。潘懋元先生对高考制度的适应性选择功能预期为：“一是适应为多样化的高等教育选择合适的新生；二是适应考生的需求，为考生提供准确而详尽的、能鉴别个人在知识、能力、素质上的个别差异的手段和方法，使考生能够更好地选择合适的高校与专业。”②虽然在高等教育大众化阶段，高考制度的选拔功能有所淡化，但还是在发挥着强大的作用，因为虽然高考录取率很高，但由于初中后（落后地区甚至是小学后）存在着教育分流，所以能上大学的适龄青年的绝对数还是很小的。这反映出目前优质教育还是稀缺之物，而且优质教育资源对个人、家庭未来竞争能力的影响十分显著。我国愈演愈烈的中小学择校行为，就是对优质教育资源的争夺。对大部分高中毕业生而言，重要的不是能否接受高等教育，而是接受什么层次的高等教育的问题。高考不但造成个人对教育资源获得的机会差异，而且影响一个人对其他社会资源的占有和享用能力，“正由于这样，高考在分配高等教育机会的同时，就不仅仅是提供不同层次或不同专业的高等教育机会选择，而是内在包含着个人进一步获得发展的机会和获得其他社会资源和社会地位的机会，从而承担起社会预演选拔的功能”③。

高考制度的派生功能是由基础功能引申出来的功能。从高考制度的评价功能和选择功能可以衍生出很多种功能，其中导向功能和发展功能发挥着巨大的作用，因而也备受瞩目。

---

①　沃尔泽在评价中国的考试制度（科举）时认为，一旦考试成为社会地位上升的主要手段，智识生活被“考试生活”取代就可能不可避免。而发生这种状况的后果，“并不是考试制度能够发掘出杰出英才，而是杰出英才有时会通过考试制度显露出来”（何炳棣语）。参见迈克尔·沃尔泽：《正义诸领域：为多元主义与平等一辩》，译林出版社，2002 年，第 184 页。

②　潘懋元、覃红霞：《高考从选拔性考试到适应性考试》，《湖北招生考试》2003 年 12 月号上、下半月。

③　彭拥军：《论高考的功能》，《湖北招生考试》2006 年 8 月号。

高考分数的高低在当前几乎是能否上大学、上何种大学的唯一标准，因而，学生、家长、教师以至全社会都把高考的评价标准作为导向性标准。早在1957年，当高考升学率从1952年的90.35%持续下降为41.89%，大部分学生不能升学时，就出现过学习负担重、学习紧张的呼声。1958—1960年各年录取率分别大幅度回升为96.9%、83.72%、87.73%时，上述呼声没有了。而当1961年的录取率大幅度下降为45.44%、1962年的录取率大幅度下降为27.43%时，上述问题又出现了。为此，1962年4月13日教育部通知要求加强对高中毕业班工作的领导，坚决纠正为争取较高升学率而采取的一些错误做法。1963年1月24日教育部发出《关于中学教育工作的几点意见》，要求各地采取有效措施，制止有些学校因片面追求升学率而在教学中采取的错误做法。1964年5月4日教育部在《关于克服中小学学生负担过重现象和提高教学质量的报告》中，提出了六条改进措施，并指出造成学生负担过重的原因是片面追求升学率的思想。国务院在批示中指出："克服中小学校学生学习负担过重的现象和片面追求升学率的思想，不但是提高教学质量所必需的，而且是关系到办什么样学校、培养什么样的人的重大问题，必须引起各级党委和政府的足够重视。"① 1977年恢复高考后，随着高考升学竞争压力的逐年增大，重点中学和重点小学的"入场券"也变得越来越炙手可热，成为人们不惜一切代价竞相争取的重要资源。从以上描述可以看出，高考的导向功能对基础教育有着很强的影响力。

目前高考导向功能的消极作用比较显著，因此高考制度常被指责为使中国的学校教育沦为应试教育。在当代，应试教育的问题是：不利于全面提高学生的素质；不利于教育培养社会需要的人才，因为应试教育强调学生的考试成绩，而忽略学生实际工作能力的培养；不利于教育面向全体学生，并滋生学校差别对待学业成绩不同学生的现象；不利于教师提高自身的素质，因为在应试教育模式下，教师背负压力，精神完全集中于升学考试，而无力顾及自我提高；应试教育妨碍素质教育的推行，而后者是教育改革的方向。

当然，高考制度的导向功能也有积极性的一面。"只要高考作为选拔高校新生的手段存在，政府的教育管理部门便可以通过对考试内容的规定达到执行国家意志的目的；或者说，高考能在维护国家统治、促进社会发展方面发挥出积极的社会功能。而对于学生个体而言，内容科学、形式灵活、录取

① 杨学为：《高考四十年》，《中国考试》1997年第2期。

公平的高考，可以将学生引向身心健康发展的正确方向上，从而发挥出积极的导向作用。”①

高考导向功能除了表现为在教育目标、教育过程等方面对教育的牵引外，还表现为对文明教化②、社会风尚的引导。高考制度是传承文化的一种载体。在古代社会，科举考试制度就对儒家文化的传承起了重要作用。“元、明、清三代多数时候，《四书》都是科举三场考试的首场考试内容，因此，‘《四书》学’盛行。受科举考试注重儒学经典的推动，儒家经学不仅在社会上具有崇高的地位，而且造成全国读书人认真钻研经典的现象，各种关于儒家经典的阐释和辅导著作层出不穷。《四书》、《五经》为普通中国读书人所熟知，经学得以不断传承和繁衍，很大程度上得力于科举制的倡导利诱。……儒学成为中国传统文化的基干和主体，主要是因为具有科举制的制度化支撑。可以说，1300 年间科举以经术取士，以考促学，造成了一场旷日持久的读经运动，使古代中国成为一个儒学社会。”③ 相对于科举制度，高考制度则使中国社会成为一个崇尚科学、尊重科学的科学社会或学科社会(这里并不带有褒义或贬义色彩)，因为废科举的用意正是为科学在中国的发展扫清障碍。20 世纪 80 年代在中学生中流行的一句话“学好数理化，走遍全天下”也反映了当时社会过度重视自然科学的价值导向，高考录取的理科学生的数量远远大于文科学生的数量，很多学生是学理科比较困难不得已才学文科，而不是真正出于兴趣和喜好，这些都是高考的导向功能对社会风尚的引导。

高考制度还使社会形成了重视读书、重视学习的风气。“考试选才能够促人向学、催人奋进。”“1977 年恢复高考以后，每年都有数百万青年学生参加高考，全社会的读书学习热情在高考制度的促进下得以持续发展。恢复高考的最初两年，尽管试题不难，但有许多考生连最基本的题目都不会答。

---

① 郑若玲：《试析高考的指挥棒作用》，《厦门大学学报》(哲学社会科学版) 2002 年第 2 期。

② 教化的内涵远远超过现代“教育”这一概念。教育是纯粹的教育学概念，而教化既是教育学概念，又是政治学、伦理学概念。在中国古代，由于系统、正规的学校教育尚未普及，教化要达及万民，就不得不浸润于生活之中。高考制度正以它浸润于生活之中的这种力量发挥着文明教化的功能。

③ 刘海峰：《科举制与儒学的传承繁衍》，《中国地质大学学报》(社会科学版)2009 年第 1 期。

可是几年之后，试卷难度提高不少，从答卷反映出考生文化水平已大大提高，可见高考极大地调动了千百万青年的学习积极性。”① 因为高考制度使人对自己的能力以及自己的职业蓝图都有了某种预期，并且会通过努力学习来达到这种预期，所以使得“知识改变命运”的观念深入人心。

高考制度的选择功能使其在一定程度上或一定时期内决定着个体的命运乃至国家的命运，因而高考制度对个人和社会的发展都发挥着重要作用，这就是高考制度的发展功能。

对于个人来说，高考制度的发展功能表现在：第一，从文化意义上说，个体作为文化人，有必要在文化能力、文化产品和文化体制方面获得自己的必要位置。高考直接指向教育机会的分配，成功者必然提高自己的文化能力，而成为文化的活载体，并享有和创造文化产品，从而在主流文化中占据有利位置。高考在个体生存资源方面实际上发挥着分配功能。第二，高考的成功者，必然在资源利用和社会地位的占有上成为优势群体。这种优势不仅仅使他们获得了更好的教育机会、具有更好的发展基础和拥有更大的发展机会，而且在社会心理上可以提高他们社会地位的合理性和合法性。从发展的眼光看，个体享用生活的能力，物质层面的是低层次的，是缺乏门槛的，只有文化层面的，才是需要积累的，是具有排他性和专门性的。

对于社会来说，高考制度的发展功能体现在两个方面。从消极的方面看，高考制度具有社会减压阀和稳定器的功能。因为高考制度客观上造成了个人的合理社会流动，从而缓冲了阶级矛盾和阶级冲突，也模糊了社会阶层边界，促进了阶层之间的交流。高考或其他的社会选拔性考试制度必然近乎天然地充当了社会的减压阀和稳定器。从积极的方面看，高考制度能够更有效地分配高等教育机会，实现人力资源的有效开发，提高高等教育资源的配置效率，促进教育和社会发展。

三、高考制度的功能发挥与限制

高考制度的功能发挥是具体的、历史的，在特定的时期和特定的情境中，其功能发挥的效果不同，会受到各种因素的限制。高考制度的功能限制可以概括为以下三个依次递进的命题：高考制度既有正向功能，也有负向功能，即功能极化；即使是高考制度的正向功能，其功能发挥也是有限的，即

---

① 刘海峰：《以考促学：高等教育考试的功能与影响》，《厦门大学学报》（哲学社会科学版）2002 年第 2 期。

程度限制；高考制度的有限功能不是自动实现的，只有在一定的条件下才能实现，即条件限制。下面仅以高考制度发展功能的发挥与限制为例说明之。

（一）功能极化

高考制度对于社会发展功能的发挥会出现公正与不公正两种效果。一方面，高考制度实现了社会流动，使底层精英上升到国家统治阶层或中产阶层，高考制度也因此被誉为社会的公平装置、社会的平衡器。另一方面，高考制度在资源分配、资源获得、学业标准方面是有倾向性的，即总是有利于社会中的优势阶层，在这种情况下，以能力为标准只是掩盖社会不平等的一种假象，因为不平等早就已经存在了，这样，高考制度的功能就是阶层再生产。

（二）程度限制

尽管高考制度对人的发展发挥着很大的作用，但高考制度不是万能的，并不能使所有的人都能通过高考获得发展，也不能使所有的向上流动都通过高考制度实现。

第一，高考制度只是为获得高等教育资源提供了机会。随着社会的进步，更多较低阶层出身的人受到良好的高等教育，获得较高的文凭、学位，导致对高级职位的需求量不断增长，而相应的高级职位的社会供给量是有限的，这就产生了高级职位的供不应求。于是，研究生降格选择本应是本科生的职位，本科生则选择了本应是大专生的职位，如此依次降格就业。进入较高阶层并最终融入其中，不仅需要文化资本，还需要经济资本、社会资本。较低阶层出身的人只能通过加大文化资本的比重弥补后两种资本的不足以获得向上流动的机会，从而产生了“过度教育”现象。政府机关等公共部门公开招聘公务员，报考人数和招聘人数之比高达几十比一，甚至更高，其中不乏博士、硕士等学历远高于职位标准要求的高学历人员。这种成功概率极低的竞争现象，正是高考制度在促进人的发展方面功能有限的表现。

第二，高考制度也不是人的阶层跃迁的唯一通道，社会流动还有其他的实现通道。我国经济体制改革实行“让一部分人先富起来”的政策，使一部分人寻找到致富的机会，在较短时间内获得了大大超过社会平均值的物质财富，掘得的“第一桶金”为其向上流动积累了经济资本，诞生了一批民营企业家。随着社会主义市场经济体系的发展，其中不少人进人大、政协，实现了大幅度的向上流动。还有一些出生于较高阶层的人，可以通过继承父母的社会资本获得高级职位，等等。当然通过上述渠道实现向上流动的人中不乏受过良好高等教育者，但其向上流动不都是通过高考制度的渠道实现的。

（三）条件限制

高考制度发展功能的实现还受到多种外部条件的限制，如高等教育成本、文化传统等。

高等教育成本的增加，使得通过高考制度获得发展对一部分人来说事实上是可望而不可即的。2009 年全国应届高中毕业生的总量为 834 万人，报名参加高考的人数为 750 万，有 84 万人弃考。虽然有关部门没有对这 84 万考生弃考的原因作跟踪调查，但坊间已有种种猜测。无论人们能猜出多少原因，高等教育成本高无疑是其中一个重要的原因。仅以我国高校当前的最低学费标准 5000 元/人计算，这一标准是农村居民纯收入（2008 年为 4761 元）的 105%。这还不包括生活费、住宿费、教材费、交通费，以及参加各种培训、考证的费用。高学费与低就业率联合上演的“因教致贫”的鲜活例子让经济困难的家庭“理性”弃考，而实际上这是一种被动而无奈的选择。高昂的学费使人们对教育的种种美好幻想终致破灭，也就谈不上通过高考制度使人获得发展。

文化传统也是制约高考制度发展功能发挥的一个重要因素。我国不但有重读书的传统，还有“重学轻术”的传统，在古代社会，“财富本身并不受重视，因为财富不具有精神力量。财富给人以舒适的生活，但不给人以智慧，因而在中国靠富裕带来的威望相当少。每个商人之子的愿望就是成为一位学者，参加科举考试，在官场中步步高升”①。受这种学而优则仕思想的影响，高中毕业生填报高考志愿时，往往更加青睐学术性高校，而以职业为定向的高职院校则一度招生困难。这不仅妨碍了我国高等教育多样化的发展，也使得个体不能充分利用高考制度设计自己的职业规划，选择适合自己的发展道路。

第三节　高考制度变迁的理性主义解释

制度变迁是制度研究中的一个重要问题。对制度变迁的理论探索，依其思想方法取向的不同，大抵可以分成两种不同的研究路径，即以诺斯为代表

① 杨光斌:《制度变迁与国家治理——中国政治发展研究》，人民出版社，2006 年。

的工具理性主义的制度变迁理论和以哈耶克为代表的演进理性主义的制度变迁理论。在诺斯看来，制度的发明与创新，不是来自市场过程中自发秩序的生成，而是来自统治者或政治家们的理性计算和心智建构。林毅夫延续了诺斯的分析思路，进一步将制度变迁分为强制性制度变迁和诱致性制度变迁两种基本的类型，认为前者是指通过政府的行为或立法措施等来引入和实施的制度变迁，后者是指由个人或者一群人自发倡导组织和实施的制度变迁。有论者结合我国的实际情况，把强制性制度变迁称为供给型制度变迁，即自上而下的，由上级政府部门发起的制度变迁；诱致性制度变迁称为需求型制度变迁，即自下而上的，由民众发起的。而在现实的制度变迁实践中，这两种模式都无法揭示出制度变迁的全貌。针对这一理论缺陷，基于哈耶克的社会秩序两元论的制度演进论受到了一些学者的青睐①。

哈耶克定义社会秩序为"这样一种事态，其间，无数且各种各样的要素之间的相互关系是极为密切的，所以我们可以从我们对整体中的某个空间部分或某个时间部分所做的了解中学会对其余部分做出正确的预期，或者至少是学会做出颇有希望被证明为正确的预期"②。在这里，秩序是社会成员相互作用的一种状态，这种状态依靠某种规则来形成和延续。规则本身是一种共同知识，社会成员通过遵守它来弥补理性的不足，从而尽可能减少决策的失误。分散的个体追求自身利益最大化，相互作用形成彼此认同的规则，即"内部规则"，它是在人们交往过程中自发产生的。个体也可以形成组织，通过组织获取更多的利益。组织内部通过命令—服从方式贯彻某种特定目的，所以组织作为规则是强制他人服从的，即"外部规则"。不过，组织同样要在一个更大的自发秩序范围内活动。在哈耶克看来，社会秩序演化的切入点是自发秩序和人造秩序的二元观，但个人与内部规则之间、个人与组织之间、内部规则与外部规则之间均存在一种互动关系，因此两种秩序又是交织在一起的，这种个人、组织及内部规则之间的复杂的互动关系构成社会演进的原动力。

比较而言，工具理性主义和演化理性主义两种制度变迁论的主要分歧在

---

① 邓宏图：《转轨期中国制度变迁的演进论解释》，《中国社会科学》2004 年第 5 期；周业安：《中国制度变迁的演进论解释》，《经济研究》2000 年第 5 期。

② 弗里德里希·冯·哈耶克：《法律、立法与自由（第一卷）》，邓正来，等译，中国大百科全书出版社，2000 年，第 54 页。

于政府在制度变迁中所扮演的角色。如有学者认为，“被视为均衡结果的制度演进可理解为是从一种均衡向另一种均衡的移动。这种移动是如何发生的呢？如果假定参与人所有可能的行动集合客观上众所周知而且固定不变，那在纳什均衡下，任何理性的参与人都不会愿意单方面改变其策略。但是，某些参与人通过归纳推理或从其他地方学习最优经验，也许能够意识到一个‘更好’的均衡的可能性，并从事于使该项选择成为聚焦点的活动。通常人们希望政府扮演这个理性的角色。但政府本身也是博弈参与人，它有自己的动机，其推理、说服别人和控制自己行动后果的能力也都有限。政府是否能够或者愿意出面协调从一种均衡到另一种均衡的移动是不清楚的”①。有学者认为，政府“形塑了制度变迁的方式”，“是制度变迁的主角”②。有学者认为，“在大多数场合，为了确使那些规则得到遵守，我们称之为政府的那种组织确是不可或缺的。政府的这一特殊功能有点像工厂维修队的功能，因为它的目的并不在于提供任何特定的服务项目或公民消费的产品，而毋宁在于确使那个调整产品生产和服务提供的机制得以正常运转”③。总的来看，制度变迁的工具理性主义认为政府在制度变迁过程中起着决定性作用，而制度变迁的演进理性主义则认为政府的力量微乎其微，制度是自发演进的。虽然如此，在制度是渐进性变迁的这一认识上两者是一致的。诺斯还以“路径依赖”理论推演出渐进式的变迁逻辑，他认为，由于时间的不可逆性，初始的制度安排或选择有可能将随后的制度变迁长期锁定在非均衡的封闭路径之中，因此制度是逐渐地变迁的。

当然，制度变迁的研究多是循着新制度经济学的思路解释制度与经济增长的关系，而制度变迁是普遍发生的，制度变迁的模式应是一个涉及经济学、社会学以及哲学综合研究的领域。“制度本身不是目的：它们只是追求自由、繁荣、和平一类基本价值观的手段。所以，我们应该探讨的是，制度如何变化，为什么变化，以及在制度变迁过程中如何才能保障可预见性（秩序）。”④ 本书从制度哲学的角度出发，借用制度变迁理论的历史逻辑起点、

① 青木昌彦：《比较制度分析》，周黎安译，上海远东出版社，2001 年，第 235 页。

② 道格拉斯·诺斯：《制度、制度变迁与经济绩效》，杭行译，格致出版社，2008 年，第 101 页。

③ 弗里德里希·冯·哈耶克：《法律、立法与自由（第一卷）》，邓正来，等译，中国大百科全书出版社，2000 年，第 69 页。

④ 柯武刚、史漫飞：《制度经济学：社会秩序与公共政策》，商务印书馆，2001 年，第 464～465 页。

路径依赖与创新、制度互补等关键概念来解释高考制度变迁的模式。

一、高考制度的历史逻辑起点

制度渐进论非常重视制度与历史的结合，重视制度史的考察，认为“制度变迁决定了人类历史中的社会演化方式，因而是理解历史变迁的关键”①。诺斯强调，“书写历史，就是将随时光流转的人类状况的某些方面构建成一个连贯的故事。这种构建只存在于人类的心智之中。我们不重建过去，我们只是构建一个关于过去的故事。然而，一部好的历史，其故事就必须能给出一个一致的、合乎逻辑的解释，并且还应能紧守已有的证据与理论。对上面这个问题的一个简短回答便是：制度与历史的结合，比之其他方式，将能使我们讲出一个更好的故事”②。就高考制度而言，选才制度史的考察将能讲出一个更好的故事。

现代意义上的大学在中国只有一百多年的历史，高考制度的最初形态应是清末大学堂的入学考试制度。但大学入学考试制度作为一项重要的选才制度，与中国古代的科举制度是一脉相承的。中国的选才制度可分为两类：一类是荐举制度，另一类是考试制度。属于前者的有禅让制、“乡举里选”、察举制、征辟制和九品中正制等；属于后者的有科举制和近现代以来的各种考试制度。实际上，这两种选才制度亦有继承性，选才制度经历了从只以举荐一种形式，到以察举制度的举荐为主，考试为辅，再到科举制度只重考试的过程。从这个意义上说，从中国古代选才制度的发展中可以看到高考制度的逻辑起点。

（一）荐举选才阶段

荐举制的历史最为悠久。所谓荐举选才，就是一个国家在一定历史时期内所实行的以推荐、察举为主要特征的人才选拔制度。西周时期的人才选拔、春秋战国时期的养士制度、汉代的察举制度、魏晋南北朝时期的九品中正制，均以学校教育为基础，把察良举士作为主要选拔形式，在此基础上，经过层层推荐，选拔官吏人才。

---

① 道格拉斯·诺斯：《制度、制度变迁与经济绩效》，杭行译，格致出版社，2008 年，第 3 页。

② 道格拉斯·诺斯：《制度、制度变迁与经济绩效》，杭行译，格致出版社，2008 年，第 181 页。

1. 西周时期的教育与人才选拔

西周的学校教育、人才选拔、官吏任用三个环节是紧密联系在一起的。西周时期的学校按教育对象的身份等级划分为国学和乡学。国学分为大学和小学阶段。人才选拔的前提条件是要取得大学入学资格。有资格进入国学中的大学学习的人有两类：一类是具有“世卿世禄”特权的贵族子弟，另一类是乡学中经过乡试荐举的俊秀之士。乡学实行定期考查和推荐俊秀人才的制度，由乡大夫根据其德行道艺的标准进行考查和推荐，被乡荐举的人升入国学中的大学学习。上述两类人进入大学后，期限达九年，分为小成和大成阶段。每隔一年进行考查，小成阶段（七年）学生能够达到“离经辨志”、“敬业乐群”、“博习亲师”、“论学取友”的，然后进入大成阶段（二年）学习，能够达到“知类通达，强立而不反”，才算学业有成。在此基础上，再由主管大学教学的大乐正主持新一轮的选士，入选的名单再向上报，经审核德行才能后，方确定提拔任用。可以看出，这种选才制度以推荐选拔为中介，以从政为官为直接目标，人才的选拔与学校的考查紧密结合。国家选拔了俊秀之才，一定程度上也促进了学校教育的发展。

2. 春秋战国时期的养士制度

到了春秋战国时期，出现了“官学衰落，私学兴起”的局面。私学的兴起，冲破了“天子命之教，然后为学”的旧传统，使学校从王宫官府中解放出来，扩大了教育对象。随着官学的衰落和私学的兴起，养士之风盛行。士演化成为一个社会阶层，地位不断提高，影响日益扩大。各国诸侯和公卿大夫为了壮大自己的势力，广泛纳士，纷纷争相养士，公室和私门也为争士而斗争。养士制度为当时社会造就了一大批杰出人才，也进一步促进了私学教育的产生和发展，促进了学术思想的繁荣，为战国时期的百家争鸣创造了条件。

3. 汉代的察举制度

汉王朝建立后，在汉高祖十一年（公元前 196 年）开始实行选举取士制度。这种制度起初是一种补充官员的用人制度，包括皇帝征召、私人荐举等多种方式，但以制度化的形式延续下来的是察举制度。察举是由地方官以“孝悌”、“廉正”的标准察访并荐举人才。其大体上分为两类：一类是常科，即每年由州郡长官按规定的名额、标准向朝廷推荐人才。最主要的科目是孝廉科，各郡每年按人口比例荐举孝廉。孝廉的标准则是“为人立身以孝为本，任官从政以廉为基”。另一类是特科，即皇帝根据需要临时指定选士标准和名目。其科目开设随心所欲，最主要、最制度化的科目是贤良方正，另外还有明经、阴阳灾异、武猛兵法等。察举实施之初，能够体现选贤任能的原则，同时，极大地促进了讲习儒经的社会风气的形成和教育的发展。察举的前提是主管官员的推荐，但在推荐中却无客观的人才考量标准。要引起官员的注意，声望是很重要的，于是，士人便沽名钓誉、攀附权贵、贿赂请托。这样，便导致了士风日下，察举不实。自汉顺帝阳嘉元年（公元 132 年）左雄改制起，增加了考试，儒生考儒家经典，文吏考奏章律令。自此，察举制由推荐发展为推荐与考试相结合，为选士制度的进一步完善探索了新路。汉代开始出现学校制度与选举制度并存的情况，学校成为选举官僚人才的辅助机构。

4. 魏晋南北朝时期的九品中正制

魏晋南北朝时期选拔人才的制度主要是九品中正制。“九品中正”始于魏文帝皇初元年（公元 220 年），其具体做法是由中央（吏部）直接派人到州或郡做大小中正官，实行四级推荐选拔、审核的办法选拔人才。州设大中正，郡设小中正，郡小中正把管辖区域内的知名人士，按其德行、才能分为九等，上报州中正，大中正核实后，上报司徒审核，再上报给吏部，由吏部的尚书最后审查，按品位高低作为委任大小官吏的备用人选。中正官品评的主要内容包括家世、状和品三项。家世即指人的血统关系、父族辈的官位等；状就是指品评人物的道德和才能；品就是中正官根据家世和状给出的品级。“九品中正”制实质是大地主阶级内部分配政治权力的一种办法，是士族占统治地位社会条件下的产物，它反过来成了进一步巩固门阀士族势力的工具。因其选拔特别重视血统门第而忽略德才，从而造成学校教育的废弛。

（二）科举选才阶段

我国以考试为主的人才选拔制度，起源于隋炀帝大业三年（公元 607 年)。隋文帝统一全国后，沉重打击了门阀势力，士族制度逐渐崩溃，废除了士族特权的九品中正制，开始实行科举制度。

1. 唐代的科举制度

所谓科举，就是选才不经过推荐，而由中央政府或皇帝亲自进行（分科）考试、录取的人才选拔办法。到了唐代，正式完成了从九品中正制到科举制的过渡，全面推行科举选才制度。

参加科举的人员有两类，一类是生徒，即从中央“六学”、“二馆”和地方上的州县学校，挑选出的成绩优秀者；另一类是“乡贡”，即地方上的知识分子经县考选和州复核的合格者。科举考试分为三级，分别为乡试一省试一吏部试。通过乡试者和生徒被送到吏部，这种考试叫省试；通过考试，公开竞争，在省试中被录取的人，再参加吏部主持的考试，这种考试叫吏部试，也称铨选。吏部铨选考试包括“书、判、身、言”，四项合格者才被任命为官。

2. 宋辽金元时期的科举制度

宋辽金元时期基本上沿用唐朝的办法，但也有各自的特点。选拔侧重点有所变化，但本质上没有超出科举选拔的范畴。只是在科举规模、考试科目、考试内容等方面不断改革。宋代的改革有以下几个方面：一是确定殿试制度，皇帝直接参与；二是定制考试周期，确定为三年一次；三是制定一系列的防范考试作弊措施，包括设置“别头试”，限制考官权力。辽金时期对科举制度极不重视，只是为汉人所设，成为笼络知识分子的一种手段。元代科举制度承袭宋代，其中改革新创的措施有：一是定制各类考试。明确规定乡试、省试都各考三场，每场之间相隔三日，同时确定乡试、省试的具体日期。二是明确考试范围。出题范围是《大学》、《中庸》、《论语》、《孟子》，答题范围是朱熹的《四书章句集注》。

3. 明清时期的科举制度

明清科举基本上沿袭唐宋旧制，比过去更为重视，考试制度和办法也更为完善和复杂。明代对科举制度的完善主要有以下几个方面：第一，确定“三年大比”制度。洪武十七年（公元 1384 年）正式规定“三年大比”制度，规定了定期考试的时间和类型，包括“秋闱”和“春闱”。第二，考试过程改为四个阶段。明代科举考试，在保留宋代乡试、会试、殿试三个步骤的基础上，又增加了童生试。所谓童生试就是明清两代取得生员（秀才）资格的入学考试，简称童试，也称小考、小试。应考者无论年纪大小，均称童生，或称儒童、文童。童试包括县试、府试和院试三阶段，其中院试是各省学政主持的考试，因为学政又称提督学院，故名院试。三年内举行两次考试，即岁考和科考。考上者就称为生员（秀才），送到省里去参加乡试。第三，确定八股取士的考试形式。明代规定考试的答卷必须用八股文体，每篇文章由“破题”、“承题”、“起讲”、“入手”、“起股”、“中股”、“后股”、“束股”八部分构成。

清代的科举制度承袭明代，但有两点不同：一是考试科目上，增设了制科和翻译科。制科是为了笼络汉族知识分子和明末遗老而设，如“博学鸿词科”、“经济特科”、“孝廉方正科”等，这种考试没有一定的程序，也没有一定的日期。翻译科则是专门为满、蒙子弟设的科目，是对满、蒙子弟特殊照顾的一种考试制度。二是考试的手续更加严格，对作弊的防范措施更为严密和制度化。

当今高考制度在考试和录取两方面都承袭了科举制度的某些特质。就考试方面而言，全国统一考试制度承袭了科举大规模统一考试以及匿名评卷等传统。科举制度在匿名评卷上的重要举措是采取糊名制度和誊录制度。糊名制度是把考卷上的姓名、籍贯等密封起来以防止考官徇私。誊录制度是将考生的试卷另行誊录，这样考官在评阅考生的试卷时就无从通过字迹辨认出参试者。现代高考制度大规模的匿名考试形式就是承袭了科举考试制度的一个重要表征。

就录取方面而言，高考制度中按省区划分录取分数线是源自科举制度中的配额制。我国幅员辽阔，政治经济文化发展很不均衡，人才在分布上与各地的政治经济发展基本上是呈正相关的，隋唐时期，政治文化中心在北方，因而北方人才较多，在科举考试中占优势。宋以后，南方士人科举中额的越来越多，为了均衡人才在地理上的分布，缓和社会矛盾，“逐路取人”的解额制度逐渐确立并稳定下来，直到清代，基本形成了按省分配中举名额的制度。伴随着解额制的实行，同时出现了“冒籍”的现象。“冒籍”即为得到更好的中举机会，解额寡少地区的士子离开本地寓居在解额优渥之地应举。当今的“高考移民”现象也是由“倾斜的高考分数线”引起的，与冒籍的成因与表现极为相似。可见，作为大规模统一考试制度，高考制度发展只是反映了制度演化的逻辑。

二、高考制度的路径依赖与创新

制度渐进论强调道德哲学、人类学、心理学等文化因素在制度演化中的作用。青木昌彦认为，“制度变迁可以界定为这样一种情况，即参与人行动决策规则的策略选择，连同相关的共有信念，同时发生一种基本的变化”①。包含有文化信息的非正式约束，“在长期意味着：它在制度的渐进演化方面起着重要的作用，从而成了路径依赖的根源”②。制度变迁过程的特征可以

① 青木昌彦：《比较制度分析》，周黎安译，上海远东出版社，2001年，第235页。

② 道格拉斯·诺斯：《制度、制度变迁与经济绩效》，杭行译，格致出版社，2008年，第62页。

概括为路径依赖和创新，高考制度的变迁正是在路径依赖与制度创新的反复博弈中进行的。

柯武刚和史漫飞区分了内在制度和外在制度，内在制度被定义为群体内随经验而演化的规则，而外在制度则被定义为外在地设计出来并靠政府行动由上面强加于社会的规则。与此相似，诺斯区分了正式规则和非正式约束，大抵可以对应于柯武刚和史漫飞的外在制度和内在制度。他认为，在非正式约束和新的正式规则之间存在着一种紧张关系，因为正式规则改变了，但非正式约束却没有变，它成为旧的正式规则的一种延伸与新的正式规则相抗衡。用新的正式规则来排挤掉长期驻留的非正式约束或许是一种立竿见影的办法，但却忽略了构成非正式约束基础的根深蒂固的文化继承因素。“因此，尽管正式规则的‘一揽子’变迁是有可能发生的，但与此同时，许多非正式约束仍然保持着强劲的生存韧性。”①

非正式约束的强大效力所导致的制度惯性和制度惰性对哪怕些微的制度创新也会有所阻滞。因为新制度要使人们付出学习成本，并可能在转型期导致协调不良。因此新规则很难在自愿遵循者上达到一个临界多数，从而难以在共同体中得到普遍认可。另外，对新规则的认可还常常因担心这些创新会冲垮其他规则而受阻。这些都成为固守传统的一个理由。“传统的规则系统大都含有许多补充条件，它们有益于严密的网络。而人们为了最佳地利用主流规则，也已使自己适应于他们之间复杂的互动关系。‘老规则是好规则’的格言很有影响，因为广泛存在的准自动化规则服从降低了协调成本。结果，在制度变迁中存在着路径依赖，制度系统会在相当程度上顺从惯性，它们通常会循着相当稳定的路径缓慢演变。演化性调整，而非痉挛性转换，对于制度发挥节约信息成本的基本功能来讲是必不可少的。”② 由于非正式约束的长期效力，那种一揽子的变迁不仅可能会导致失败，而且可能会进一步强化非正式约束的力量。例如，“文革”时期停罢高考这一历史事件证伪了在这些价值观念仍具有强劲生存韧性的情况下取消统一高考制度的可行性，同时也强化了附着于高考制度之上的价值观念。因此，制度创新需要克服路

① 道格拉斯·诺斯：《制度、制度变迁与经济绩效》，杭行译，格致出版社，2008 年，第 125 页。

② 柯武刚、史漫飞：《制度经济学：社会秩序与公共政策》，韩朝华译，商务印书馆，2001 年，第 464～465 页。

径依赖。

由于中国古代选举（主要指科举）“为社会提供了一种稳定的、可以合理预测的期望，对社会资源的分配、社会分层的确立以及个人地位的变迁意义至关重大”①，因此，这种以才取人制度的公正性受到了高度的关注。自隋创科举制起，历朝历代都开科设考，甄选人才，持续时间长达1300年之久。这样，伴随科举制的施行而生发的内在制度或非正式约束就具有了强大的惯性作用。由于科举制度利用功名引诱士子刻苦读书，所以中国社会历来重视教育，重视读书，“学而优则仕”的观念根深蒂固。宋真宗《劝学文》中有云：“富家不用买良田，书中自有千钟粟；安居不用架高堂，书中自有黄金屋；出门莫恨无人随，书中车马多如簇；娶妻莫恨无良媒，书中有女颜如玉。”王安石的《劝学文》中亦云：“读书不破费，读书利万倍。窗前读古书，灯下寻书义，贫者因书富，富者因书贵。”有了这些励志劝学的诗文，再加上科举考试的现实鼓舞，社会上形成了重视读书的浓厚风气。

这种重视读书，想通过读书改变现状和身份的观念一直延续至今。在高考故事中，有一个总被人津津乐道的故事叫作“会宁现象”。甘肃会宁是国家扶贫开发重点县之一，自然条件严酷、干旱缺水严重制约了当地经济社会发展。然而就是在这样一个贫困县，却有“状元故里，博士之乡”的美称，从中走出了大批人才。该地有一副广为流传的对联，叫作“一等人忠诚孝顺，两件事读书耕田”。一副对联就可尽显传统伦理价值观对现代人的影响，高考制度的督学之力可窥一斑。“路径依赖意味着历史是重要的。不去追溯制度的渐进性演化过程，我们就无法理解今日的选择。”② 因此，通过考试尤其是笔试选拔人才才是选才正途成为人们的一种惯性思维，这种路径依赖形成一种强大的制约力量维护着高考制度的公平性，也成为高考改革的一个难以突破的瓶颈。

三、高考制度变迁中的制度互补

所谓制度互补，系指任何一项制度在变迁过程中都不是独立的，而是与

① 何怀宏：《选举社会及其终结——秦汉至晚清历史的一种社会学阐释》，生活·读书·新知三联书店，1998年，第4页。

② 道格拉斯·诺斯：《制度、制度变迁与经济绩效》，杭行译，格致出版社，2008年，第138页。

其他制度紧密相关，这些制度或同时存在或前后相互关联，对参与者的行为发生作用，从而对某项制度变迁产生整体性和全局性的影响。换句话说，在某一领域内，不同制度之间呈现出一种互补状态，具有整体性和协调性，与制度相互配合和相互补充的其他制度称为这项制度的互补性制度。同时，这些互补性制度既包括某项制度安排在变迁中所需、居于基础地位的制度环境，也包括与这项制度安排并行的其他制度安排，而前者所起的作用更为关键。

制度互补意味着制度变迁最终必须实现制度结构的整体变迁，使特定制度及制度结构从不均衡走向均衡。所以，只对具体制度而不对与其互补的其他制度安排和相应的制度环境加以创新，新制度将会因缺乏相应的互补性制度安排而处于失衡状态，其效率也将处于低水平状态，或者将难以推行。换句话说，如果某些制度发生变动而其他制度仍保持原状，则势必出现新制度难以发挥应有作用的现象，制度变迁绩效也将会大打折扣。

青木昌彦将制度间共时性的相互依赖称为制度互补性。"互补性的存在意味着富有活力的制度安排——在结合不同域的制度的意义上——构成一种连贯的整体，任何单个制度在孤立情况下都不会轻易被改变或设计。"[①] 因为制度互补性的存在，所以在大的制度环境不变或与这项制度安排并行的其他制度安排没有改变的情况下，制度创新成功的可能性不大。同样，新制度的演进或设计如果有配套的制度环境及并行的制度安排的支持，就很可能有效地发挥它的功能。因此，制度的互补性既可能成为新制度运行的阻力，也可能成为制度创新的助力。

从新制度与制度环境之间的互补性上来看，察举选才和科举选才的创制和终结都有合理的理由。以科举制度的终结为例，科举制度所赖以存在的封建政权不复存在了，与科举制度相关联的教育制度和职官制度都发生了很大的改变，科举制度就失去了互补性制度的支撑，所以必然会在那个时候走向衰亡。

从单项制度安排与平行制度安排的互补性来看，缺少互补性制度或互补性制度没有进行相应的创新，就会使单项制度处于失衡状态，因此，高考改革应在统一考试制度与互补性制度的不断调整中进行。通过以下对统一考试的演进过程的考察可以看出高考制度正是在均衡与失衡的反复中凸显制度互

① 青木昌彦：《比较制度分析》，周黎安译，上海远东出版社，2001 年，第 229 页。

补性的重要的。

大学入学考试制度并不是一开始就实行统一考试的，而是经历了一个逐渐演进的过程。清末，中国进入了各种秩序重建的时期。科举制废除以后，首先是教育行政系统的大变动，清政府于 1905 年 12 月正式谕令设立学部，次年撤各省学政，改设提学使司，以提学使为主官，管理全省学务。这些为新的考试制度奠定了基础。

中国开办大学堂发轫于光绪二十四年（公元 1898 年），一般认为是以京师大学堂的创办为起点。但直到宣统元年（公元 1909 年）正式设经科和文科大学，当年才正式招生。原因一是战乱，二是现代教育体系刚刚建立，无合格生源。因此，清末大学堂的招考办法，主要采取各省选送和京城就近招考相结合的办法。1919 年，北京大学公布了招生简章，开始通过考试来招取学生。1925 年，清华大学公布了招生简章，制度化的大学入学考试从此开始。

20 世纪 20 年代到 30 年代初，大学基本上是独立招生。入学考试是高等学校内部事务，招生考试权在学校。各学校自行公布招生简章、自行命题、自行组织考试、自行阅卷、自行制定录取标准并录取新生。而且，学校还可以主办多次和多层次的入学招生考试。第一次招生没有足额，可以组织第二次考试。这种自主招生的形式与统招统考相比较为灵活，突出个性，但其弊端也是显而易见的。第一，由于各校命题的难易程度不同，监考、评分标准和阅卷及录取的宽严不一，这就不能保证考生在同等的条件下平等竞争，因而很难保证高等学校择优录取的质量。第二，教育部对高等学校招生数缺乏宏观控制，导致各省区升学率上的比例悬殊。因为中国幅员辽阔，人口众多，城市和农村、内地和边疆省区经济、教育、文化的发展都不平衡，高等学校以一个标准择优录取新生，势必造成各省区升学率差异显著，甚至出现边疆省区无学可升的境况。比如，1923 年北京大学录取新生，云南、福建、甘肃、黑龙江、热河、绥远、察哈尔、蒙古等省的考生，均榜上无名。政府缺乏宏观控制，导致文科类的学生多，理工科类的学生少的比例失调，不利于人才比例的总体平衡①。

到了 20 世纪 30 年代中期，政府为了从宏观上对专业结构进行把握，开始按计划进行招生。由于起初实行的以院为单位的“按比例招生”并未扭转

① 谢青、汤德用：《中国考试制度史》，黄山书社，1995 年，第 531 页。

文理科比例失衡的局面，1935 年，教育部规定各大学及独立学院招收新生皆以系为单位，并根据各系的师资设备等来规定实际招生名额。抗日战争爆发以后，为了战时方便，大学入学考试出现了联考以及统考等集中的方式。1941 年因抗日战争进入相持阶段，交通困难，教育部停止了全国统一考试，而实行单独招生、联合招生、委托招生以及成绩审查、保送免试等。多种招生方式并存的局面直到新中国成立后才结束。

这种大学入学考试制度多元化局面的形成，与国内社会各种权力的分散直接相关。政府并没有掌握所有的资源，社会的政治权力、经济权力以及文化领域中的权力没有达到很高的集中程度。当然也受中国现代教育体系自身发展逻辑的影响。首先，当时的大学有国立大学、教会大学以及私立大学等，这种多元主体为实行多元的大学入学考试提供了可能性。其次，废科举后，基础教育的成本变得高昂起来，乡村基础教育在 20 世纪前半期显得十分薄弱。乡村财政供给的不足使得乡村基础教育的制度空间极为狭小，因而“在将近半个世纪里大学入学考试中处于社会底层的乡土社会基本上是失语的。这一后果反过来在一定程度上为当时的大学入学考试多元化提供了组织形式方面的可能性”①。

当今时代，大学入学制度多元化的呼声又再次响起，依据 1999 年制定的高考制度改革方案中坚持有助于中学实施素质教育、有助于高校选拔人才、有助于高校扩大办学自主权的原则，经过一段时间的探索，2003 年教育部确定 22 所高校为自主招生试点单位，把自主招生作为统招统考的补充形式。此后，自主招生资格学校逐年增多，据中国自主招生网数据，2015 年，全国参加自主招生的高校有 93 所之多。自主招生录取人数控制在试点学校本年度招生计划的 5%以内，招生的名额用学校预留计划，不占用分配给各省市的招生计划指标。而如今的自主招生要以怎样的形式进行，以多大的比例为宜不仅要参照此前的经验，也要考虑现实的社会条件。

本章小结

中国的考试制度萌芽于上古时代的考选活动，以笔试为主的考试制度具

① 陈彬莉：《高考制度历史演变轨迹探析》，《山西师大学报》（社会科学版）2007 年第 1 期。

有超级稳定性，笔试的传统能够在中国生根并发挥优势，这取决于我国社会文化基础的特殊性。我国的选才制度倚重于考试制度有其人性论和认识论的根源，对道德可教的信念和对贤能治国的推崇最终催生了持续千年之久的科举考试制度。

高考制度由高考招生计划制度、高考考试制度以及高考录取制度等组成，招生计划制度的改革分为单轨—双轨—并轨三个阶段，考试内容与形式的改革贯穿高考改革的始终，进入 21 世纪以来，高考录取制度的改革试图打破统一考试的“一试定终身”，多元评价、多元录取势在必行。评价功能和选择功能是高考制度的基本功能，导向功能和发展功能是高考制度的派生功能，派生功能是在基本功能的基础上发挥作用的，并且其正向功能的发挥有一定的条件和程度的限制。

制度渐进论对高考制度变迁的过程有较强的解释力。第一，在制度变迁中存在着路径依赖，制度系统会在相当程度上顺从惯性，它们通常会循着相当稳定的路径缓慢演变。所以高考制度的改革要进行演化性的调整，而非痉挛性的转换。统一考试制度仍应是高考制度的主流形式。第二，高等教育体系有其自身的发展逻辑，从精英化到大众化再到普及化，每一阶段对高考的期待有所不同，高考改革应主动应对，自觉进行制度创新。第三，自主招生等大学入学制度作为统一考试的互补性制度，也要与时俱进，加以创新。

第二章　高考制度的价值取向

制度的价值是制度伦理所包含的内容之一，也是制度伦理研究的基本问题。那么，制度与价值是什么关系呢？哈贝马斯对规范与价值的区分有助于我们理解这一问题。他认为，“规范告诉我们的是，什么必须要做；价值告诉我们的则是，什么值得去做。获得承认的规范，对每一个接受者都具有同等约束力，没有什么例外可言。而价值表达的则是善的优先性，也就是说，这些善值得一定的集体去追求”①。可以说，价值是制度的灵魂，不“善”的制度约束是不会长久的。

随着时代的发展，制度诉求的是一个丰富的、多层次的价值体系。在此价值体系之内，既包括制度的目的性价值——公正与平等，也包括制度的工具性价值——效率与秩序。它们是制度的最基本的价值。在不同的历史发展时期、不同的历史发展条件下，人们对制度所诉求的人类普遍价值存在着理解上的歧义，这就要求我们不仅要认识制度价值体系中这些最基本的机制及其性质，而且要把握这些基本价值之间的相互关系。因为，每一种价值都不是孤立和自足的，它需要其他价值的配合与促进；同时由于人们对每一价值的理解不同，由此造成价值之间的冲突和相互抵触。制度价值之间的复杂关系体现于现实的制度对权利义务的分配之中，并对现实的人与社会的发展产生深刻的作用和影响。

第一节　高考制度的目的性价值

高考不仅是一种重要的选才制度，而且是高等教育机会和教育资源分配的重要依据。在精英教育阶段，以及高等教育大众化的早期阶段，高等教育

---

① 哈贝马斯：《包容他者》，曹卫东译，上海人民出版社，2002 年，第 111 页。

机会还并不是人人可得，高等教育资源，特别是优质的教育资源非常紧缺。要合理地分配这些机会和资源，就必须追求高考制度的公平[①]。高考制度公平不仅是教育公平的集中体现，也是社会公平在教育领域的延伸和体现。在现代民主社会，高等学校招生考试制度的公正与平等已成为其制度设计的最重要的目的性价值，成为世界各国教育立法和政策的基本出发点。

一、公正与平等

制度公正对于保证社会制度的正常运转和良性发展有着极为重要的意义，因此，它一直是人们孜孜以求、努力探究的一个永恒话题，已涉及哲学、经济学、社会学、法学、政治学和伦理学等诸多领域。正如有学者所描述的那样："谁不在争取公正？谁又不受公正问题的影响？政治制度、宗教、科学——特别是伦理学、法理学和政治理论——全都关心公正问题，而且全都渴望有一个按照他们的特殊概念来看是一个公正的世界。"[②]

在东方与西方的历史语境中，公正都是最早发生的道德观念，而且具有共同的基本精神。但由于东西方文化发展上的差异，公正概念的发展也表现出一些不同的特征。例如在中国，公正概念是一个较具综合性的概念，主要是指个人的道德品质，其社会伦理规范的价值指向并不明显。从字源上看，公正一词在古代最初是分开使用的。汉代许慎在《说文解字》中解"公"为"平分也"，有公道、公平的含义。解"正"为"是也"，"是"与非相对，意为正确、无偏差。孔子所说的"政者正也"，"其身正，不令而行"，其"正"含有正直、符合道义的意思。"公正"连用，按《说文解字》的解释，应是按一定的标准无偏差地进行分配。在儒家经典中，荀子第一次将"公正"二字连用："上公正则下易直矣。"（《荀子·正义》）这里"公正"的含义主要是指正直无私、公道。《现代汉语词典》将"公正"解释为"公平正直、没有偏私"，这只是按照字面的意思和传统文化的影响所做的解释和定义，如儒家所言公正因为与其强调德性的理路相适应，对公正的理解有偏重公正无私、正直公道的内涵。这一解释最多只是与个人公正相联系的一个界定，还不能全面概括公正观念在历史演进中所包含的权利对待、利益应得的核心内涵。但随字义的历史演化，公正在今天的汉语中其理解已与英文的 justice

① 公平和公正是意义相近的两个概念，本书在同一个意义上使用二者。

② 麦考密克、魏因贝格尔：《制度法论》，周叶谦译，中国政法大学出版社，1994 年，第 249 页。

相当，即是指对等、相等的意思。如《中国伦理学百科全书》中对公正的解释为，“用来表达社会生活中人们的创造力及其成效与他们的社会地位及其报酬之间、权利与义务之间、行为与责任及其赏罚之间等的适当和平衡状态，并被视为符合人的本质需要和为社会认可的应当具有的状态”①。

而在西方思想中，公正却较早地与政治法律制度的形成发展联系在一起，呈现出比较明显的规范意义。美国法学家庞德指出：“公正并不是指个人的德行，也并不是指人们之间的理想关系，它意味着一种体制，意味着对关系的调整和对行为的安排，以使人们生活得更好，满足人们对享有某些东西或实现各种主张的手段，使大家尽可能地在最少阻碍和浪费的条件下得到满足。”② 罗尔斯认为，在不同的公正问题中，社会基本结构的正义是首要的正义。社会基本结构是指一整套的主要的社会制度、经济制度、政治制度、法律制度、教育制度等。社会基本结构的作用是把各种主要的社会组织一体化，在社会成员之间分配社会合作的负担和利益。社会基本结构对个人的生活前途起渗透的、自始至终的影响，构成了个人和团体的行为发生的环境条件，成为关于人的行为公正与否的判断标准。因此，公正常常指涉及体制或制度的公正。制度的创设原本就有公正的意旨，“因为生存和安全的需要，人类建立了原始的不依附于个体的制度机制，对丛林规制设定约束条件，以结束一切人反对一切人的丛林状态，这就是制度的公正的最初萌芽”③。高兆明指出“制度公正”的两种含义，认为第一层意思是指制度本身应该是公正的，第二层意思是强调公正的理念与要求应当具体化为制度，旨在揭示制度化了的公正才是具有真实客观性的公正。第二层意思类似罗尔斯所说的公正的社会结构背景，但这两层意思实际上是合二为一的，因为“制度公正本身就是一历史的范畴，在历史过程中，公正会向不公正转化。然而，制度又是应当公正的，这样，这种意义上理解的制度公正就如同黑格尔所说的凡是现实的总是合理的命题一样具有一种革命性，它所指向的正是公正本身的制度化。这样，制度公正就应当被进一步规定为公正（交往关系）的制度化”④。

---

① 公正概念的词源考察参见倪愫湘：《制度伦理研究》，人民出版社，2008 年，第 102 页。

② 段治乾：《教育制度伦理研究》，河南人民出版社，2005 年，第 110 页。

③ 陈忠武：《人性的烛光》，云南人民出版社，2004 年，第 144 页。

④ 高兆明：《制度公正论》，上海文艺出版社，2001 年，第 30 页。

高考制度公正在高考制度价值体系中居于中心地位，是核心价值。在制度的价值体系中，总会有一个核心价值。简单地讲，制度的核心价值就是处于优先地位的基本价值。制度的核心价值是关于制度的基本价值在制度发展过程中次序的定位问题。确立制度的核心价值非常重要，因为制度的核心价值的确立不仅能够避免制度基本价值之间的冲突所带来的负面影响，而且能够保证制度的各项规则具有层次性和可操作性。如果制度的规则不具有层次性和可操作性，那它也就毫无实际用途，没有存在的必要了。

平等是社会伦理的重要价值之一，也是高考制度的目的性价值之一。卢梭将不平等分为两大类型，一种是自然或生理上的不平等，另一种是精神或政治上的不平等。前者起因于年龄、健康、体力以及智慧或心灵的质性的不同；后者起因于一种协议。王海明进而将平等分为自然平等和社会平等两种类型，认为后者是“可以选择、可以进行道德评价、有善恶应该不应该之别的，而前者不能”[①]。我们这里所讨论的制度平等显然是属于社会平等。

社会平等主要的衡量指标有三个：权利平等、机会平等和分配尺度平等。权利平等要求那些确定基本权利的制度规范平等地适用于每一个人，在这些制度规范面前人人平等。权利平等包含两个方面，即基本权利绝对平等与非基本权利相对平等。基本权利是为宪法认可、肯定与保障的人权体系的基本的、核心的人权，基本权利必须绝对平等。非基本权利主要是指单个的社会成员之间设定法律关系时彼此所承认的个别化的权利，这种权利是人生存和发展的更高的权利。如果说基本权利是使人成为人的权利，那么，非基本权利则是使人成为有价值的人的权利。人的价值的大小，取决于非基本权利的多少，即贡献的多少，由于人的努力程度、贡献大小不同，因而享有的非基本权利就是不均等的，因此，非基本权利平等是一种比例平等。“比例的平等”这个概念首创于亚里士多德。他说：“拥有量多的付税多，拥有量少的付税少，这就是比例；再有，劳作多的所得多，劳作少的所得少，这也是比例。”[②] 王海明解释说：“所谓非基本权利的比例平等，即是说谁的贡献较大，谁便应该享有较大的非基本权利；谁的贡献较小，谁便应该享有较小的非基本权利；每个人因其贡献不平等而应享有相应不平等的非基本权利。这样，人们所享有的权利虽是不平等的，但每个人所享有的权利的大小比例

① 王海明：《新伦理学》，商务印书馆，2001 年，第 349 页。

② 苗力田：《亚里士多德全集（第 8 卷）》，中国人民大学出版社，1992 年，第 279 页。

与每个人所做出的贡献的大小之比却是完全平等的。”① 可见，非基本权利的平等是一种相对的平等、按比例的平等。

机会是指社会成员发展的可能空间。机会直接影响着未来的分配状况，机会的不同以及机会利用的不同将导致未来发展可能结果的不同。因而机会平等是社会为每一个成员的具体发展所提供的重要条件。从一般的意义上说，机会平等意味着一切能使个人自主活动的能力得到充分发挥并由此取得成就的机会向每个公民开放，它不承认任何种族、性别、年龄的差别，更不承认那种由血统、门第、宗法关系所决定的等级特权，只承认个人自主活动能力和努力程度方面的差别。从现实的角度来看，机会平等包含两个层面的含义，一是共享机会的平等，即从总体上来说每个社会成员都应有大致相同的基本发展机会。根据权利平等，每个社会成员应当具有相同的发展权利，因而在机会面前，应是人人平等。二是差别机会的平等，也就是社会成员之间对机会的享有是不完全相同的，有着程度上的不同和差别。因为在实际的社会生活中，机会作为一种社会资源是有限的，无法充分满足每个社会成员的需要；而且同样的机会对于不同的人来说，有着不同的实际意义。由主体自身素质的差异即不平等实际造成了每一个人不同的发展起点和发展潜力。差别机会的积极作用在于尊重个人的选择，鼓励个人充分开发自身的潜能，鼓励个人最大限度地使用各种机会以实现自身的价值。

分配尺度的平等是指社会按照同一个尺度或“同一个标准”来进行社会财富的分配。分配尺度的平等蕴含着分配结果的不平等，因为每个人的才能和贡献是不相同的。权利平等、机会平等、分配尺度平等三者的关系可以概括为：权利平等是社会平等的核心内容，机会平等与分配尺度平等是权利平等的进一步扩展②。

每一种具体的制度都是社会伦理价值在实践层面上的演绎，但会有不同的侧重。从平等的三种衡量指标来看，高考制度平等主要是指权利平等和机会平等。具体而言，高考制度的权利平等指的是接受高等教育权利的平等，高考制度的机会平等指的是高等教育入学机会的平等。

---

① 王海明：《公正平等人道——社会治理的道德原则体系》，北京大学出版社，2000年，第71页。

② 机会平等与分配平等的界说参见施惠玲：《制度伦理研究论纲》，北京师范大学出版社，2003年，第166～169页。

受教育权是现代社会的基本人权。“受教育权已经从一种自然权利发展为法律权利；从一种不平等的特权发展为普遍的平等权利；从一种义务性规范发展为以权利为本位、权利与义务统一的法律规范；从一种个人权利发展为民族的、国家的乃至全人类的共同权利。”[①] 随着权利观念的普及和受教育权利观念的日益深入，受教育权利普遍受到世界各国宪法的保护。《中华人民共和国宪法》第四十六条规定：“中华人民共和国公民有受教育的权利和义务。”《中华人民共和国教育法》第九条规定：“中华人民共和国公民有受教育的权利和义务，公民不分民族、种族、性别、职业、财产状况、宗教信仰等，依法享受平等的教育机会。”

教育权利有基本教育权利与非基本教育权利之分，循此，教育权利平等可分为基本教育权利平等和非基本教育权利平等。基本教育权利平等是按需要分配的基本教育权利，而非基本教育权利平等是有条件的，是不管对谁而言，都仅仅应该平等地按照他的“能力”或“考分”来获得的接受教育的权利。义务教育阶段的受教育权是公民的基本权利；而非义务教育阶段的受教育权，则是非基本权利，它是人们为了更好地生存和发展而需要的比较高级的权利。高等教育阶段的受教育权属于非基本教育权利，这种权利往往以竞争的方式获得，比如一个人在基础教育阶段学习优秀，在高考竞争中获胜而获得接受高等教育的权利等。

当然，“接受高等教育的权利是一种非基本教育权利”这个命题具有时代性。因为在理论上，据马丁·特罗的研究，随着越来越多的适龄青年进入高校学习，接受高等教育开始从精英教育阶段少数人的特权，转变为适龄青年的权利，进而发展成为一种义务。具体而言，当高等教育入学率达到适龄人口的15%时，人们开始逐渐把接受高等教育看作是那些具有一定资格者(主要指具备相应的学业能力）的一种权利；当超过适龄人口的50%时，接受高等教育将越来越被看作是一种义务。在我国现阶段，公民享有的高等教育平等权基本上是一项非基本权利，只能实现相对平等。从“精英型”转变到“大众型”是高等教育发展的趋势。我国自20世纪80年代中期开始，高等教育规模逐渐走上了扩张之路。1999年，我国高校开始扩招，高等教育大众化战略开始启动。连续数年的大幅扩招，我国高等教育规模以惊人的速度增长。“早在2004年，全国各类高等教育在学人数就超过了2000万，在

① 劳凯声：《教育法论》，江苏教育出版社，1993年，第105页。

校生规模居世界第一，从而超越美国成为高等教育的第一大国；高等教育毛入学率达到19%，高等教育已步入大众化阶段。”① 而上海、北京、天津三地2004年高等教育毛入学率已经超过50%，因此，接受高等教育在京津沪地区开始成为一种义务。这种接受高等教育从权利到义务的深刻变化及其并存于我国高等教育领域的现实，反映了我国高等教育发展的猛劲势头，也“反映了我国高等教育大众化的特殊性，地区间高等教育发展状况不均衡导致各地适龄青年在受高等教育权利和义务关系上的差异性，这在根本上要归因于社会主义初级阶段各地经济、社会、文化发展不平衡的国情，还因为公民个体条件的不同，权利实现程度存在着差别”②。

接受高等教育的权利平等和高等教育入学机会平等是两个密切相关的问题。所有人虽然不能同等获得接受高等教育的权利，但却同等有机会竞争获得接受高等教育的权利，即每个人获得高等教育的机会是平等的。这也就是罗尔斯所说的“地位和职务向所有人开放”，“作为向才能开放的前途的平等”③。1998年联合国教科文组织在巴黎召开的首次世界高等教育大会上通过的《21世纪的高等教育：展望与行动》和《高等教育改革与发展的优先行动框架》提出的重要原则之一就是：能否被高等院校录取应根据那些想接受高等教育的人的成绩、能力、努力程度、锲而不舍和献身的精神，而且一个人一生中的任何时候均可被录取，其以前所获得的实际能力应得到应有的承认。因此，任何人不得因其种族、性别、语言、宗教、经济、文化或社会差别或身体残疾而被拒绝接受高等教育。高等教育应根据个人成绩对一切人平等开放，使更多人接受高等教育④。

高等教育机会均等问题是在精英高等教育向大众高等教育转型的过程中出现的，因此这个问题首先受到西方学者的关注。在西方，高等教育从精英阶段转变到大众化阶段，有其深刻的社会原因：已经高度工业化的社会要继续发展，就必须有大批接受过高等教育的技术与管理人员，而且由于科学技

---

① 国家教育发展研究中心：《中国教育绿皮书——中国教育政策年度分析报告》，教育科学出版社，2008年，第4页。

② 苟人民：《高等教育平等权初探》，《光明日报》2006年5月24日。

③ 罗尔斯：《正义论》，何怀宏、何包钢、廖申白译，中国社会科学出版社，1988年，第56、61页。

④ 杨东平：《教育公平的理论和在我国的实践》，《东方文化》2000年第6期。

术的发展，社会的进步与变迁，也造就了许多崭新的社会角色和岗位。这时高等教育必须转变自身职能，开始承担起发展新型工业社会所需要的职业技能培训任务，也就是开始将高等教育面向大众，而不再是纯学术和科研的象牙塔。但是随之而来的问题是：是不是每个人都有同样的机会进入日益扩张的、大门向所有人敞开的高等学校？这一问题，还可以进一步细化成两个问题，即高等教育入学机会的平等涉及两个层面，第一个是数量层面的平等问题，即适龄青年接受高等教育的机会是否平等；第二个是质量层面的平等问题，即适龄青年接受优质高等教育的机会是否平等。

对于这两个问题的解答，西方学者提出了两种理论假设——“MMI（最大化地维持不平等）假设”和“EMI（有效地维持不平等）假设”[①]。拉夫特瑞等人提出了MMI理论，其核心观点大致可以归纳为以下两点：第一，持续增长的教育规模并不必然会改变家庭社会地位对人们所获得的受教育机会的影响。第二，当受教育机会的快速增加超过了社会的总需求时，教育系统中的不平等程度不会减少。只有当高阶层的教育需求已经达到了某种饱和或者已经达到了该级教育水平的“最大化”时，特权阶层和弱势群体之间入学机会的差异才可能减小。否则，入学机会的变化可能会是相反的情况。那些社会经济地位高的父母总是会寻找各种方式，使其子女的受教育机会最大化。卢卡斯提出的EMI理论是对MMI理论的补充，他认为当数量的均等在某个教育层级实现后，应该考虑质量的不均等。社会经济处于优势的成员无论在何时何处都会确保他们自身和子女受教育机会的优势。如果受教育机会在数量上的差异是明显的，那么优势阶层将获取数量上的优势；如果教育机会在质量上的差异是明显的，那么优势阶层将获取质量上的优势。只要某个特定的教育程度还没有普及，处于社会经济状况优势的阶层将使用各种资源来确保获得该程度的教育。一旦该层次教育变得普及了，他们将使用他们的能力确保获得数量类似但质量更好的教育。两种理论假设虽然是在对中等教育规模扩展与机会均等关系进行研究的基础上得出的，但可能对任何一个层级的教育具有同样的解释力。

也有学者从时间的维度上探讨了高等教育入学机会平等的问题，如根据鲍敦与哈尔斯的研究，“在高等教育大众化初期，不同社会阶层子女接受高

① 丁小浩：《规模扩大与高等教育入学机会均等化》，《北京大学教育评论》2006年第2期。

等教育的机会多少并不一样，最早获益的往往是较高社会阶层的子女；而出身较低社会阶层者，其享受高等教育扩张的好处往往是在大众化后期才有较明显的体现；因为经济收入、文化背景和社会阶层差异导致子女的高等教育机会不均等现象，在高等教育规模扩张的初期，有增大的趋势”①。此项研究可以说也印证了上述两个理论假设，即只有满足了优势阶层接受（优质）高等教育的需求，优势阶层和弱势群体入学机会的差异才会减小。

“高等教育机会均等”在我国的提出与西方发达国家有着十分相似的过程。我国高等教育资源一直都处于非常稀缺的状态，从“十年动乱”的结束到 20 世纪 80 年代中期，我国贯彻的是“成绩面前人人平等”的精英高等教育模式，国家负担高校学生所有的教育费用，在高校招生过程中严格按照学习能力中最重要指标——成绩的高低选拔优秀的适龄生源。任何形式的“教育寻租”行为，都将受到严厉的法律惩处与道德谴责。应该说，这个阶段，高等教育机会均等还没有问题化。精英模式的一个客观的结果是，不仅保证了接受高等教育的学生都是学习成绩方面的佼佼者，在当时以及其后的相当长一段时间内，“大学生”成为有知识、有能力的人群的代名词，被称为是“天之骄子”。而且这也是在教育资源有限的情况下最有效率的选拔高校学生的方式。

高等教育开始扩大规模以后，高等教育覆盖了更广的社会人群，使越来越多的人有了接受高等教育的可能，这相对于精英高等教育来说是一个伟大的进步。但是，“高等教育机会均等”的问题也随之产生。与西方国家高等教育步入“大众化”阶段情形相似，我国高等教育也出现了新的困扰：在国家教育经费支出有限的情况下，教育资源遭遇瓶颈，造成接受高等教育的人口比例被限制，从而使得选拔标准远远高于高等教育实际的教学需要，出现“千军万马过独木桥”的社会现象。这既不符合广大民众要求接受高等教育的需要，也不适应我国经济社会全面发展的要求。但是国家又不可能完全负担高校扩招后庞大的教育开支，因此，高等教育的成本分担成为中央政府一个必然的选择。1985 年，国家发布了《中共中央关于教育体制改革的决定》，指出高校可以计划外招收少量的自费生，学生应交纳一定数量的培养费。高校开始在公费生和定向生之外招收属于市场调节的自费生和委培生，这意味着从新中国成立开始的高等教育完全免费制度的打破，成本分担和成本补偿的高等教育收费制度应运而生。并且随着成本补偿政策的深入，我国

① 谢维和：《教育活动的社会学分析》，教育科学出版社，2000 年，第 6 页。

高等教育学费水平逐年提高。

这样，面对着更多的高等教育机会和高昂的学费，社会各阶层、各地区出现了“教育寻租”和高等教育机会分配不合理的问题。可以说，正是高等教育财政体制的变化引发了高等教育机会均等问题的恶化。高考制度作为一个最安全的阀门，无疑应以着力促进高等教育机会均等为价值取向，避免体制上的漏洞给人以可乘之机。

公正和平等同为高考制度的目的性价值取向，那么二者孰轻孰重呢？应该说公正和平等是你中有我、我中有你的两个概念，在现实社会中，既不能脱离公正谈平等，也不能脱离平等谈公正。高兆明认为，“公正是平等中的不平等，不平等中的平等，没有某种不平等就没有公正自身”①。王海明认为公平原则从属于平等概念，“平等原则不仅是一种特殊的公平，而且是最重要的公平。因为公平不过是一种平等，一切公平问题都不过是个平等问题”②，二者都遵循了亚里士多德的公正即为比例平等的概念传统，进一步阐发了公正和平等的不可分离性。另外，罗尔斯对机会平等所做出的两种解释也有助于我们更加清晰地认识公正与平等的关系。他认为，机会平等的一种解释是“形式的机会平等”，即所有人都至少有同样的合法权利进入所有有利的社会地位。但是，罗尔斯并不满意对“机会平等”的这种解释，他认为，由于这种解释没有做出努力来保证一种平等或相近的社会条件，就使资源和手段的最初使用仍然受到自然和社会偶然因素的影响。因此，他转向一种对“机会平等”的“自由主义解释”，即他所称的“机会的公平平等”原则，也就是说，各种地位不仅要在一种形式的意义上开放，而且应使所有人都有一个平等的机会达到它们。他说：“假定有一种自然禀赋的分配，那些处在才干和能力的同一水平上、有着使用它们的同样愿望的人，应当有同样的成功前景，不管他们在社会体系中的最初地位是什么，亦即不管他们生来是属于什么样的收入阶层。在社会的所有部分，对每个具有相似动机和禀赋的人来说，都应当有大致平等的教育和成就前景。那些具有同样能力和志向的人的期望，不应当受到他们的社会出身的影响。”③ 实际上，罗尔斯对机

① 高兆明：《社会变革中的伦理秩序——当代中国伦理剖视》，中国矿业大学出版社，1994 年，第 321 页。

② 王海明：《新伦理学》，商务印书馆，2001 年，第 384～385 页。

③ 罗尔斯：《正义论》，何怀宏、何包钢、廖申白译，中国社会科学出版社，1988 年，第 73 页。

会平等的两种解释只不过再一次申明了公平的能力的标尺，并且申明机会的公平平等是仅以能力为标尺的。那么，高考制度在制度设计上就要有助于填平阶层的沟壑。

由于公正与平等是如此密不可分的两个概念，因此“在很长的时期内，教育公平主要是指教育机会均等，而教育机会均等的一个重要内涵是，只要学生享有均等的接受教育的机会，那么，即使结果不均等，这种不均等也是可以接受的”①。从这个意义上可以说，高考制度的公平是教育公平的集中体现，而高考制度在为高等教育机会均等问题上所做的平等取向的制度设计则是至关重要的。

二、高考制度公正的谱系

在不同时期，高考制度的价值取向有所不同。依据分配教育机会的不同标准，能够察看出高考制度公正的谱系②。新中国成立以来的高考制度大致经历了四个阶段：新中国成立初期（1949—1958 年）；“教育革命”时期（1958—1967 年）；恢复高考后（1977—1999 年）；高校扩招后（1999 年至今）。在每一个阶段，高考制度的公正性都带有鲜明的权力特征。

（一）“身份”与“能力”的较量——新中国成立初期的高考制度

新中国成立后，为了有计划地选择和培养服务于国家建设的专门人才和干部，开始着手恢复和重建高校招生制度。1952 年建立了全国高等教育统一招生考试制度。通过实行统一计划，统一组织领导，统一报考和统一录取调配方式，动员和扩大报名人数，提高选拔比例，从而达到有重点、较全面地完成招生任务的目的。由于国家迫切需要高等学校培养服务于国家经济建

---

① 余小波：《当前我国社会分层与高等教育机会探析》，《现代大学教育》2002 年第 2 期。

② 本书借用福柯所开创的谱系学的谱系观念。在福柯看来，历史并不存在终极目的，历史并非普遍理性的进步史，也不是黑格尔意义上的绝对观念展开的历史，它是人类社会从一种统治到另一种统治前进的权力的戏剧，是一部“没完没了重复进行的关于统治的戏剧”。本书认为福柯的“谱系学”对历史中的一致性和规律性持坚决的拒斥态度是偏激的，但其对统治权力的透视是深刻的。由此笔者认为，制度的公正并不只是按照其自身的逻辑在演化，还受统治权力的极大影响，其发展脉络会或中断或扭曲。

设的“精英”，尤其是技术精英，因此，新中国成立初期对高等学校的整顿与调整都是围绕着培养建设人才这一目标进行的。如1950年召开的第一次全国高等教育会议提出，高等教育必须“培养具有高度文化水平的、掌握现代科学和技术成就的——高级的国家建设人才”①。1952年院系调整的指导思想非常明确，高等教育应为建设事业服务，要以培养工业建设人才和师资为重点。另一方面，作为一个新生的以工农联盟为基础的政权，新中国延续了老解放区的教育方针，具有很强的革命意识和平民意识，十分强调教育面向大众，尤其是向工农开放。这就使得新中国成立初期的高考制度面临着面向“大众”与选拔“精英”的双重使命。

在面向“大众”的高考政策选择方面，20世纪50年代的高校招生办法中采取了一系列的措施以确保工农大众进入高等院校，不但放宽了工农身份的考生的录取标准，还专门成立工农速成中学，为工农干部直接进入高等学校提供了便利通道。如在《教育部关于高等学校1950年度暑期招考新生的规定》中，对录取标准做出了特别的规定，“有三年以上工龄的产业工人；参加工作三年以上的革命干部及革命军人；兄弟民族学生；华侨学生，考试成绩虽差，得从宽录取”。此后又陆续通过对工农干部和革命军人、产业工人采取优先录取、降低分数线、免考外语等方式扩大其进入高等院校的机会。1950年，工农速成中学成立，政务院发布的《关于举办工农速成中学和工农干部文化补习学校的指示》指出，工农速成中学成立的初衷在于培养具有高度政治觉悟和一定科学文化知识的工农干部，作为建设新中国的骨干力量。因此，它的成立具有很强的政治性。而工农速成中学的成立无疑是当时扩大工农干部及其子弟进入高等院校的重要举措。根据统计资料，这类学校1953年第一批毕业的1680人中，有1622人升入高等院校②。

新中国成立初期，在“服务于国家建设，向工农开门”的教育方针指导下，我国高等教育事业有了很大的发展。高等院校由新中国成立初的205所发展为1957年的229所；在校生人数由11.7万增长到44.1万，从1949年到1957年共计增长254.6%，平均每年增长19.4%③。教育规模的不断扩

---

① 中华人民共和国教育部：《共和国教育50年》，北京师范大学出版社，1999年，第354页。

② 中国教育年鉴编辑部：《中国教育年鉴（1949—1981）》，中国大百科全书出版社，1984年，第175页。

③ 杨学为：《高考文献（上）1949—1976》，高等教育出版社，2003年，第294页。

大，极大地增加了高等教育的入学机会，特别是工农干部在高等教育在校生中的比例不断提高。通过一系列的举措，高等院校中工农成分的大学生所占的比例逐年上升，由 1952 年的 27.39%上升到 1957 年的 36.42%、1958 年的 55.28%①。

然而，工农身份在新中国建立的精英选拔机制面前仍处于劣势。高考是国家选拔精英的主要方式，工人农民作为一种身份，虽然可以通过工农速成中学直接进入高等学校，但是，在形式上还是要参加考试，并没有在根本上否定考试的选拔功能。而且工农速成中学从一开始就不是面向一般的工农大众的，而是面向其中的优秀分子，如工农干部、劳动模范、军事干部和军人。根据 1953 年统计资料，工农速成中学在校学生 28000 余名，其中工农干部占 56.3%，产业工人占 25.5%，军人占 18.2%。在全国工农速成中学中，劳动模范和先进工作者共有 1572 人②。

随着"一五计划"的实施和对苏联模式的学习，这一精英选拔机制不断得到强化。在高考制度运作过程中，对学业能力的要求越来越高，从 1952 年至 1956 年，参加高考的人数由 5.7 万增加到 35 万，录取人数从 5.1 万增加到 17 万，但是录取比例却从 91.4%降到 50.5%③。在录取的比例中，工农干部的身份优势变得非常有限。强化精英选拔机制的另一个结果就是工农速成中学的撤销。由于工农速成中学与培养精英的目标相悖，1955 年便停止招生。

总的来看，新中国成立初期在教育机会的分配上，侧重于建立一种通过考试选拔精英的模式。尽管高等教育的机会向各个阶层、各个群体开放，但是享有高等教育机会仍然是少数人的"特权"，普通大众在事实上并没有享有这样的机会。另外，由于高等教育在新中国成立初期基础薄弱，发展极不均衡，各地高等教育入学机会也并不均等，存在着很大差异。

（二）追求结果平等的迷失——教育"革命"期间的高考制度

为了让更多的工农子女接受高等教育，毛泽东强烈批判这种正规化、以升学为导向的教育，并在 1958 年和 1966 年两度发起"教育革命"。"教育革命"期间，高考制度追求的是结果平等。

---

① 杨学为：《高考文献（上）1949—1976》，高等教育出版社，2003 年，第 472 页。

② 杨学为：《高考文献（上）1949—1976》，高等教育出版社，2003 年，第 34 页。

③ 杨学为：《高考文献（上）1949—1976》，高等教育出版社，2003 年，第 472 页。

从入学的“结果”来看，中国高等教育入学机会实现了前所未有的平等。据 Deng 和 Treiman 的一项研究显示[①]，新中国成立后至 1978 年以前，中国的教育机会分配是极其平等的，家庭背景与教育获得之间的关联微弱。而且，随着时间的延续，这种均等化程度日益增强，并在“文革”时期达到顶点。中央政府通过一系列强有力的促进均等化的手段，有效地切断了家庭背景与高等教育入学机会之间的联系，极大地减弱了高等教育入学机会方面的阶级差异。他们进一步指出，在“文革”前和“文革”期间，中央政府采用了三种手段来促进教育机会的均等化并向工农子弟提供更多的受教育机会。首先是扩大教育系统；其次是实施正规教育系统以外的大众教育（成人教育）规划；最后是采取一些特殊的行政手段来增加工农子女入学的机会，使工农出身的人在大学生中的比例逐年上升，1953 年的比例为 28 %，1958 年上升到 55 %，1965 年达到 71 %。他们认为，中国政府所采取的这些干预政策成功地阻断了父亲的社会经济地位与其子女教育获得之间的联系。

“教育革命”期间，中央政府的干预政策主要是指高校招生政策的改革。新中国成立初期，高校招生政策在面向工农和选拔精英之间一直存在尖锐的矛盾。1957 年，毛泽东在召开全国宣传工作会议期间，批评了教育中的“三脱离”（与政治、与生产、与工农脱离）现象。1958 年，中共中央、国务院《关于教育工作的指示》指出，新中国成立九年来，教育工作曾经犯过脱离劳动、脱离实际，并且在一定程度上忽视政治、忽视党的领导的错误，今后，党的教育方针是教育为无产阶级政治服务，培养一支又红又专的工人阶级知识分子队伍。《教育部关于高等学校 1958 年招考新生的规定》指出，高等学校录取新生的原则是：“在保证政治质量的前提下，结合学业、健康条件，选择录取质量较好的新生入学。”对政治质量强调的直接举措是对考生实行政治审查和对工农成分的学生实行保送入学制度。在教育部当年的《关于做好今年高等学校招生工作的通知》中规定录取新生的原则为：高等学校在审查录取新生时，首先要看政治条件，要注意审查考生平时的政治立场、政治思想和道德品质，特别是在整风运动和反右派斗争中的表现。经过审查认为政治条件合格的，再结合学科考试成绩和健康条件，择优录取质量

① Deng Zhong and Donald J Treiman，The Impact of Cultural Revolution on Trends in Educational Attainment in the People's Republic of China，American Journal of Sociology，1997，103（2），p. 391.

(特别是政治质量）较好的新生入学；对于参加招生考试的工人、农民、工农干部、工农和速出中学毕业生以及参加革命工作满 10 年的在职干部、革命军人等，应该按照招生规定，切实贯彻在录取一般考生以前单独优先录取的原则①。通过这一系列的措施，考试成绩作为进入高等院校的选拔标准被弱化，而政治出身和政治表现在高等教育的机会分配中的作用得到了强化。过去依靠考试成绩高低依次录取的政策受到了批判，而政治出身和政治表现则成为分配高等教育机会的重要标准（见表 2-1 和表 2-2)。

表 2-1　1958—1964 年高等学校录取新生的家庭出身及本人成分

家庭出身及本人成分 / 人数 / 年份	家庭出身及本人成分						
	合计（人）	工农家庭及本人工农成分的（人）	百分比（%）	剥削阶级家庭出身的（人）	百分比（%）	其他家庭出身的（人）	百分比（%）
1958	126456	69904	55.28	21464	16.97	35097	27.75
1959	226955	123918	54.60	43537	19.18	59500	26.22
1960	263169	150837	57.32	48866	18.57	63466	24.12
1961	172116	114733	66.66	18985	11.03	38398	22.31
1962	105823	56749	53.62	16570	15.66	32504	30.72
1963	137017	81610	59.56	18061	13.18	37346	27.26
1964	154335	108216	70.10	8212	5.32	37907	24.56

数据来源：杨学为：《高考文献（上）1949—1976》，高等教育出版社，2003 年，第 525 页。

表 2-2　1958—1964 年高等学校录取新生的政治面貌

政治面貌 / 人数 / 年份	政治面貌						
	合计（人）	党员（人）	百分比（%）	团员（人）	百分比（%）	非党团员（人）	百分比（%）
1958	126456	2393	1.89	75077	59.37	48995	38.74
1959	223955	41059	15.56	126272	47.84	96624	36.61

① 杨学为、刘芃：《关于做好今年高等学校招生工作的通知》，《中国考试史文献集成（第一卷）》，高等教育出版社，2003 年，第 69 页。

续表

人数 年份 \ 政治面貌	政治面貌						
	合计（人）	党员（人）	百分比（%）	团员（人）	百分比（%）	非党团员（人）	百分比（%）
1960	263169	4761	1.81	128034	48.65	130374	49.54
1961	172116	3352	1.95	87527	50.85	81237	47.20
1962	105823	737	0.70	48255	45.60	56831	53.70
1963	136923	538	0.39	68207	49.81	68178	49.79
1964	154245	854	0.55	83307	54.01	70084	45.44

数据来源：杨学为：《高考文献（上）1949—1976》，高等教育出版社，2003年，第525页。

从表2-1可以看出，剥削阶级家庭出身的子弟逐步被剥夺了接受高等教育的机会，7年间接受高等教育的人数呈逐年下降的趋势，而工农家庭及本人工农成分的在历年录取新生中的比例则逐年上升，到1964年达到了70.10%。从表2-2可以看出，除了家庭出身之外，个人的政治面貌及政治表现也是影响其能否接受高等教育的重要因素。与非党团员相比较，党团员接受高等教育的机会相对而言要容易一些。

自1958年以来，在高校招生政策中，政治出身和政治表现被突出强调，但是并没有从根本上取消把考试成绩作为获取高等教育机会的标准。由于学业成绩仍然作为进入高等学校的标准之一，高等教育入学机会在向工农子弟和党团员开放的情况下，仍然为“非劳动阶级”的子女进入高等院校留下了一条狭窄的缝隙。但是，随着“文化大革命”的开展，以学业成绩作为选拔标准的高校招生政策受到了攻击。高考被看作是“分数挂帅”，把优秀的工人、贫下中农、革命干部、革命军人和革命烈士的子女排斥在学校大门之外。1966年，高考招生制度被停止。1970年，北京大学和清华大学的招生（试点）工作，采取群众推荐、领导批准和学校复审相结合的办法招收工农兵学员，标志着政治出身和政治表现在高等教育机会分配中的绝对地位。此后，“自愿报名、群众推荐、领导批准、学校复审”成为“文革”时期分配高等教育机会的基本制度。

废除高考制度的本意是要使高等学校的大门破除学业成绩的藩篱，向工农完全敞开。但是由于把高等教育机会的分配权由国家和学校下放到个人手中，并且由于缺少统一、客观的选拔标准，这样就为滥用职权提供了便利。在“文革”期间，滥用职权谋取高等教育入学机会的事件就时有发生。为此中共中央还专门发出《关于杜绝高等学校招生工作中“走后门”现象的通知》(1972 年)，《通知》中提到，“当前值得认真注意的一个问题是，各地招生工作程度不同地存在着‘走后门’现象，有些地区和单位情况比较严重。据反映，有少数干部，利用职权，违反规定，采取私留名额，内定名单，指明选送，授意录取，甚至请客送礼、弄虚作假等不正当手段，将自己、亲属和老上级的子女送进高等学校。有些招生主管部门和负责招生工作的干部，不按党的原则办事，讲私人交情，私送名额，或强令招生人员违章接收不够条件的人入学”①。可见，“教育革命”期间的高校招生制度表面上尽管可以说是平等的，但很难说是公正的，因为不以能力标准取人，而政治标准在实施过程中又出现了大量的舞弊现象，结果为了不可能的结果平等造成了更大的不平等与不公平。

（三）能力本位的复归——恢复高考后至扩招以前的高考制度

我国于 1977 年恢复统一高考制度后，能力标准又重新取代强制性的身份标准成为分配高等教育入学机会的重要依据。此后的十几年间，身份或家庭出身对高等教育入学机会的影响发生了戏剧性的改变，家庭出身差的人可能有更多的接受高等教育的机会。因为从 1977 年开始，中国整个教育体系的选拔机制越来越倾向于能力主义和精英化。出生于 60 年代的人正是在 80 年代接受中高等教育，这一代人的父辈如果家庭出身较差（剥削阶级）的话，他们在“文化大革命”时期所丧失的高等教育入学机会并不影响其子辈的接受高等教育的机会，因为政治身份的限制已经被移除了。不但如此，家庭所拥有的文化资本和社会资本并不会因为政治运动而中断，因而，家庭出身差的人显然在新的高考规则中占据了优势，工农子弟在高等院校学生中总的比例急剧回落。

进入 20 世纪 90 年代，在国有企业改制和引入市场机制的政策作用下，我国社会的阶层开始分化，不再像以前那样可以简单地归类为两大阶级。各个阶层的高等教育机会并不平等，这不但表现在进入高校的数量上，也表现在进入高校的类别层次上（见表 2-3)。

---

① 杨学为，刘芃：《中国考试史文献集成（第一卷）》，高等教育出版社，2003 年，第 20 页。

表 2-3　不同阶层子女在不同类型高校在校生中所占的百分比（%）

所占比例＼高校类型 阶层	国家重点	一般重点	普通高校	地方院校	样本总体	阶层差距
党政干部	14.4	12.6	9.7	9.5	11.7	17.9
企业管理人员	10.3	8.9	8.2	6.0	8.4	12.8
专业技术人员	16.4	14.4	12.0	7.1	12.7	9.4
个体私营业主	3.7	5.0	3.5	5.6	4.4	3.4
工人	23.1	19.5	23.4	17.2	20.8	2.5
农民	21.8	30.8	29.8	45.6	31.4	1.0
军人	0.8	0.5	0.8	0.6	0.7	—
其他	9.5	8.3	12.6	8.4	9.9	—

资料来源：根据谢维和、李雪莲《高等教育公平性的调查与研究报告》（载曾满超主编《教育政策的经济分析》，人民教育出版社，2000 年）所提供的数据及《中国统计年鉴 1996》的相关资料整理。以 1995 年为基准年度。

（四）机会扩大与机会不均——扩招以后的高考制度

进入 21 世纪，高校招生政策仍然是延续以能力（分数）作为高等教育机会分配标准的基本方式。逐年扩招的一个后果是不断扩大了高等教育入学机会，但就高等教育的机会分配上，高等教育入学机会的差距也在不断拉大。一个突出的表现是，作为弱势群体的农村学生的入学比例逐年下降。北京大学教育学院副教授刘云杉统计 1978—2005 年近 30 年间北大学生的家庭出身发现，1978—1998 年，来自农村的北大学子比例约占三成，20 世纪 90 年代中期开始下滑，2000 年至今，考上北大的农村子弟只占一成左右。清华大学人文学院社科 2010 级王斯敏等几位本科生在清华 2010 级学生中做的抽样调查显示，农村生源占总人数的 17%。那年的高考考场里，全国农村考生的比例是 62%。不仅仅是北大、清华，教育学者杨东平主持的“我国高等教育公平问题的研究”课题组通过调研得出，中国国家重点大学里的农村学生比例自 1990 年代开始不断滑落①。

① 潘晓凌：《春天已远：农村大学生在大学里的比例沉浮》，《南方周末》2011 年 8 月 5 日。

从招生录取制度看，这种结果是我国高考制度长期实行分省定额、划线录取的办法造成的。各地录取定额按各地高教资源的状况，以及优先照顾城市考生的准则而定。因此，出现各地之间录取率、录取分数线存在极大差异。这种基于教育资源分布状况，采取“倾斜的高考分数线”的教育机会分配方式，加剧了地区和城乡之间原已存在的教育不平等。

与倾斜的高考分数线密切相关的一个问题是高校生源的本地化，即高校尤其是部属高校的生源中本地生源所占比例过高，虽然2008年教育部已经明确要求，各部属高校在属地的招生计划比例一律不得提高，超过30%的应逐步回调至30%以内，但效果并不明显。如2008年上海8所部属高校本地生源比例基本没有变化，没有一所高校的本地生源比例能够降至30%以内。仅以复旦大学和上海交通大学为例，复旦大学计划在全国招收本科生3100人，上海地区招收1300人，本地生源比例占到42%，与前两年基本保持一致。值得注意的是，虽然复旦大学当年的本地招生计划人数比去年减少了40人，但在全国招生总数比上年减少100人的情况下，本地生源比例比上年还略有提高。上海交通大学在全国共招收本科生4400人，其中医学院700人，上海地区招收一本学生1680人，其中医学院380人，此外，上海地区还招收二本学生200人。按照本科总体计算，本地生源的比例为43%；若不把医学院计算在内，校本部上海生源比例则为40.5%。实际上，近3年来上海交大一本在上海招生人数一直保持在1300人左右[①]。可见，部属高校本地生源比例降到30%以内还只有路线图，没有时间表。有学者认为，为弥补竞争起点的不平等，将录取分数线向边远落后地区倾斜是无可厚非的。但现在的分数线在向边远落后地区倾斜的同时，却更严重地向教育资源丰富的大城市倾斜，使得发达大都市年年出现“低分数线、高录取率”，而一些生源大省的学生却年年面临“高中比高”的激烈竞争态势。这显然既有悖于考试公平原则，也背离了旨在维护区域公平的分数线录取制度之初衷[②]。分数线的确定关系到省域之间的入学机会公平，是高考制度公平的难解之题。

---

① 彭洁云、周凯：《部属高校生源本地化　外地人进名校难上加难?》，《中国青年报》2008年7月30日。

② 郑若玲：《考试公平与区域公平——高考录取中的两难选择》，《高等教育研究》2001年第6期。

扩招以后高校自主权的不断扩大，是高等教育入学机会均等的又一个隐忧。随着高等教育管理体制的变革，高等学校被赋予了更大的办学自主权。1985 年，《中共中央关于教育体制改革的决定》规定，“要扩大高等学校的办学自主权，在执行国家的政策、法令、计划的前提下，高等学校有权在计划外接受委托培养学生和招收自费生”。1999 年，《高等教育法》第四章第 32 条规定：“高等学校根据社会需求、办学条件和国家核定的办学规模，制定招生方案，自主调节系科招生比例。”扩大高校招生自主权是大势所趋，是符合高等教育发展规律的。如果这一权力使用得当，是有利于学校根据自身的特点“择优录取”适合自己的学生的，但如果学校的招生自主权缺乏有效的制度制约，使用不当，则会出现以钱换分、以分卖钱的现象。保送生、特长生的招生方式尤其为钱分交易、权分交易提供了便利。当权力与金钱凌驾于教育机会分配标准之上时，将严重影响高等教育机会分配上的公平性。

当然，高考制度上的原因只是高等教育入学机会不均的一方面的原因，其他方面的原因可能是更重要、更深层次的原因。如户籍制度所造成的城乡两元分割，日益扩大的贫富差距和高等教育市场化对弱势群体参与高等教育所形成的巨大经济压力等，这些都使得整个教育系统成了社会排斥的一种机制。刘精明将教育划分成两种基本类型——生存教育和地位教育。生存教育就是一个人为了某一社会基本生存而必须接受的教育。相应地，地位教育指超出基本生存所必需的、以获取更好的社会职业地位为导向的教育类型。这两种教育需求对不同社会阶层、不同境遇的个体来说，是很不平等的。人们接受教育的这种形式上的差异，成为一个社会中教育不平等的重要来源①。在我国教育制度中，从重点小学到重点中学、重点大学已经成为强势群体的一个地位教育链条，他们通过择校等各种方式保持着这个链条的连续性。一项对 10 个城市 40 所普通高中的调查显示，高中阶段学生的社会分层十分明显。城镇户口的学生更多地集中在重点中学，而农业户口的学生多在普通中学。高阶层子女约 62％在重点中学就读，而低阶层家庭的子女恰好相反，约 60％在非重点学校学习②。

即使有一部分弱势群体子女凭借自身的资质和努力获取了接受地位教育

① 刘精明：《国家、社会阶层与教育——教育获得的社会学研究》，中国人民大学出版社，2005 年，第 93 页。

② 杨东平：《中国教育公平的理想与现实》，北京大学出版社，2006 年，第 201 页。

的机会，仍有不少人会在高昂的高等教育学费面前望而却步。高等教育市场化的一个重要措施是实行高等教育成本分担机制，这亦是符合高等教育规律的，是精英教育迈向大众化教育的一个必由之路。但问题是，和国际经验比，我国高等教育的私人成本分担比例是偏高的。根据1996—2003年的统计数据，在中国高等教育经费结构中，国家财政性教育经费的比例从1996年的78.56%降到2003年的46.80%，学费和杂费的比例从15.06%提高到29.29%。从国际经验看，学费所占高等教育成本大约都在20%左右。高校学费的上涨给高校学生及其家庭都带来了较大的经济压力，尤其是在贫富差距不断扩大的情况下。基尼系数是国际上通用的测量贫富差距的指数，根据国际通行惯例，基尼系数在0.3～0.4之间，表明全体居民的收入差距达到一个较为合理的程度，也就是说，这种差距是必要的，有利于提高效率。而根据世界银行的报告，60年代，我国基尼系数大约为0.17～0.18，80年代为0.21～0.27；从2000年开始，我国基尼系数已越过0.4的“警戒线”，并逐年上升，2006年已升至0.496，2007年达到0.48。个人分担高等教育费用的持续走高与贫富差距的不断拉大，势必强化高等教育尤其是优质高等教育的地位教育属性。“由于每个家庭都会竭尽全力为子女提供更优质的教育条件，随着收入的增长，那些家庭经济收入优越的学生，就会在一系列考试中取得更好的成绩，从而在大学入学考试的竞争中获得更大的优势——如果大学招生高度依赖于考试成绩的话——这将不可避免地带来社会公平、正义和稳定的巨大挑战。”①

可见，高等教育入学机会的不均等是逐层逐级地累加起来的后果，期望通过高考改革改变这种状况是徒劳的，甚至是适得其反的。高考制度的改革无法从根本上改变高等教育入学机会不均等的状况，但通过调整招生政策，却可以做到不使这种状况恶化，如2014年《教育部关于做好2014年提高重点高校招收农村学生比例工作的通知》中指出，继续扩大实施农村贫困地区定向招生专项计划，进一步拓宽农村学生就读重点高校升学渠道。

第二节　高考制度的工具性价值

从制度的定义来看，制度本身就是一种工具，而效率与秩序正是体现制

① 秦春华：《重点大学农村学生比例为何上不去》，《光明日报》2015年9月8日。

度工具性的两种品性。任何制度都是为了某种目的而形成秩序、提高效率的，制度低效或制度失序会使制度的持存受到威胁，而仅仅为秩序和效率而生的制度也必然不会长久。高效、良序的高考制度，不仅是高考制度自身的内在要求，也是为实现社会公正、稳定与和谐的手段和条件，因此，效率和秩序是高考制度诉求的工具性价值。

一、效率与秩序

一般来说，效率是一个经济学领域的概念。按照厉以宁的观点，“效率是一个经济学的范畴，这是指资源的有效使用与有效配置”①。经济学将效率规律归纳为：效率水平与产出多少成正比而与投入多少成反比。这意味着，提高效率一方面应该降低活动投入、争取活动投入最小化；另一方面则应该增多活动产出、争取活动产出最大化。合而言之，则应该以最小活动投入取得最大活动产出。这就是效率的根本原则。而降低活动投入、争取活动投入最小化，归根结底，是降低活动时间的投入，争取活动投入时间的最小化。所以，效率根本原则又可以归结为：以最小化的活动时间投入取得最大的活动产出。据此，经济活动效率的根本原则，就是以最少的劳动时间取得最多的劳动成果。这一原则也同样适用于创造精神的活动。

根据马克思主义经济学原理，生产工具是生产力的标准，通过改善工具可以降低劳动时间，提高人的活动水平和能力，从而提高人类活动的效率。而生产工具的水平又取决于科学技术水平，因此，效率水平，说到底，便取决于科学技术水平。人有什么样的活动能力和活动工具，便会有什么样的活动方式；而有什么样的活动方式，便会有什么样的活动效率：效率不仅直接决定于活动能力和活动工具，而且直接决定于活动方式。当然，活动工具改进了，活动能力提高了，活动方式改善了，而人没有活动的动力，也会影响效率。因此，提高效率的途径显然应该从改进人的活动工具、增强人的活动能力、完善人的活动方式、调动人的活动积极性等几个因素入手。对于高考制度而言，这几方面的因素不仅是提高制度效率的几个途径，也是评价高考制度是否有效的一个标准。

此外，评价高考制度是否有效还应该有个伦理标准。厉以宁认为，效率也具有伦理学含义。效率概念所具有的伦理学含义主要表现在四个方面：有

---

① 厉以宁：《经济学的伦理问题》，生活·读书·新知三联书店，1995 年，第 2 页。

投入就会有产出，但是否意味着不管生产什么样的产品，包括生产对社会有害的产品，都等于对社会有效率？投入是由投入者的意愿及其能力决定的，然而产出的效益却取决于社会的需要，如果生产的产品不为社会所需要，就没有效率可言；任何资源都是有限的，但同一种资源可以有不同的产出，投入的结果也可以有不同的效率；由于社会上各种资源的稀缺程度不同，对某种产出所需要的投入，社会有不同的评价，人们对资源使用所产生的效率的评价也不同。这四个方面，都涉及对效率本身的价值判断问题①。据此，高考制度的效率应该是有益于社会发展的效率，有益于教育发展的效率，如果高考制度对社会、对教育是造成危害的，那么效率越高，危害也越大。

秩序是构成和谐稳定生活的基础之一，是为每一个正常人所向往的。罗尔斯认为，一个社会要获得稳定性与长治久安，就必须织成一个“秩序良好的社会”，即在该社会中，每一个人都接受且知道所有其他的人也接受相同的正义原则；人们知道并且相信这个社会的基本政治制度、经济制度和社会制度符合这些正义原则；这个社会的全体公民具有正义感，认为该社会的基本制度是正义的，并能够按照其基本制度行事②。当然，罗尔斯所说的“秩序良好的社会”充满了理想色彩，但我们可以认为一个秩序良好的社会是一个正义的社会或正义程度比较高的社会，这与罗尔斯的基本理念应是一致的。

哈耶克认为，“秩序”一词可以用系统论中的“系统”来替代。“秩序”是事物的一种状态，在这种状态中，事物各要素之间的关系极其密切，以至于只要根据对系统整体中某些特殊部分要素的认识，就能对其他部分形成正确的预期；社会秩序在于人类活动的有效合作，它在本质上意味着生活在这个关系结构中的行动者，可以有效地运用他们的知识，且能够极有信心地预见到他们能从他人那里所获得的合作，他们的行动为正确的预期所引导。有一个稳定的秩序，就会使人有可信赖的预期。高考制度正是使人有一种可向往的预期而激发人的活动积极性的。“考试能够提供一种熟悉而又相当稳定的形式，使人能将生活目的寓于其中，给自己绘制一幅职业的蓝图，从而了解自己的长处和弱点，信赖某种制度，即使这种制度并不完善，但至少具有不偏不倚的优点。”③

① 厉以宁：《经济学的伦理问题》，生活·读书·新知三联书店，1995 年，第 2～4 页。

② 罗尔斯：《政治自由主义》，万俊人译，译林出版社，2000 年，第 36 页。

③ Montgomery R：《考试的新探索》，黄鸣译，广西人民出版社，1984 年，第 26 页。

秩序也是中国伦理孜孜以求的目标，是中国伦理文化气质的显著特色，从某种意义上可以说，中国传统伦理就是秩序伦理。正如台湾学者张德胜所指出的，中国传统文化、中国传统伦理、中国人在精神深层上潜藏着根深蒂固的秩序情结，在秩序的追求与建构中显现中国民族的杰出智慧。中国自秦始皇统一天下以来的文化发展线索很多，而秩序在中国传统伦理中显得尤为重要，乃至可以得出这样的结论："儒家伦理千条万条，但归根究底，不外乎从一个害怕动乱、追求秩序的情结（complex）中衍生出来。"① 儒家文化的核心在于"礼"与"仁"，"礼"即为一套伦理秩序、伦理规范，"仁"为节制人的欲望和行为，使之符合秩序要求的行为方式。"在中国传统社会和传统伦理中，秩序是第一位的。对于一些正统的伦理学家来说，秩序即使走向僵化，也要努力维持，因为僵化本身就是秩序。"② 实际上，这也是封建社会后期，科举制度尽管已经弊病丛生，统治阶级仍然不惜一切代价地竭力维护它的原因。因为僵化的科举制度有效地维持着一个僵化的伦理秩序，而这种僵化的伦理秩序是有利于封建统治的。

现代高考制度具有迥异于古代科举制度的秩序背景，"在人类文明演进的历史视阈中观察，人类近代以来自由存在的伦理秩序，经历了两种历史类型的历史性转变过程，这就是由宗法—等级类型向公民—权利类型的转变"③。高考制度不是维护宗法—等级社会的工具，而是伸张公民社会价值、维护公民合法受教育权的工具，因此，高考制度不容许走向僵化。不但如此，在社会转型时期，社会秩序的调整与重建是社会发展所面临的重大伦理难题，"以怎样的价值理念建立新的伦理秩序和社会秩序，是伦理精神的社会合理性的实践课题" ④。而高考制度无疑是价值重建与秩序重建的一个着眼点。

以上我们明确了高考制度的目的性价值和工具性价值，还有一个需要明确的问题是，制度之正义即为制度之"善"，是制度价值的集合体，"只有正义是不受任何限制的实在善"⑤。这意味着，首先，正义不同于公正。在中文中，公正与正义的概念有着明显的区分。在现代，公正主要是与社会制度

---

① 张德胜：《儒家伦理与秩序情结》，台湾巨流出版公司，1993 年，第 17 页。

② 樊浩：《伦理精神的价值生态》，中国社会科学出版社，2001 年，第 440 页。

③ 高兆明：《社会变革中的伦理秩序——当代中国伦理剖视》，中国矿业大学出版社，1994 年，第 34 页。

④ 樊浩：《伦理精神的价值生态》，中国社会科学出版社，2001 年，第 438 页。

⑤ 阿德勒：《六大观念》，团结出版社，1989 年，第 141 页。

相联系的概念，是与人的权利的应得与分配相关联的，而给予每一个人应得的权利，是制度的最基本的安排。“正义”一词的词源学意义与公正有相近之处，因为二者都有一个“正”字，稍有不同就是对“义”的解释。在古代“正”与“义”二字开始也是分别使用的。在中国传统文化中，“义”实际上就是伦理道德的代名词。义有善、宜等含义，义即善，是最高的道德价值；义即宜，是个体应该履行的道德原则和规范。“正义”合用则是善或最高的善的代名词。而作为善，公正只是正义的一部分，而不是正义的全部。“正义”二字连用，其基本意义就是“善”及最高的善。“正义”在《现代汉语词典》中释为“公正的，以及有利于人民的道理或事业”。这说明正义与公正的内涵有着密切的联系，正义包含公正的内容，但公正却缺少一种对善、义的捍卫，而正义却包含着更多的有利于人民、有利于社会发展的内核。

其次，由于制度正义是制度善的集合体，所以我们就不能以单一价值取向作为评价制度的标准，“以制度公正的标准等同制度正义的标准，不仅会降低制度正义的要求，而且制度变革和创新也会受到限制”①。正义通过对制度包含的其他价值观念的不断调整和完善，使之形成尽可能合理的结构或状态，因此，正义当之无愧地成为制度合理性的评价标准和尺度。

从制度价值的相互关系来看，柯武刚和史漫飞认为，制度价值难以评估它们各自的重要性，强调单一价值而忽略其他价值会导致恶化人类生存环境的后果。“对各种价值之间的替换往往难以评估，因为，它们因环境而异，并且存在着如此之多的相互依赖性。因此，重要的是不要选出一个优于所有其他价值的特殊价值。尽管普遍公认，单一价值分析往往是有吸引力和易于理解的，但这只能导致完全忽略其他价值并最终恶化人类的生存状况。”②事实上，对于一个价值体系而言，必然有一个核心价值，这个核心价值优于其他所有价值，但这个核心价值往往不是选出来的，而是经验与时势使然。柯武刚和史漫飞强调价值之间的相互依赖性是很值得重视的，这也正是我们强调正义是集合善以及最高善的意义所在。

二、高考制度的效率性与效率

高考制度本身具有工具性，从这个意义上说，高考制度可被认为是能够

---

① 倪愫襄：《制度伦理研究》，人民出版社，2008 年，第 101 页。

② 柯武刚、史漫飞：《制度经济学：社会秩序与公共政策》，韩朝华译，商务印书馆，2001 年，第 87 页。

提高社会系统的效率的一种制度安排。高考制度的制度效率表现在以下三个方面：

（一）对于高校的效率

高考制度对于高校的效率在于选择适合的人进入适合的高校。从经济学的视角可以作如下的解释：学校要使学生掌握一定的知识、技能，换言之，学生内化了的知识、技能可以说是学校的产品，其产量取决于对学校这一生产组织的投入，即师资质量与教学设备等。但是不仅如此，作为学校产品的被学生内化的知识、技能，也受作为教育原材料的学生自身素质的左右。对于适合于某所高校的教育目的及教育内容的学生，学生内化的知识、技能的程度就高，反之就低。因此，对于这个高校适应的学生的比例越多，这个学校的产量就高，即生产率就高。高考制度越能选拔合适的人接受高等教育，高等学校的生产率就越高。在此意义上，高考制度可以看作是提高高等教育系统效率的手段，这也可以说是高考制度最基本的工具性价值。受考生的积极性的影响，在高考制度初建或重建的时期，这种工具性价值的效果是很明显的。如新中国成立初期我国建立起统一高考制度之后的几年内，高等学校培养了大批优秀的人才。又如，刚刚恢复高考的几年内，高校学生内化知识与技能的程度也是很高的。

在大众化阶段，高考制度能否选择合适的人进入合适的高校是值得怀疑的。首先，由于倾斜的高考分数线的存在，“高分”不一定能进名声好的大学。其次，由于录取制度的不完善，分数上适合进入某所大学的学生不一定喜欢这所学校或所学专业，因而会影响学习的积极性，进而影响知识与技能的内化。此外，也是最让人不能容忍的是，如果再以经济学中的价格机制来分析的话，“名声最高”的高校可以得到“能力最强”的学生，相当于把学校这种“产品”配置给为其定价最高的购买者——考生，而名声其次的高校只能得到能力略低的学生。考生为获得进入名校的许可证付出的成本就是他的资质与勤奋，或者说外显的“考分”。那么，通过不正当手段进入名牌高校的情况就是对这一价格机制的扭曲。

与其他方式相比，通过考试尤其是统一考试录取新生的方式是效率最高的。因为从概率上看，超常发挥和反常发挥都是可以忽略的随机扰动，而且只要是以考试取人，无论考试科目怎么变换组合，是一次考试还是多次考试，录取方式上是先报后考还是先考后报，是估分后报还是知分后报，误通过率和误淘汰率都应该是比较低的。

（二）对于教育体系的效率

高考制度对于高中、初中及小学阶段的教育也具有巨大影响。在高考内容与高中教育内容密切相关的前提下，高考结果可以被认为是一种终结性评价。因此，对于高中来说，高考升学率以及升入重点大学尤其是北大、清华的比率成为衡量中学教学质量的一个重要甚至唯一的标准。这从效率的角度说，是有利于基础教育的教学提高效率的，因为高考升学率会敦促中学提高教学质量，高考因而就成了增加高中产出的装置，并以此类推地成为增加初中、小学产出的装置。

同样重要的是，考试对于学习者来说，也设定了一个目标，从而激发起对学习的欲望。而且由于具有相同或大部分相同的必考科目，使得学生的基础教育往往比较全面和扎实。但高等教育大众化时代的到来使高考制度的这一效率优势受到了挑战。以日本为例，从 1993 年开始，日本 18 岁人口数量开始下降，并一直持续到现在。适龄人口数的下降是高等教育转型的一个重要因素，深深影响了高等教育大众化的进程，使高等教育的供需矛盾发生了重大变化。为了确保最低的学生登记数，大学降低标准以让更多的学生入学。"中学毕业要求和大学入学标准的降低意味着为接受高等教育做好充分准备的学生正在减少。"① 为应对这一新情况，大学开始重新设置课程，在新生入学之初进行补习教育，将应在高中阶段完成的教育带到了高等教育阶段。这种不具备选拔性的入学制度既降低了高等学校的效率，也降低了基础教育的效率，应该引起我们的重视。

此外，从效率概念的伦理学含义来看，如果高考制度严重影响了基础教育阶段进行素质教育，那也很难说高考制度对于教育体系的效率是一种正面的效率。

（三）对于社会的效率

高考制度这种高强度的考试制度，有利于人力资本的形成，起到了大量地形成具有一定基础知识的成人劳动力的作用。有人也许会认为，为准备参加高考的学习往往对其今后的人生没有用处，尤其是对于落榜生而言，更是白浪费了时间。但是心理学告诉我们，基础性领域的学习经验，对职业生涯

---

① 徐萍：《高等教育大众化对日本大学入学制度的影响及启示》，《高等工程教育研究》2009 年第 1 期。

具有重大的意义。因为知识和技能是能够迁移的，高强度的语文、数学、物理、化学、外语等学习经验，对于形成基本的思考方式有很大的意义，也成为进入职业生涯后职业知识与技能获得的重要基础。

高考制度选拔的知识精英尤其是顶尖级的精英为推动我国社会发展和科学技术创新做出了重大贡献；另一方面，高考制度对于培养一般的人力资源也起到了很大的促进作用。当然，在普及义务教育的前提下，高考制度对于社会的效率才能发挥更大的作用，因为基础教育不仅要有高考作为一种积极的前途的导向，还要有普及性要求的消极的保障，才谈得上提高全体国民的素质，以及高考对于社会的效率。

那么，高考是以什么样的工具提高自身的效率的呢？现代的大规模考试与古代的大规模考试在使用的工具和技术手段方面已有天壤之别，极大地提高了考试和录取的效率。如在高考标准化中，考试手段的现代化经历了三个阶段：从 20 世纪 80 年代中期到 90 年代初期为第一阶段，主要研制光标阅读机并用其评阅选择题试卷。标准化考试大量采用了选择题，国外的经验证明，用光标阅读机评阅选择题，误差几乎为零，而且又快又省时间。高考标准化伊始，中国不仅不能生产光标阅读机，甚至大多数人都没有见过，也没有听说过。最初我们是从国外购置的，但国外光标阅读机售价高昂，而且存在对答题卡纸张、印刷要求很高等问题。国家教委决定发动高等学校研制，经过几年的努力，我国各科研单位成功研制出了光标阅读机，并经过鉴定，结果表明，我国自行研制的光标阅读机完全可以替代国外同类产品，机器的各项性能指标已接近或达到国外同类产品的先进水平，部分性能（如对多项选择题的处理）已超过国外同类产品的水平，而且具有价格低，对答题卡的纸张、印刷和裁剪要求低等优点。这和以前的人工评卷相比是一个巨大的进步。人工评卷要动用大量的评卷人员，费用也高。计算机阅卷的突出特点是阅卷速度快、效率高。一台机器不但可以代替上百人的阅卷工作，而且可以连续 24 小时不停地工作，真正做到了节省人、财、物。

20 世纪 90 年代中期为第二阶段，主要是光标阅读机和计算机技术在考试管理领域中的全面应用。计算机技术的发展也为考试管理手段的现代化插上了腾飞的翅膀。我国在考试中应用计算机，主要是采集和管理考生的报名信息、通过计算机编排考场、打印准考证、统计分数、打印成绩通知单、统计分析以及辅助录取工作。

20 世纪 90 年代中期以后为第三阶段，主要是以网络为中心的信息技术在考试中的应用。随着网络技术的迅速发展，网络特别是国际互联网已成为当今一种重要的信息传播方式，为教育考试管理的现代化开创了一片新的领域。经过相关会议后各地掀起了建设网络，开发基于网络的各种软件的热潮。其后在教育考试信息化建设方面主要做了如下工作：各地普遍建设了先进的 INTRNET/INTERNET 构架的计算机网络系统，为招生考试的现代化提供了基础保障。网上阅卷目前能达到的程度，较好地控制了主观题的评分误差，又省掉了试卷保管、登分、统分等环节，节省了人力和物力、场地，节约了经费，很快在全国推开。建立公众服务网站。1997 年，教育部考试中心建立了自己的网站，尽管内容很简单，但是发挥了较大的作用。20 世纪 90 年代末，全国大多数省级考试机构都建立了网站，这些网站各具特色，起到了宣传高考、服务考生的作用。许多网站除了发布考试信息外，还提供网上报名、成绩查询、录取信息跟踪等服务；这些考试机构还利用网站邀请大学的招生办在网上开展大型的招生咨询活动，与考生之间形成了良好互动，从此网站真正成为考生沟通的桥梁①。

另外，国外有学者在 20 世纪七八十年代从效率的角度倡导建立试题库。他们认为，虽然“建立以电子计算机为基础的试题库的经费是十分可观的，但它的管理费用比起现行的集中劳动的评分组织所付出的费用，相对来说要小些”②。认为“由于有了试题库这种共同使用的中心设备，教师和主考人拟定试题、评分以及主持考试的沉重工作就会很快减轻”③。加快高考试题库的建设也是我国高考改革的一个效率性目标。

第三节　高考改革中的公平与效率

虽然从学理上说，公平与效率并不必然彼此矛盾，但是在社会实践中，公平与效率往往构成一对矛盾，这在高考制度中也不例外。不但在高考考试改革中存在着公平与效率的冲突，在高考录取方式的改革中也无法回避公平与效率的牴牾。

---

① 杨学为：《中国高考史述论》，湖北人民出版社，2007 年，第 431～444 页。

② Montgomery R：《考试的新探索》，黄鸣译，广西人民出版社，1984 年，第 42 页。

③ Montgomery R：《考试的新探索》，黄鸣译，广西人民出版社，1984 年，第 41 页。

一、高考考试制度改革中的公平与效率

在高考考试制度的发展过程中，一直都存在着公平与效率的价值优先性问题。如考试科目是多好还是少好？考试命题是以知识立意还是以能力立意？是一次考试还是多次考试？是全面考核还是笔试定乾坤？这些都是与公平和效率有关的问题。高考建制以来的各种改革尝试都是在力求兼顾公平与效率的出发点上进行的。如在“3＋X”科目改革期间，“多数省市都选择了‘3＋文科综合或理科综合’，也有部分省市选择‘3＋文理大综合’，很少省市采用‘3＋综合＋1’的方案，其中部分原因就是不同科目的‘1’包括人数和难度差别较大，可比性不强，调剂录取时不便于操作，勉强调剂则会出现不公平的现象”①。统一高考在一定意义上是兼顾公平与效率的选择，尽管多年来一直存在着关于统一高考对于为高校选拔合适人才方面效率的质疑，但统一高考对于高考考试制度本身来说是具有规模效率的。尤其重要的是，统一高考的形式最能保证公正，因此，其地位至今仍然不可撼动。面对高等教育大众化和高中新课程改革的新形势，高考制度在调和公平与效率的矛盾上又前进了一步，即在“分省命题”和“统一考试”之间保持适当的张力。

分省命题的形式古已有之。在明、清时代，有“分卷（南、北、中）施考、分省录取”的规制，民国时期也实行过分区考试。从新中国成立初期到“文革”前，高考制度一直是实行统一考试、统一命题的。“文革”中断高考10年后，1977年、1978年由于客观条件的限制实行分省单独命题，1979年后实行全国统一命题。2000年，教育部决定实施分省命题，上海、北京率先在全国进行了自主命题的试点，2002年扩大到12个省，到2006年，全国实行分省命题的省份已达16个，涉及的考生占全国考生的65%左右。此后几年间，分省命题的各种弊端逐渐显露出来，对分省命题的抨击频见报端。根据2014年9月国务院颁布的《关于深化考试招生制度改革的实施意见》，2015年起，增加全国统一命题试卷的省份。教育部经与有关省份协商以后，决定2015年增加江西、辽宁和山东三个省份，2016年增加7个省份。这样，分省命题的省份只有6个了。

从效率的维度上看，首先，分省命题有利于高校选拔合适的人才。高等

① 刘海峰：《高考改革中的公平与效率问题》，《教育研究》2002年第12期。

教育大众化的一个突出特点是高等教育多样化。“中国的传统大学，基本上是单一的理论型本科教育，向上伸出少量的研究生教育，向下伸出若干本科压缩型的高等专科教育。研究生很少，基本上到高等学校当教师或到研究机构搞科研；老大专在人才市场上虽不能‘适销对路’，也还能‘分配’就业。当精英教育阶段向高等教育大众化阶段发展，计划经济的分配制度转变为市场经济的自主择业时，单一化的人才培养模式与多样化的人才需求的矛盾就暴露出来了。”① 高等学校的职能随着社会的发展也发生了变化。职能的分化要求高等学校类型的多样化，因此建立高等学校分层分类的体系是大势所趋，而用同一张试卷选择不同层次不同类型的高校新生是不利于高校可持续发展的，至少本科院校与高职院校的考试应该有所区别。分省命题调动了地方各省的积极性，使高考命题更加具有地方特色，适合于为地方经济发展服务的高职院校选拔人才，对于将逐渐实行的分类招生在如何进行命题方面也会积累一些有益的经验。

其次，分省命题有利于提高教育系统的效率。进入 21 世纪以来，基础教育第八次课程改革在全国逐步试点推进，这次课改的基本特点是：在原来强调知识与技能的基础上，增加了过程与方法，情感、态度与价值观两大目标，形成了新课程标准的三维目标；课程结构更加具有均衡性、综合性和选择性。考虑到各省市之间发展不平衡，新一轮课改以省市为单位推进，其对新课程标准的执行各显特色。高考命题形式的改革为基础教育推进课程改革创造了良好的环境。实行分省命题，在命题指向上突出地方性，可以推动高中教材的地方化，引领教材改革和课程改革。目前高中教材实行“一纲多本”，各省市可以根据《教学大纲》编写和选择使用自己的教材，开设更多的选修课程，在强调基础性的同时，注重多样性、选择性和地方性。新课程改革的这些特点与自主命题所进行的考试内容改革方向是一致的。实行分省命题，能够促进省级教育行政部门统筹考虑课程改革、教学方式改进以及考试评价体系改革等诸多方面，使之形成良性互动。新课程标准大量增加了学生选择性学习模块，不同省市都根据本省实际情况制定了课程执行要求，如果仍然沿用全国大部分省市统一命题，就必然要以牺牲学生学习的选择性为代价，这有违新课程标准理念，不利于提高基础教育的教学质量。

---

① 潘懋元：《分类与定位：高校可持续发展的关键》，《光明日报》2004 年 4 月 15 日。

从自主命题自身的效率来看，分省命题在动用的资源和成本上，显然不如统一命题更有效率，所以分省命题目前只适合在一定范围和一定程度内实行。如果内地 31 个省市全都自主命题，人力、财力、物力都将大幅增加，这是没有必要的。因而，分省命题应与统一命题结合起来使用。

从公正的维度看，由于我国幅员辽阔，各地区经济、文化发展不平衡，教育水平存在差距，全国统一用一份试卷对考生来说是不公平的，这也是古代就采取分区域命题的原因之一，因为我国地区之间发展的不平衡由来已久。各省自主命题可以照顾到本省的经济、文化、地理和资源情况，照顾到本省教育发展的实际水平，对考生来说是相对公平的。当然，高考制度公正的问题其实更突出地反映在招生录取上，而不是在考试上。我国高考制度是按招生计划进行录取的，高等学校在各省市的招生名额是计划好的，是行政指令。因此，无论是统一命题还是分省命题，考生的竞争压力都只是集中在省（市）内，每年的高考中，高等学校在各省投放的名额并不会因为命题形式的改变而受到影响。从这个意义上说，分省命题反而会成为制度不公正的遮羞布。因为在原来统一命题的背景下，有些地区之间相差 100 多分的悬殊录取分数线，以极其刺眼的方式会激起人们的极大不满，但分省命题后，各省（市）之间的高考成绩无从进行比较，同样性质的不公正也就显得不那么刺眼了。

二、招生录取制度改革中的公平与效率

招生录取改革涉及两个层面的问题，即宏观方面为区域能够得到什么样的录取机会问题，微观方面为考生能得到什么样的录取机会问题。前者主要取决于各省市的招生计划数，即国家对各个地区分配的招生名额；后者主要取决于考生的考分和他向招生机构报告的对学校的偏好（即考生所填报的志愿）。招生录取改革中宏观方面的公平与效率问题除上文提到的一点外，已有学者做过深入的研究①，这里讨论的主要是考生的录取机会问题。

由于考生的录取机会主要由两个因素决定，因此一直以来高校的招生录取机制都存在着分数优先还是志愿优先的争论。从招生的方式上看，统招统考制度更加强调分数，自主招生考试更加强调志愿。新中国成立以后，经过 1950 年、1951 年大区联考，从 1952 年开始，全国普通高等学校招生实行统

① 李立峰：《中国高校招生中的区域公平研究》，华中师范大学出版社，2007 年。

一考试，这也标志着清末以来以自主招生考试为主的高校入学制度宣告结束。经过逐步调整改革，至 1956 年全国统考的各项制度已基本完备。当时的教育部部长马叙伦对全国统一招生考试作了如下定义：所谓统一，是指统一的计划、统一的组织领导、统一的报考、统一的录取调配。即全国高等学校的招生名额，均由中央高等教育部、中央教育部根据国家培养干部数额、类别统一规定；招生的组织是全国统一的，中央有全国高等学校招生委员会，各大行政区、各主要省市有招生工作委员会，组织领导这一工作；报考学生在统一的日期报名，根据统一的考题考试，根据统一的原则录取入学。1955 年，以往作为高等学校统一招生组织工作的大行政区机构撤销，省、直辖市、自治区地方政府成为各地区高等学校统一招生工作的主要领导者和组织者，教育领域和其他领域一样存在权力由地方向中央集中的趋势。但具体的招生录取工作则下放到高等学校直接负责，终止在全国范围内统一调配的统一招生，实行在中央统一计划、省级地方政府指导之下的各高等学校自行单独招生的办法。“全国统一、地方负责、大学招生”的高考制度由此正式定型并沿袭至今。

统考制度是强调分数优先的，之所以没有顾及考生的志愿方面，主要是出于效率方面的考虑。因为新中国成立初期生源少（见表 2-4），如 1952 年全国高中毕业生只有 3.6 万人，但高校招生数是 7.9 万人，各大行政区高等学校招生任务与各区学生来源不平衡，且高校之间条件相差悬殊，只有通过全国统一招生，才能统一调配生源，有重点、较全面、高效率地完成招生计划，避免一些学校无人去的尴尬局面。1955 年，全国高考报考人数超过高校招生计划数，生源短缺问题基本解决了。当年，教育行政主管部门和高等院校曾经就招生工作进行了讨论，对高校联合招生还是统一招生提出了不同的意见。部分意见认为从高等学校招生工作的发展前途看，必须逐渐过渡到以学校为主、各校单独招生的方向去，联合招生是一种过渡形式，可以采用，以代替全国统一招生考试。清华大学则认为联合招生较之统一考试对学生的质量更有保证。但最终多数学校还是主张继续贯彻统一考试招生的方针，不同意联合招生方案。这其中一条重要的理由仍是高中毕业生还不足，不敷招生需要，增加其他来源亦为数有限，不进行统一招生考试无法完成国家计划的招生任务。在这次有关统一考试还是联合招生的争论中，照顾学生志愿是赞成联合招生方案的主要理由之一。但是，在当时的历史条件下，新中国建设亟须各方面的专业人才，保证原本就很稀缺的教育资源得到最大限度的利用，无论在教育行政主管部门、高等学校，还是社会公众中都有相当程度的共识。满足祖国建设需要是当时高等教育发展与统一高考等各项制度的主要出发点，这就决定了当时的招生制度设计不可能按照满足学生志愿的方向发展。

表 2-4　1949—1976 年普通高中毕业生人数与高等学校招生人数（单位：万人）

年份	普通高中毕业生数	高等学校招生数	年份	普通高中毕业生数	高等学校招生数
1949	6.1	3.1	1963	43.3	13.3
1950	6.2	5.8	1964	36.7	14.7
1951	5.9	5.2	1965	36.0	16.4
1952	3.6	7.9	1966	28.0	0.0
1953	5.6	8.1	1967	26.8	0.0
1954	6.8	9.2	1968	79.4	0.0
1955	9.9	9.8	1969	38.0	0.0
1956	15.4	18.5	1970	67.6	4.2
1957	18.7	10.6	1971	100.4	4.2
1958	19.7	26.5	1972	215.9	13.4
1959	29.9	27.4	1973	349.4	15.0
1960	28.8	32.3	1974	417.9	16.5
1961	37.9	16.9	1975	447.0	19.1
1962	44.1	10.7	1976	517.2	21.7

备注：1966—1969 年四年间全国高校停止招生。

资料来源：国家统计局国民经济综合统计司：《新中国五十年统计资料汇编》，中国统计出版社，1999 年。

从 1957 年反右运动开始，高考招生工作中的“政治标准”日益突出。此后一直到“文革”结束，招生录取工作的主要矛盾是政治标准和文化标准之间的矛盾。在很长一段时期内，既不是分数优先，更不是志愿优先，而是政治身份优先。1977 年 10 月，在邓小平的直接干预下，国务院批转教育部《关于 1977 年高等学校招生工作的意见》，高考制度得以恢复。1978 年教育部决定对高等学校招生恢复全国统一的高等学校招生考试，并相应恢复了

“文革”前确立的招生录取模式。

随着我国基础教育和高等教育的发展，教育资源稀缺的状况逐渐得以缓解，但城乡、区域之间发展不平衡的矛盾仍然很尖锐。改革开放后，“以经济建设为中心”代替“以阶级斗争为纲”成为国家发展的基本指导方针，中央向地方“放权让利”成为改革时代中央与地方关系调整的主要基调。在这种大背景下，扩大地方政府自主权与高校自主权很自然地成为高考制度改革的核心环节。除将命题权逐渐下放给各省外，还对高校的招生录取进行了赋权，高校自主招生的试点已经初步显示了成效。在高校获得了招生自主权的情况下，考生的志愿自然就成为其能够获得什么样的录取机会的一个重要因素。

相较于政治标准招生和自主招生，统考制度本来是强调分数优先的，一般情况下，分数高的考生会比分数低的考生优先被录取。但由于考生填报志愿是按梯度排序的，因此，录取的优先性也依赖考生申报的志愿。招生机构先考虑所有学生的第一志愿，对第一志愿是同一所学校的所有考生，学校根据其分数从高到低排序后依次录取。仅当学校没有用完招生计划时，才考虑没有被录取的考生的第二志愿，按照分数从高到低录取。这样，考生虽然考分很高，也可能会因为第一志愿没有被录取，而他的第二、第三志愿的学校却已经完成录取工作，从而丧失了高分的优势，甚至“一校未中”，导致落榜。这种“高分低就”甚至“高分落榜”的现象多年来一直存在并困扰着录取机构、考生和家长。因为这种情况是不公平的，也影响了高校招生的效率。

为了解决这一难题，近年来部分省市开始试行平行志愿的高考录取模式，以作为梯度志愿的补充形式①。2008 年教育部在湖南、江苏、浙江等 6 省市进行了平行志愿投档录取模式的试点改革，2009 年，又新增河北、吉林、江西、福建、海南、广西、云南、贵州、四川、宁夏等 10 个省区进行改革试点。平行志愿投档模式进一步在全国推广，截至 2014 年，全国共有 28 个省、区、市实行平行志愿（少部分仅在一本实施）。为了将这两者加以区别，学界一般称梯度志愿为志愿优先的录取模式，而称平行志愿为分数优先的录取模式。平行志愿的志愿填报与投档规则为，在每个录取批次的院校

① 平行志愿实际上也是分梯度的，区别只在于旧有的录取模式是采取纯粹的梯度志愿，而平行志愿的模式可在不同的梯度（或所有梯度）上实行平行志愿，按照实行平行志愿的梯度的高低，分数的优先性依次减弱，第一志愿实行平行志愿分数公平最显著。

中，考生可填报若干个平行的院校，然后按“分数优先、遵循志愿”的原则进行投档录取。具体地说，按照平行志愿方式录取时，先按考生高考总分排序，从高分到低分依次检索考生；依次检索考生填报的同一批次 A、B、C、D 等几个平行志愿，如果符合 A 志愿，则被录取，如果分数不够，则继续检索 B 志愿，依次类推，直到被符合条件的学校录取。从高校角度来看，接受考生档案不分其志愿先后，所以可视考生填报院校志愿为“平行”的。概而言之，梯度志愿的原则是“分数相同看志愿，志愿相同看分数”；实行平行志愿以后，“志愿是依据，分数是前提”。

从效率的角度看，在我国高等院校数量急剧增多的情况下，平行志愿的录取模式有利于提高高校招收录取新生的效率。高校收费并轨改革完成后，1999 年开始高等教育迅速扩招，高校在校生人数、招生人数以及高考录取率迅速提高，在短短五六年的时间里就把我国高等教育从精英化阶段推进到了大众化阶段。1985 年之后，尤其是进入 21 世纪，高等院校的数量较前翻了一番。这一巨大的变化要求招生录取改革做出相应的反应，也为推行平行志愿创造了条件。

平行志愿的录取模式从理论上是高效的。有学者利用帕累托有效的概念①分析了平行志愿的效率问题，认为如果录取结果违反分数公平性，这个录取结果中就存在“高分低就”现象。一个分数公平并且与个人理性的匹配是帕累托有效的匹配。这个命题的含义是，如果高考录取的结果中没有“高分低就”，并且考生不会被他不想上的大学录取，这个录取结果就是一个帕累托有效的结果，不存在使某些考生变差而某些考生变得更好的录取结果了。因而，消除了“高分低就”，使得录取结果是帕累托有效的，分数公平和个人理性蕴含着帕累托有效性。这个命题也意味着，分数公平的录取机制也是一个简单的录取机制。在分数公平的录取机制下，当考生的分数和考生对学校的偏好独立时，如果考生最大化预期效用，考生的真实偏好也是他的均衡策略。因为不论最后分数如何，在分数公平机制下考生真实填报志愿总是优势策略。因而分数公平的机制也可以解决当前高考录取争论的“考前、估分、出分”三种时间安排哪种合适的问题②。减少高分落榜，减少高招录

---

① 帕累托有效是一个经济学术语，简单地说就是使所有人都不变差而使某些人变得更好的结果。

② 冯科、聂海峰：《高考录取机制的帕累托效率分析》，《经济科学》2007 年第 3 期。

取时因志愿不当导致的退档情况，从而增加入学人数，减少复读生占用教育资源也正是“平行志愿”方案设计的初衷。

从实际上看，平行志愿如果较梯度志愿填报方式更能适应本地的实际情况，更能推动本地基础教育与高等教育的发展，那么就意味着改革的替代成本小于收益。由于目前我国的高等教育仍然是稀缺资源，区域间的高等教育发展极不平衡，因此，平行志愿的效率并不具有普适性。对于那些人口大省、教育大省，以及本地高等教育资源有了一定的增长，但仍不敷需求的地区来说，这种制度变迁的替代成本要远远低于改革的收益。通过招生录取过程，它可以促成本地教育资源得到最大限度的充分利用。如湖南省通过平行志愿改革，有效地调动了高校增加录取名额的积极性。“原来对并列志愿有疑虑的同济大学，2003 年投档线是 571 分（理科），同比提高 70 分，学校非常满意，追加 45 个计划。2002 年脱档严重的武汉大学，2003 年投档线 559 分（理科），同比提高 58 分，追加计划 63 人。”① 所以，平行志愿改革对于湖南省而言，在不触动既有招生计划的情况下，不但充分利用了高校招生名额，还达到了扩大招生的目的，尤其是外地重点高校录取湖南省考生的数量增加了。

从公平的角度看，平行志愿的一个重要功能就在于，当考生偏好一致发生志愿扎堆时，解决考生偏好的拥挤，使得考生不至于丧失分数的优势。从平行志愿录取方式的实施效果来看，考生志愿的满足率和满意度都得到了提高，高分“撞车”甚至导致落选的现象大为减少。如据北京市教育考试院统计，2007 年第二批次录取结束后，还剩下 200 多名 600 分以上的“高分考生”无处可去，而 2008 年“高分考生”仅剩下 30 人左右。

但是，过度追求分数公平可能会产生一些意想不到的后果。首先，如前所述，平行志愿并不适合广泛推行，本地的高等教育资源过于匮乏的地区推行平行志愿改革的潜在收益并不大。不但如此，还会从整体上加剧区域间高校发展的不均衡状况。衡量高等教育资源匮乏与否的尺度是看当地本专科教育的比例，本专科教育结构中本科比例较大，55％左右应是目前全国平均水平，超过这一水平，尤其是超过 58％的地区即可视为本科比例较大。在高等教育资源匮乏的地区实行平行志愿显然不利于本地高等教育的发展。尤其是本地优质教育资源欠缺的地方，平行志愿会鼓励优秀考生将目光投向省

① 《湖南省 2003 年高招并列志愿初见成效》，《湖南日报》2003 年 7 月 16 日。

外，这样就会加剧本地优秀生源流向外地重点高校的状况，而考生个体的行为加总到地区整体层次的结果，就是进一步加剧高等教育区域间发展的不平衡状况。

其次，平行志愿也不利于高等教育的多样化发展。有学者认为，平行志愿的宗旨是“让名校统揽高分者，让高分者统统进入名校”①。以前学生填报志愿，注意将学校层次拉开，把注意力放在喜爱的专业上，这样二本院校甚至专科院校也可以录取一部分优秀的高分考生。而平行志愿的填报方式则鼓励学生求高分、进名校，这样理论上会导致同一所高校学生质量的扁平化，分数相同或差距很小的学生过于集中，不利于组织内部激励机制的形成，缺乏活力和动力。而且人为地助长了高等学校的不当排名，对高校的个性化发展、多样化发展是非常不利的。

再次，平行志愿对基础教育追求升学率尤其是升名校率起了比较大的推动作用。因为平行志愿方案必然涉及对高考成绩进行排序，这同样不利于基础教育的个性化和多样化发展。平行志愿强化分数，弱化志愿，压抑学生的兴趣和爱好，不利于基础教育开展素质教育。

此外，平行志愿也不能从根本上解决报考志愿的风险问题。高考录取机制改革的动因在于解决考生在缺乏充分信息的情况下难以做出合理的选择定位，从而在录取环节上造成的分数不公平的问题。高考填报志愿的风险既包括因为不知分数填志愿产生的预期风险，也包括竞争者相互不可能协调所产生的博弈风险。前一种风险可通过改革填报时间的方式降低风险。填报志愿方式在时间维度上有考前填报、考后估分填报、考后知分知线填报三种方式。考前填报属于完全不知分；考后估分理论上等于“半知分”情况，因为记忆会发生偏差，且无法准确地估计主观题得分情况；考后知分虽然知道自己的考分，但不知道其他人的考分，即使是知道其他人的考分（知分知线报考），也不知道其他人如何填报志愿，因此后一种博弈风险是不可能避免，也是无从降低的。因此不管是平行志愿还是纯粹的梯度志愿都不能从根本上解决降低博弈风险的问题，平行志愿的意义只是在决定录取的各因素中抬高了分数的权重、相对降低了志愿的权重。

正是意识到了平行志愿的这些不利影响，有些地区仍采用旧有的录取模

---

① 杨德广：《评“名校统揽高分者，高分者统统进名校”——对“平行志愿投档”的深层次思考》，《北京大学教育评论》2009 年第 1 期。

式，或者采用第二志愿平行的方案。但是在地方和高校自主权不断扩大和越来越尊重考生个体的价值与意愿的形势下，“平行志愿＋自主招生”并重的“双轨并举”方式将成为此后很长一段时间内我国高考志愿填报改革的大趋势。

本章小结

在高考制度的价值取向中，公正、平等等制度价值构成了它的目的性价值，接受高等教育的权利是人的生存和发展的更高的权利，人们所享有的高等教育权利虽是不平等的，但如果每个人所享有的权利的大小之比例与每个人所做出的贡献的大小之比例是完全平等的，则高考制度是公正的。人们所做出的贡献的大小不仅要受到自然禀赋的影响，还要受到社会阶层出身的深刻影响，高考制度的平等价值取向要求其在制度设计上力求缩小优势阶层和弱势群体在接受高等教育机会上的差距，而不是成为扩大阶层差异的助力。

公正是高考制度的核心价值。在处理核心价值与其他价值的关系时，应该遵循以下两个原则：首先，整体原则，即把核心价值放在与其他基本价值的关系中，放在整个制度价值体系中来分析和研究，避免对单个价值的过分强调而不及其余，也就是要坚持急需和兼顾相统一。其次，代价原则，即承认在特定的时空条件下进行的选择而带来的代价是不可避免的，在不可能同时选择两个核心价值的时候，对另外的价值作有限度的牺牲。当然，代价的付出应该根据客观条件的要求而非人为的失误或个人的任性。

效率与秩序等是高考制度的工具性价值。无论是对于高校、教育体系还是对于社会而言，高考制度都是一种可以提高效率的制度设计。古代的科举制度是为了维护封建社会的伦理秩序，高考制度对于维护社会稳定同样起到了重要的作用，在社会转型时期，高考制度的改革也是重建社会秩序的一个着眼点。正义是高考制度善的总和，公正的不一定是正义的，平等的也不一定是正义的。正义并不是几种制度价值的机械加总，而是制度价值体系中几种价值取向的有机统一。

第三章　高考制度与人的发展

人的发展是人类社会永恒的价值追求。从心理学的意义上讲，人在通常情况下都是不喜欢单调和乏味的，单调和乏味会使人处于消极和抑制状态。从本能上讲，人更倾向于新异、丰富和多样化，更喜欢在变化中发展、生活和寻求新异与挑战，这是人不断追求自我完善和超越自我发展的强大动力。因此，人的发展是出于人的求新的心理和求变的本能。“人的发展不仅在于为社会发展提供条件和手段，还在于人自身的进步、发展和完善是目的和归宿。”[①] 马克思主义的人的发展观可以概括为人的自由全面发展，人的自由全面发展是普世价值，是各级教育的终极价值，也是高考制度的终极价值。

在高考制度运行的现实环境中，它很容易被异化为一种图腾，而异化的高考制度又造成了人的异化。高考改革无疑应以人的发展为最高目标，以最低程度的异化来实现人的解放、人的自由、人的全面发展。

第一节　人的自由全面发展

人的发展是人之为人的规定性的发展，即人的本质的发展。它主要包括两个含义：第一，人的发展是人的社会关系的发展，就是人的社会关系的丰富性和人对社会关系的控制程度的发展。马克思主义认为，人是社会关系的总和，劳动从来就是社会的劳动，是在一定社会关系（其基础是生产关系）中的劳动。因此，作为现实的人的本质是由他所处的社会关系的总和所规定并且随着社会关系的发展而发展的。第二，人的发展是指人的个性和能力的发展。人的个性指人类个体的独特性，就是人作为社会历史活动主体和他人相比的不同特性，是个人的生理素质、心理素质和社会素质在不同社会生活

---

① 郑永廷，等：《人的现代化理论与实践》，人民出版社，2006 年，第 235 页。

领域中的集中表现。人的能力包括个体的体力、智力及情感力、意志力等。“人的能力也并不是从来如此和固定不变的，而是要经历一个从低到高、从小到大、从片面到全面的不断开拓和发展的过程。这种能力的不断开拓和发展，便构成人的发展的一个重要内容。”① 在教育目的的视域中，人的自由全面发展主要是指人的个性自由以及人的素质和能力的自由全面发展，形成丰富全面的社会关系。

一、马克思主义的人的发展观

人的自由全面发展是人类社会的理想、追求和信念。人的自由全面发展之所以能够成为人类的一种理想和追求，能够逐步变为现实，就在于它既符合人的本质规定性，也符合社会发展的要求，是人自身发展的内在要求与社会发展的外在要求的统一。正因为如此，人的自由全面发展是古往今来人们的一个永恒的理想和追求。人的自由全面发展观并不是马克思主义独有的理想，马克思只是用他的方法论和理论框架继承与发展了这一人的发展的理论，使这一理论变得更为现实、更为科学。

（一）人的自由发展与全面发展

马克思把人类历史划分为“人的依赖关系”——“物的依赖关系”——“自由个性”三个发展阶段，实际上就是从人的发展的角度，对人的自由发展过程的一个总的概括。“自由个性”是人摆脱了“人的依赖关系”，并且摆脱了“物的依赖性”，从而真正独立地、自由地存在和发展自身，按照自身的个性特点自由地安排自己的生活和活动。

马克思主义人的全面发展包含以下三个层次：

第一，人的活动的全面发展，人在交往中形成全面的社会关系。活动的全面发展表现为活动的内容和形式充分达到丰富性、完整性和可变性，而不是社会活动的贫乏化、片面化和固定化，每个人可以根据自己的天赋、特长、爱好自由地选择活动领域，不仅从事体力劳动，而且从事脑力劳动，不仅参加物质生产活动，而且参加经济、政治、社会生活的管理活动，进行科学艺术的创造活动等。马克思认为，人是社会的人，人是在社会关系中生存

① 涂艳国：《走向自由——教育与人的全面发展问题研究》，华中科技大学出版社，1999年，第23页。

和发展的，一个人的发展取决于他直接或间接交往的一切人的发展，人有哪些社会关系实际上决定着一个人能够发展到什么程度。人是在与自然界和他人的交往中，在心理、情感、信息诸方面得到交流、受到启发，从而丰富自己、充实自己、发展完善自己的。因此，个人必须积极参与社会生活的多种领域，逐渐摆脱个体的、地域的和民族的狭隘性，在交往中形成丰富而全面的社会关系。

第二，人的需要和能力的全面发展。人的需要的全面发展意味着需要随着活动的全面发展愈益形成包括生存、享受和发展等层次递进的丰富体系，个人按照自己的自主活动来发展一切合理的需要，并将较低层次的需要当作直接满足发展“自由个性”最高层次需要的前提。人的能力的全面发展意味着人全面地发展自己的一切能力，即全面发展自己的体力和智力、自然力和社会力、潜力和现实能力等，并在实践活动中发挥自己的全部才能和力量。

第三，人的个性的全面发展，即个人自由个性的生成、培育和建构。自由个性的充分发挥，既是人的全面发展的综合体现和最高目标，也是人的全面发展的根本内涵。人的全面发展源于人和社会高层次发展的需要，具有更明显的能动性特征。个性发展是马克思主义关于人的全面发展的本质内容。人的行动或活动具有自主性、能动性和创造性，而每个人活动的自主性、能动性和创造性是构成人的个性的基本内涵。只有独立才能自主、只有自主才能自由。人的个性的发展表现为个人主体性水平的全面提高，以及个人独特性的增加和丰富。

马克思把“个人全面发展”看作“自由个性”的“基础”，只有使个人获得全面发展的机会，才能自由地实现他的个性。过去那种片面的个人，畸形的个人，是难以“自由”的，因为他的“个性”已经残缺不全，扭曲变形。一个人的基本素质如果没有一定的全面性，那他也就在发展上失去了选择个性和形成特长的条件，就失去了自由发展的前提，就只能被迫在一个狭窄的范围内片面、畸形地发展，其结果，与其说是个性的凸现，还不如说是个性的扭曲。任何一种创造性才能，都是人的知识、能力、道德、审美、意志和身体等各方面素质的有机组合，是一种“合力”。

反过来，个人的全面发展又必然以自由发展为前提。人的发展要想真正形成自己突出的个性特点并具有较强的可持续性，就必须使自己的素质达到一定的全面性，特别是在人的那些最基本的素质方面，更是不能缺失。时下一些人总爱举出一些偏科天才的例子来为人的片面发展辩护，并作为反对统一高考的理由。实际上，"'数学考零分'在钱钟书这么一位特定人物的身上也许虽是弱点却也可爱，如若推而广之，大家都觉得某一科考零分无伤大雅，那简直就是灾难了"①。只有当个人真正获得发展的自由时，他才有可能突破片面发展的局限而达到全面的发展。因此，在"自由个性"这一层次上，必然是人的自由发展与全面发展的统一。

（二）人的自由全面发展与社会发展

人的自由全面发展与社会的全面发展是相互制约、相互促进、互为因果的关系。一方面，人的自由全面发展是社会发展的基础和保障。人的自由全面发展，尤其是所有人的自由全面发展，决定了社会发展的速度和程度。另一方面，社会发展的要求是人的自由全面发展的外在动力。社会的发展性、全面性、丰富性、流动性以及现代生产技术的革命性，决定了人的发展将逐步走向全面和丰富。

人类总是在不懈地追求社会发展的全面和完善，这就必然要求人类自身不断地丰富和完善自己，否则不仅个人难以生存和发展，更谈不上促进社会发展。在社会化机器大生产的条件下，如果劳动者不能成为各种能力得到自由发展的个人，就不能适应现代生产的极其不同的劳动需要。在马克思看来，大工业生产不仅对人的自由全面发展提出了客观要求，同时也为人的自由全面发展提供了可能性。他认为，现代生产技术的革命性逐渐使工人终生固定从事某种局部职能技术的基础被消除了，因而也为体力和智力在劳动过程中的统一，以及体力劳动与脑力劳动的结合创造了条件。正是从这个意义上，马克思把生产劳动与教育相结合看成是造就自由全面发展的人的唯一方法。当然，教育作为社会大系统中的一个子系统，必然要受社会的制约，教育对人的自由全面发展的作用也必然要受社会的制约。"教育是附属于社会的一个体系，它必然反映着那个社会的主要特征。在一个不公平的社会里，希望有合理的、人道的教育，这将是徒劳的。"②

（三）人的自由全面发展的相对性

人的自由全面发展是人类永远追求而又永远没有止境的目标。所以，所

① 扈中平：《"人的全面发展"内涵新析》，《教育研究》2005 年第 5 期。

② 联合国教科文组织国际教育发展委员会编著：《学会生存——教育世界的今天与明天》，华东师范大学比较教育研究所译，教育科学出版社，1996 年，第 88 页。

谓人的自由全面发展的实现，只是相对意义上就某一社会发展阶段和特定社会条件以及个人主客观条件而言的。所谓“相对”，在这里有以下两层含义：

第一，人的个性自由发展，是一种相对自由的发展，或者说是理性自由的发展。罗素曾说过，我们所要追求的自由不是压制别人的权利，而是在不妨碍他人的前提下按照我们自己选择的方式进行生活和思考的权利。阿克顿罗列了自由的五项特征。其中两项和个体关系很密切：自由是理性对理性的支配，不是意志对意志的支配；自由是理性对意志的支配①。因此，人的个性自由发展不是个性随心所欲的发展，而是个性的相对自由的发展，个性理性自由的发展。

第二，人的全面发展首先是相对于人的片面发展而言的。“人的片面发展”的实质是指人在发展上受强制、遭奴役、被凝固，以及由此而造成的人在发展上的分裂、失衡、扭曲和畸形。在片面发展的状态下，人所感受到的是痛苦、折磨和摧残，是自由和自主的沦丧。与之相对应，“全面发展”的实质是指人在发展上的自由、自主、和谐、丰富以及流动和变化。在全面发展的状态下，人所感受到的是幸福和愉悦，是自我价值和尊严的实现和确立。其次，“全面发展”的“全面”只具有相对的意义，而不具有绝对的内涵。从逻辑上讲，每个人都能成为全面发展的人，这是因为个体的存在都包含着人类的全部潜能，具备着人类那种无限发展的可能性。就现实性而言，每个人都是社会的、历史的存在，经济、制度、文化、个人天赋与努力等诸多因素的制约使人的发展具有差异性和层次性。因而，马克思主义的人的全面发展理论，更着眼于实现人的全面发展所必需的社会历史条件和实践方式。也就是说，人的全面发展总是具体的、相对的，它既是历史条件的产物，也受历史条件的制约。

（四）人的自由全面发展与社会公正

人的自由全面发展是社会公正的人的尺度的价值基准。从历史的过程看，社会公正的价值基准经历了自然共同体——天命——人性这样一个否定之否定的过程（其中每一个环节自身又包含若干辩证否定阶段）。初民社会的社会公正的价值标准就是最简单朴实而又至高无上的自然共同体自身的维系与存在。极端的平均主义、勇敢互助、血族复仇，正是初民们在原始自然

---

① 阿克顿：《自由与权力》，侯健、范亚峰译，商务印书馆，2001 年。

存在条件的体验下所形成的、朦胧素朴的公正关系及其意识的现象存在。当人将公正的价值基准由自身转向身外时，天命就成了公正的价值基准。天命的公正准则不仅表现为宗教神谕直接成为社会公正的依据，还表现为绝对理念的价值基准性。以人类作为社会公正的价值基准，是人类精神的一次重大解放，也是人类社会伦理秩序构建的一次重大飞跃。不过，人性的价值基准性，也经历了一个发展过程。大致说来，先后经历了以人的理性——人的欲求与力量——人的自由发展来判断社会是否公正这样几个不同阶段。马克思主义的人的自由全面发展思想，是社会公正的人的尺度的科学存在①。可以说，人的自由全面发展是最高标准的社会公正。没有人的自由全面发展的远虑，必有社会公正的近忧。

二、教育目的视野中的人的发展

教育目的是社会对所要培养的人的质量规格的总的设想或规定。教育作为一种有目的地培养人、促进人发展的活动，它要面对把人培养成什么样的人这一现实问题。而对于制定具体的教育目的和教育目标而言，自由全面发展的人仍显得笼统和抽象。而且，教育目的要受制于政治、经济等社会因素，因此，在教育目的的表达上也就会因不同的时代背景而有所不同。

在我国，教育目的往往是以教育方针（以政策文件或领导人的重要讲话为载体）的形式出现的②，如以下几个重要的讲话、文件和法规中所体现出的教育目的。1957 年 2 月，毛泽东在最高国务会议上的讲话中提出了新的教育方针："我们的教育方针，是使受教育者在德育、智育、体育几方面都得到发展，成为有社会主义觉悟的有文化的劳动者。"1958 年 9 月 19 日《中共中央、国务院关于教育工作的指示》提出一个体现毛泽东教育思想核心的教育方针："党的教育方针，是教育为无产阶级政治服务，教育与生产劳动相结合；为了实现这个方针，教育工作必须由党来领导。"1985 年《中共中央关于教育体制改革的决定》根据邓小平为北京景山学校的题词"教育

---

① 高兆明：《社会变革中的伦理秩序——当代中国伦理剖视》，中国矿业大学出版社，1994 年，第 313～316 页。

② 基础教育的教育目的和高等教育的教育目的有所不同，但在两者之间做出区分对本书所讨论的问题意义不大，本书在两者共通性的基础上尤其突出基础教育的教育目的来进行分析。

要面向现代化，面向世界，面向未来”，对教育方针及目的进行了调整，即“必须极大地提高全党对教育工作的认识，面向现代化、面向世界、面向未来，为 90 年代以至下世纪初叶我国经济和社会的发展，大规模地准备新的能够坚持社会主义方向的各级各类合格人才。……所有这些人才，都应该有理想、有道德、有文化、有纪律，热爱社会主义祖国和社会主义事业，具有为国家富强和人民富裕而艰苦奋斗的献身精神，都应该不断追求新知，具有实事求是、独立思考、勇于创造的科学精神”。1986 年的《中华人民共和国义务教育法》与之一脉相承，规定：“义务教育必须贯彻国家的教育方针，努力提高教育质量，使儿童、少年在品德、智力、体质等方面全面发展，为提高全民族的素质，培养有理想、有道德、有文化、有纪律的社会主义建设人才奠定基础。”1993 年的《中国教育改革和发展纲要》提出了一个新的教育目的：中小学要由“应试教育”转向全面提高国民素质的轨道，各级各类学校要认真贯彻“教育必须为社会主义现代化建设服务，必须与生产劳动相结合，培养德、智、体全面发展的建设者和接班人”的方针，1999 年的《中共中央、国务院关于深化教育改革全面推进素质教育的决定》明确提出：“实施素质教育，就是全面贯彻党的教育方针，以提高国民素质为根本宗旨，以培养学生的创新精神和实践能力为重点，造就‘有理想、有道德、有文化、有纪律’的德智体美等全面发展的社会主义事业建设者和接班人。”2001 年的《国务院关于基础教育改革与发展的决定》进一步提出了高举邓小平理论伟大旗帜，“坚持教育必须为社会主义现代化建设服务，为人民服务，必须与生产劳动和社会实践相结合，培养德智体美等全面发展的社会主义事业建设者和接班人”。2006 年修订的《中华人民共和国义务教育法》中这样表述教育目的：“义务教育必须贯彻国家的教育方针，实施素质教育，提高教育质量，使适龄儿童、少年在品德、智力、体质等方面全面发展，为培养有理想、有道德、有文化、有纪律的社会主义建设者和接班人奠定基础。”

梳理新中国成立以来的教育方针，不难发现，教育方针中对教育目的的规定既有连续性，又有发展性。连续性体现在坚持教育的社会主义方向，发展性体现在每个阶段培养对象的规格有所不同，而教育方针真正重视“以人为目的”是在 20 世纪 90 年代以后。这是因为中国社会经历了一个从政治挂帅到经济优先到以人为本的发展脉络，因此，反映在教育领域也就必然经历了一个从政治挂帅到经济优先再到育人为本的过程。具体而言，可以从三个方面来厘清这个过程的演进脉络。

第一，从对培养对象的目标定位上。新中国成立以来对教育要培养什么样的人的定位经历了从有社会主义觉悟的有文化的劳动者到社会主义人才，再到社会主义建设者和接班人的发展历程。培养劳动者是1980年以前，即教育为无产阶级服务阶段时的提法；培养人才则是20世纪80年代较为盛行的一种说法，它与科教兴国重要战略密切相关，反映了对知识、对人才的尊重；而培养建设者和接班人是20世纪90年代之后的权威说法，它一方面与社会主义现代化建设相关，另一方面重新强调了教育目的的政治性，这种提法更能体现出经济发展和现代化建设的时代特征，也更具包容性，因而更易于接受。

培养劳动者、人才、建设者和接班人，这些都是把受教育者作为手段和有用的工具，即所培养的人都是工具人。但人不是物件，不论是谁在任何时候都不应该把自己和他人仅仅当作工具，康德的“人是目的”的命题在教育中将永远是个绝对命令。有人提出在教育目的中应使用社会主义公民来代替社会主义建设者和接班人，因为眼下，中国正在积极提倡和着力构建“和谐社会”。中共中央十六届六中全会提出和谐社会的六个具体目标就是：民主法制、公平正义、诚信友爱、充满活力、安定有序、人与自然和谐相处。为着这样的和谐社会，我国的教育方针与教育目的必然要培养现代公民所应具备的素质，而不能仅仅是培养“接班人”。这一提法显然比后者更少工具色彩，但也并不具有更多目的人的色彩。改革开放以来，学者们不断批判教育目的中“无人”的现象，提倡教育学乃成人之学，教育的目的在于使人成为人。但这些观念在我国教育目的的文献中一直没有清晰的表述。随着以人为本思想的深入人心，十六大以后，办让人民满意的教育成为教育目的的重要内容：教育不仅要为人民服务，还要让人民满意，尊重人的程度有所提高。十七大报告中特别强调育人为本，“随着‘尊重和保障人权’2004年被写入宪法，2007年被写入党章，人的尊严与权利越来越受重视，今后教育目的的制定必将会向着培养‘目的人’的方向发展”①。当然，不再为政治服务并不代表教育目的的政治色彩消失了，只是重心发生了转移，建设者和接班人的提法仍然出现在正式的教育方针政策文件中，政治性始终是教育目的无

① 郭冰：《中国教育目的60年：演变与反思》，《中国教师》2009年第11期。

法避免的。

第二，从对培养对象内涵的要求上。虽然我国的教育目的是以马克思主义的人的自由全面发展观为指导思想的，但一直以来在教育目的的表述中重视的是人的全面发展，而忽视了人的个性自由。长期以来，我国的教育对于学生个性的培养从总体上讲是不重视的，甚至是压制和排斥的。虽然我们似乎也比较重视因材施教，但其结果往往并未带来学生个性的健康发展，甚至人为地制造了学生的分化，使优生更优，差生更差。直到 20 世纪 90 年代，教育理论界才开始重视人的个性自由以及个性的全面发展，但在正式的文件中仍然没有明晰的表达。

在我国的教育目的中，即使是对全面发展的认识，也经历了一个反反复复、逐渐深化的过程。早在 20 世纪 50 年代初，智育、体育、德育、美育全面发展的提法就曾出现在教育部的文件中，如马叙伦在第一次全国中等教育会议上的讲话。此后很长一段时间的教育目的中只是提到德育、智育、体育几方面都得到发展，美育被忽略掉了。1980 年之后才将全面发展作为教育目的的内容，而美育直到上世纪末才被写进教育目的。在 1999 年江泽民的讲话中，将原来德智体全面发展的提法发展为德智体美等全面发展。把美育写进教育目的，是对美育作为全面发展的重要组成要素的肯定，"等"字说明了德育、智育、体育、美育也并不代表全面发展的完整内涵，不能充分体现当今受教育者应有的素质。教育目的在质量规格表述上的这一变化，反映了我国对全面发展内涵认识的逐步加深。

事实上，教育目的视野中的全面发展还意涵着所有学生的全面发展，而不是少数人和个别人的全面发展。精英教育的路线在一定程度上扭曲了教育目的的这一内涵，"教育是为了育才，不是制器；是为了全体学生的发展，不是为了少数的尖子或状元；是为了学生的成功和幸福，不是以牺牲学生的发展为代价"①，更为严重的是，极端的精英主义不但将少数精英视为所谓的"才"与"器"等工具，而且将多数人视为锻材与制器的工具，多数人都在层层淘汰的升学教育中沦为少数人的陪读。

第三，从教育目的实现的方式上。马克思主义的人的自由全面发展观强调教育与生产实践相结合。这需要对生产实践有个正确的认识。我国的教育

① 王北生：《"育才"与"制器"：教育究竟为了什么和应做什么——由状元风引发对教育目的的再思考》，《教育理论与实践》2009 年第 1 期。

实践中，曾经有过过分夸大生产实践的育人作用的惨痛教训，“文化大革命”期间，教育与生产实践相结合被演绎为教育即生产劳动，以生产劳动来教育人、惩罚人，严重影响了教育事业的发展。随着时代的发展，人们逐渐认识到，生产劳动是最主要的社会实践方式，但并非全部，因此我国的教育目的又经历了由教育与生产劳动相结合到教育与生产劳动和社会实践相结合的转变。1999 年，社会实践首次作为与生产劳动并列的内容在教育目的中被强调，既突出生产劳动的主要地位，又不至于忽视其他社会实践，从而在选择教育目的的实现方式上显得更加合理、更具可操作性。

第二节　高考制度对人的发展的影响

高考制度对人的发展有什么样的影响主要取决于有什么样的教育目的观，因为“教育目的是考试制度的重要组成部分，考试制度是实现教育目的的途径、方法、手段，而且是教育目的的最明显的体现”①。另一方面，教育目的决定考试制度的模式，决定考试水准的设置，决定考试内容和方式，还决定考试制度的相应政策。因此，考试制度在制度设计上必须体现人的自由全面发展的教育目的，高考制度应以人的发展作为实施改革的出发点和落脚点。“以全面发展目的作为考试改革的出发点看起来过于抽象，若因此忽略了这一出发点，整个教育系统的运行就不可能协调。具体的考试目标要与系统的大目标相吻合，如果二者相悖，局部和整体间必须从利益价值的角度取得平衡。为整体利益牺牲局部利益是通常道理，无论是校内考试改革、升学考试改革还是具体考试方法的改革，都需依从全面发展教育的目的，体现教育的整体性。”②

但是在现实中，考试似乎总是阻碍教育目的与人的全面发展之间的连接。“教育的目的和目标是如此多种多样，以至几乎包含了整个人生。这个事实使得教学工作有着很高的价值，因而也就成为一种要求很严格的职业。另一方面，许多人觉得为一个有限的目的而工作，在狭小的领域里取得进展并将其达到完善，最后又亲眼看到成果，再没有别的东西比这更值得高兴的

① 贾非：《考试制度研究》，四川教育出版社，1995 年，第 63 页。

② 臧铁军：《考试改革与人的全面发展》，《教育研究》2005 年第 11 期。

了。正是这样，某些教师变得烦扰不安，因为他们觉得考试工作真正地排斥了学生的全面发展。”① 事实上，任何制度对人的发展都有某种程度上的限制，因为制度本身就是一种约束。但从制度德性的角度看，一项公正的、合理的制度不仅会发挥制度育人的功效，而且会成为人的发展的重要保障。相反，异化的制度则会导致人的异化，从而限制人的发展。在学历社会的背景下，高考制度往往遭遇扭曲变形，为了人的发展的高考制度反而限制了人的发展。

一、制度德性与制度育人

制度公正是制度的最重要的德性，而制度公正的动力来自制度与人的矛盾，来自人与制度之间的矛盾运动。由于社会实践活动不断推动着人的发展水平向前发展，形成了人的发展的持续性与制度的相对稳定性之间的矛盾，这样就常常使现有制度安排落后于人的发展。原先推动人的发展的制度可能变成了制约人的发展的否定力量，原先有利于人的主观能动性发挥的制度变成了阻碍人的自由发展的绊脚石。在这种情况下，就要改革或完善制度使之适应人的发展要求。制度的人本化过程与制度的公正化过程是同一的，因为随着人类社会实践活动的不断发展，人的主体性地位不断得到实现、确立和高扬，人的需要不断得到满足和丰富，对权益、幸福以及自由而全面发展的要求就愈强烈，对制度公正的渴望也就愈强烈。“从哲学或者人学的角度来描述，制度公正的过程是这样的：人类社会实践活动推动了人的发展，导致了人的发展要求与现存制度的矛盾，从而推动了制度公正的发展。”② 因此可以说，制度公正的直接推动力量在于制度与人的矛盾。正是制度与人之间的关系从基本适应到适应再到不适应的转变，推动了制度在现有基础上对那些不适应人的发展的部分进行变革、调整、完善和更新，一步步地实现制度的公正化过程。高考制度公正压力的不断增大，也从一个侧面反映了人的发展需求的高涨。

人的发展需要推动着制度的改革、制度的创新，另一方面，制度也改变着人、塑造着人。高考制度运行中无论是考试过程还是录取结果都有显著的

① Montgomery R：《考试的新探索》，黄鸣译，广西人民出版社，1984 年，第 42～43 页。

② 宋增伟：《制度公正与人的全面发展》，人民出版社，2008 年，第 250 页。

育人性。

首先，高考制度推动教学育人。高考制度明确制定考试说明或考试大纲，确定考试范围与知识的深度等。中学的课程设置决定着高考的考试内容，考试大纲是在大范围研究了整个高中教学成果的基础上决定的。高考的命题过程，不仅是对高校所选拔人才的知识水平、知识结构和能力起点的设定，还要摸清中学教学的总体水平与平均水平。高考不仅对本届学生教学有作用，而且对下一届的学生教学同样产生积极影响，这便是育人的过程。"在中学教学管理的封闭流程中，从学科设置、课程内容、课堂教学、实验实践、升学考试到调整教学计划，是一个完整的过程。在这个过程中，考试的结果是校方制订新一轮教学计划的基础，是教师调整教学方法的基础，也是学生未来终身教育的自我调整的基础。"①

高考是对教学的一种评价，没有教学质量的评价，教学任务的落实只是一句空话。高考既是评价的重要组成部分，也是重要的评价手段。考试虽然不是评价的全部，但评价离不开考试，要评价就要有可靠的资料和数据，离开考试的数据，评价就成为空洞之谈。但是这种评价要得到正确的使用才能发挥育人的作用。高考中蕴含着大量的信息资料，而绝不仅仅是"升学率"、"上线率"和"北清率"。比如，有些市、县在一个大的区域连续几年某科目高考平均成绩很好，或者是高考成绩连续下滑，要综合分析是生源质量的问题还是教师教学质量的问题或者另有其他的原因。如果确定为教师教学方面的问题，则应促使教师调整教学方法，提高教学质量，而不能拔苗助长，更不能放任自流。

高考也是学生未来终身教育的重要启发性事件，每年的高考将千千万万的学生分别输送到各层次、各类型的高等学校，或者进行职业培训走向社会。由于高考是衔接基础教育和高等教育的关键环节，因此，高中阶段学习成果的反馈，可以为考生未来的人生带来诸多的启迪，有助于他们在新的起点上，找出新的努力方向。或者高中阶段的学习使人具备终身学习的能力和动力，在人生某一阶段或某几个阶段，再度走向学习生活。

其次，高考制度锻炼了考生的心理素质，为未来的人生阅历积累了重要的经验。制度具有激励功能，它构造了人们在政治、社会或经济方面发生交

---

① 焉明明：《大规模考试的演变与育人——论会考与高考的改革》，华中师范大学博士学位论文，2003年，第153页。

换的激励结构。在实践运行中，制度通过压抑某种行为而激励另一种行为，通过反对某种行为而褒扬另一种行为，从而传递某种信息，改变人们的偏好，影响人们的选择，激发人的能力的发挥、促进人的发展。高考制度的激励作用主要表现在，高考是大规模的具有高度竞争性的考试，竞争是未来社会给青年一代提出的必须面对的课题。高考意在甄别、衡量考生知识、能力的水平，检测其智力或潜力，其直接目的是“择优”、“汰劣”与判断合格与否。“大多数考生都具有一种对美好理想的追求，虽然有高低层次之分，但毕竟是一个由朦胧到清晰的追求过程”，“而迎接高考竞争的挑战，这种附于真切场景，需要人做出相当努力的理想给人以巨大的精神力量。可能从此开始，许多考生会将奋斗与理想第一次真正地有机结合在一起，这种理想的建立，是人的发展的重要内驱力，是基础教育必须顾及的重要方面”①。

由于竞争激烈、考验严峻，考生在应考过程中不断调整自己的心态，正确认识自己的理想，尽量在考试中发挥出自己的最佳水平，故竞争对考生在认知能力、思想道德和心理素质等方面的发展，都具有重要的催化和促进作用，给考生以终生难忘的教育。

面对高考，考生需要有迎接挑战的信心和勇气，相信自己会发挥出应有的水平与能力，并战胜考场上的胆怯和紧张，从而考出自己的真实水平。许多考生就是由于缺乏自信、过度紧张等原因而影响了正常发挥，留下终身的遗憾。个人要生存发展，就要有迎接挑战的勇气和力量。而考试的成败，志愿选择的正确与否，都对考生是一次深刻的教育。当今的高考制度给学生带来过大的压力是事实，但是不能以个别人承受不了高考的压力来否定高考制度。无论如何改革，升学考试必然伴随激烈的竞争，即使是在大众化高等教育阶段，虽然淘汰率降低了，但并不是每个考生都能如愿以偿地升入自己理想的高等学校。因此竞争依然存在，而且丝毫未减。落选的与被录取到不太满意学校的考生仍占大多数，毫无疑问，这些考生或大或小地都受到挫折。考试本身要求这些人接受这样的事实，他们中绝大多数人通过外界影响特别是自我调整，接受并战胜了挫折，就是心理素质的一次深刻锻炼。另一方面，因为人的一生要经历许多次挫折和失败，甚至是重大的挫折和失败，如果一个人承受不了考试的压力，那么可以料想他也很难承受未来人生的种种

① 焉明明：《大规模考试的演变与育人——论会考与高考的改革》，华中师范大学博士学位论文，2003年，第153页。

压力。如果放在更大的范围内，如果一代人总体的承受力不强，那么我们的民族如何立足于激烈的国际竞争环境中，又如何实现中华民族的伟大复兴呢？从这个意义上说，高考制度实在是检验人甚至是一代人的抗压能力以及抗挫折能力的一次测试。

高考制度的特点是在国家教育部门的引导下，在以学校为主、社会参与、校内外结合的环境中进行的一种竞争性选拔，考生在面临人生选择的过程中经受着重要的人生考验。它使考生广泛接触社会，接受社会考验，从而丰富了社会阅历。在这一过程中，考生要去浏览考试政策文件，高校招生计划和简章、考试的考纪考规等；要听取教师、专家有关复习方法、填报志愿注意事项的介绍；要与家长、亲友探讨有关人生、未来等并不轻松的话题；要从报刊、书籍上筛选自己所需的报考信息，广泛了解高校情况和专业学习的有关问题，去咨询场所与高校招生人员交流志愿的填报；要调整状态，掌握应考方式，亲历如战场般的考场考试等。“考生要在这一阶段安排好自己的时间，根据自身特点优化学习、复习方式，在一些场合，必须自我料理生活等。这一段社会实践比学校组织的许多活动对考生的教育意义更为特殊。”① 考生经历了高考的过程，实际是走上了个人未来的社会实践的征途，亲身经历了课堂教学中所不具备的许多社会交往和心理历程，这是有多方面的教育意义的。

最后，高考制度使考生受到了一次社会道德教育和法制教育。考试的竞争与挑战对每个考生的道德品质既是一次检验，也是一次陶冶。人们按招生考试规则合理竞争，通过考试等选拔方式，反映出自身的价值与能力，而不是靠投机取巧、挤对他人去获取自身不应有的升迁。“考生守时、诚实应考、按规定方式答题、在填报志愿和自觉履行各种要求等方面都显示出考试过程的教育作用。”② 由于考试过程中的公正性与竞争性，对考生的道德精神面貌是一次透彻的洗礼。考生生活在多种价值取向影响的社会中，不少“堕落”的观念披上新潮的外衣对他们产生诱惑。在竞争冲突的关键时刻，在考试严肃的规则面前，是可以检测一个考生的道德风貌的，是诚实反映自己的

① 焉明明：《大规模考试的演变与育人——论会考与高考的改革》，华中师范大学博士学位论文，2003 年，第 154 页。

② 焉明明：《大规模考试的演变与育人——论会考与高考的改革》，华中师范大学博士学位论文，2003 年，第 152 页。

水平，还是试图投机获得超出自己能力的“录取”，会在激烈的竞争中有所反映。同时高考也是一次很有意义的实际教育过程。凡是经历过考试的人，决不会轻视这一过程中所接受到的来自社会实践的教育，高考显然对培养人的社会公德具有重要作用。

高考的秩序相对于其他方面的纪律规定更严密，实施更严格，违规处理更严厉，使绝大多数考生的正当权益因而得到保障，从而使考生在公平的竞争中受到深刻的法制教育。高考改革对公正提出了更新的要求，也为公正提供了保障。考生亲自参与考试全过程，体验了公正性的方方面面，对他们增强法治意识，养成遵纪守法习惯，追求公平与民主，产生了深远的影响。此外，高考制度对考生的情绪管理和时间管理都是一次很好的考验，使得考生学会了如何在现代社会做一个现代人。

二、制度异化与人的异化

毋庸置疑，高考制度是为人所制定并且是为了人的一项制度，但高考制度要受它所处的体系和环境的影响，而当这个体系和环境还不具备使得所有人都能通过高考制度来实现自我的条件时，在实行过程中它就难免不会遭到异化，成为支配人甚至危害人的工具。

马克思对异化现象有着较为系统的阐述，对异化的表象和成因有着深刻的洞察，这对我们认识高考制度的异化及其对人的异化有很大的帮助。马克思主义异化理论包括三个主要内容①。

第一个主要内容是，马克思把异化看作一个人不能再影响、支配自己的产品。人类智慧在试图扩大知识以更好地支配自然时，都创造了某种事物，这个创造物获得了独立的本性又反过来破坏性地对待其创造者，这就是异化。例如，资本主义社会的工人定期地生产出过剩的商品，使这个社会经受“滞销危机”。资本家随后以减少生产——通过解雇工人的办法作为对策。所以在一定意义上，工人不再能控制他自己的创造物，这个创作物反过来却支配着他，危害着他。马克思还从更广泛的角度观察了资本主义制度下的异化现象，认为工人与资本家共同造成了一种无人能有效控制的社会制度与社会关系体系，在此意义上，市场体系中的创造活动支配着创造者。

① 艾伦·布坎南：《伦理学、效率与市场》，廖申白、谢大京译，中国社会科学出版社，1991 年，第 96～98 页。

第二个主要内容是下述观念：异化是或至少包括自我实现的丧失，尽管对怎样理解这里所说的自我有不同见解，但是大家至少同意这一抱怨的实质是说市场体系在限制人的发展，使人们不能充分发挥其能力。具体地说，市场体系的根本特性是分工，正是分工剥夺了个人成为全面发展的人，即成为能自由发挥其天分的人的机会。工人不仅不能支配其产品，而且不能支配自己的生产活动。他无法自由地参与他认为会给他带来满足的或促进他的人格发展的生产活动。

第三个基本内容是人与人的异化的观念。市场竞争的社会关系使得真正的社会共同体不可能建立，因为它产生了利己的个人，这些个人只把他人当作满足其欲望的手段；这些欲望最终都是对于物质财富的欲望；它们是制度的产物，而不是为一切社会的一切个人所有的“中性的”欲望。

可以说，马克思的异化观至少与肯定的自由概念有密切联系，这一概念把上面谈及的马克思异化观念的三部分内容紧密地相互联系起来。简单地说，否定的自由和肯定的自由有如下区别：否定的自由仅仅包括不受他人行为干预的自由，肯定的自由是有效地追求一个人愿意去追求的目标的自由。最重要的是，肯定的自由需要个人能得到物质资料，以便成功地追求他所选择的目标，而否定的自由则通常不要求这些。

马克思还常常把异化理论以及自我实现的观念从属于肯定的自由或自律的概念。自我实现要求的不是否定的自由，而是有效地追求个人选择的目标、发展个人愿意去发展的天赋的自由（或能力）。按照这一观点，只有在一个由集体合理地支配环境的社会体系中——在这里每个人都作为平等的一员参与这种集体支配——才能使所有人，而不是只有少数有特权者能够自由地追求他们的目标和发展他们的能力。进一步说，只有这样一个社会才能为所有人的全面发展提供充分的必需品，同时又避免分工和利己的竞争这两个标志着市场体系的特性对人的发展的不利影响。换言之，一个体系只有同时满足三个严格的条件，在这个体系中的人才能避免异化。这三个条件：一是它必须是平等的，每个人都必须大致平等地支配生产资料；二是它必须有足够的效率以便为每个人提供自我实现的物资资料；三是必须避免工作场所的狭隘专门化和束缚。

按照马克思主义的异化理论，高考制度已经显示出某种程度的异化。首先，高考制度本身异化。高考制度对人的影响与支配的力量似乎超出了人对高考制度的影响与支配，高考制度异化成了一种图腾。很长时间以来，人们对高考制度甚至有一种近乎宗教信仰般的狂热的顶礼膜拜。高考总是如期成为每年初夏时节最热门的社会话题和新闻热点。高考时节几乎是全民总动员，围绕着高考，国家和个人都为之投入巨大的综合成本。人们对高考状元的追捧更是无以复加。据报载①，2008 年某两所高校带头吸引状元，提高了对状元的奖励力度，状元奖学金一路走高：一所学校宣布，今年高考各省市第一名和国际奥赛的金银牌获得者所获得的新生奖学金将从 2 万元提高至 4 万元，据说如果是文科状元报考人文学院，还另加 6 万元。另一所学校也不甘示弱，将最高奖学金从 2 万元提高到 5 万元。广东省内，状元最高奖学金达到 10 万元。

其次，高考制度使人异化。这表现在两个方面：一方面，高考制度在一定程度上限制了人的发展，使人不能充分发挥其能力。另一方面，高考制度造成了人与人的异化。因为选拔性考试是考生与考生之间竞争的考试，优胜和劣汰不完全取决于个人主观努力和成绩提高与否，高考制度产生了利己的个人，这些个人只把他人当作满足其欲望的手段。比如，近年来出现的冒名顶替现象，冒用他人的姓名和身份证去上大学就是一种异化的表现。事实上，制度的严重异化也是古代的科举考试制度走向衰亡的一个重要推手。由于对考试公正性一味地过度关心，结果是科举考试逐渐背离了其初始目的，发展到最后，反而成为束缚中国知识分子的工具。在要求公正的压力下，科举考试变成了一种竞争，考场变成了战场。考生与考生之间、考生与考官之间都存在着一种紧张关系。“任何一种考试制度，一旦为了自身发展而走向人性的反面，那它对人的成长就会具有更多的消极意义，而制度对人的扭曲又会导致人对制度的扭曲。”②

马克思主义的异化理论同时也启示我们，高考制度的异化是环境使然。因为社会分工还存在，分工会剥夺个人成为全面发展的人，剥夺个人成为能自由发挥其天分的人的机会。高考是很多人选择未来职业的基点，也是社会分工的前奏，而社会平等的程度和效率的程度也都还有待进一步加强和改进。

高考制度异化造成的对人的异化主要是通过对教育的异化达成的。“当整个社会被嵌入到一个以人与人之间的激烈竞争为最显著特征的市场之内的

---

① 《奖学金翻番，北大清华抢状元》，《文摘报》2008 年 6 月 19 日。

② 蒋纯焦：《制度公正与社会公平——科举考试的伦理学分析》，《考试研究（第二辑）》，天津人民出版社，2004 年，第 87 页。

时候，教育迅速地从旨在使每一个人的内在禀赋在一套核心价值观的指引下得到充分发展的过程蜕变为一个旨在赋予每一个人最适合于社会竞争的外在特征的过程。”① 高考制度异化对于基础教育的影响就是造成了所谓应试教育。应试教育的提法源于对片面追求升学率的批评与反思。“人们普遍认为，高等学校招生选拔考试导致学校教育片面追求升学率，学生负担过重，身体成长和体质健康受到影响；教育过程强调知识的记忆和再现，轻视学生创造能力和道德品质的培养。甚至认为，高等学校的招生选拔考试阻碍着中国教育事业的改革和进步，因而必须对高等学校招生选拔考试进行改革。”② 高考制度实行了一段时间后，片面追求升学率的现象便见端倪。1963 年，教育部提出反对“片面追求升学率”；教育革命期间，高考被批评为“资产阶级政治挂帅”，追求升学率变成了追求扩大三大差别、复辟资本主义。1977 年恢复高考后，片面追求升学率又重新抬头。1983 年教育部颁布十项规定，禁止片面追求升学率，以后与此相关的文件、讲话，不计其数，但“片面追求升学率”却屡禁不止。1993 年，“片面追求升学率”被上纲为“应试教育”，素质教育作为它的对立面而得到大力提倡。

应试教育常常遭到口诛笔伐，但是也有人发出了不同的声音。如有学者认为，不应该否定应试教育，因为任何教育都是应试教育，争强好胜的人才会在应试教育中脱颖而出，而争强好胜是美好人性的表现。“哪种教育不是应试教育？升学是应试，就业也是应试，社会生活各个领域充满了考试，人类和每个个人一生都在应试。再极而言之，应试和应试教育有什么不好?”“争强好胜，这正是美好人性的表现之一，我们哪能一般地反对考试、应试和应试教育?”③ 有学者认为，应试教育与素质教育并不存在对立的关系，“就学理考究而言，‘素质教育’与‘应试教育’二者是不同类型，因而也就不可类比，但又是完全可以交叉、重叠的范畴”④。有学者认为，应试教育的提法不科学、不准确，容易引起一些误解，“①好像要创造一种没有考试的教育，或考试是‘应试教育’的罪恶的根源；②好像恢复高考以后几十

① 汪丁丁：《教育的问题》，《读书》2007 年第 11 期。

② 许庆豫、卢乃桂著：《教育分流论》，江苏教育出版社，2005 年，第 161 页。

③ 王策三：《认真对待“轻视知识”的教育思潮——再评由“应试教育”向“素质教育”转轨提法的讨论》，《北京大学教育评论》2004 年第 3 期。

④ 秦晖：《问题与主义：秦晖文选》，长春出版社，1999 年，第 470 页。

年，我们搞了一个‘应试教育’，特别是提出‘转轨’，更容易造成这种错觉”①。

近年来，“应试教育”在官方文件中已经渐渐淡出。如1999年《中共中央、国务院关于深化教育改革全面推进素质教育的决定》中，没有为素质教育设置一个“应试教育”对立面，没有说要经过“转轨”才能达到素质教育，甚至没有出现“应试教育”和“转轨”这两个词，这说明官方没有将20世纪末把应试教育与素质教育相对立的认识延续下去。但坊间对应试教育与素质教育的论争仍在继续。事实上，不管应试教育的提法科学不科学，准确不准确，该不该被否定，高考制度异化使得教育偏离其原有的目的是不争的事实。

三、学历社会与人的发展

应试教育、高考制度和学历社会是相互密切关联的现象和问题。如果说教育的功利性是为了高考，还不如说是为了获得代表学历层次的一纸证书，以能找到有较高收益和较高地位的工作。学历社会是指根据“学历”决定一个人一生当中在社会上所处地位的社会②。在学历社会中，高考不过是个体或家庭借以改变命运的敲门砖。

学历社会是伴随着近代工业革命的进程逐步形成的。工业社会的外部需求形成了“学历社会”的现实，可以说，学历社会是工业社会的普遍现象，也是社会发展的一个不可逾越的阶段。与以往的“身份社会”相比，学历社会是一个巨大的进步。首先，从公正性方面看，学历社会信奉的是“杰出人才论”，这意味着第一等的教育不再为某一特殊阶层所保留。“实际上，它是把社会上的‘精华’同其余人的人区分出来。它是这样一种体系，其目的不是根据一个人的社会背景去排斥他或挑选他，而是按照现有的杰出人才这个概念去挑选‘最优秀的人’。因此，学校负担着一种筛子的任务，从小学各年级开始，一直进行到以后各个教育阶段，为挑选未来的杰出人才而进行筛滤。”在学历社会中，学校教育充当着筛子的角色。“如果社会照例重视有优越的社会文化背景出身的儿童在学业上的成就，我们就必须理解，这是这个

① 杨学为：《中国高考史述论》，湖北人民出版社，2007年，第522页。

② 矢仓久泰：《学历社会》，吉林人民出版社，1982年，第1页。

体系的后果而不是它的目的。”① 而获得较高级教育的人成为社会中走在前面的人是这个体系的一个直接后果。受教育程度的高低被认为是个体自致性因素作用的结果，不同于种族、阶级等先赋性因素，学历标准以其公正性当仁不让地成为现代社会人才评价标准的首选。“在现代社会中，教育是社会流动的动力机制。在我们能获得数据而加以分析的所有工业化或正在工业化的国家中，对‘谁走在最前面’这一问题的最好回答就是‘那些获得了教育的人’。”② 我国的教育制度是以竞争性流动为主的，自 1977 年高考制度恢复以来，众多的寒门子弟考上大学，获得文凭、学历、技术证书等，改变了自己的身份和命运，直到现在，通过获得学历证书改变个人的命运，仍然被认为是一种公正的社会流动方式。

从效率的方面看，在工业社会，雇主以学历作为录用人才的主要标准是一种高效的方式。在传统社会里，人们可以通过长时间的频繁接触产生信任与了解。但当社会发展到开放而流动的现代社会时，陌生人之间的交往成为社会交往的主要形式。人们丧失了长时间频繁接触所需要的时间、精力等条件，陌生人之间的交往就需要借助于某些外在的值得信赖的权威符号来迅速且有效地对他人做出评价。在现代工业化社会，教育水平是反映个人能力大小的有效信号，是雇主鉴定求职者的能力、筛选求职者的可靠标准或手段。而学历的高低是一个人接受教育程度高低的标志，成为间接地标志个人能力的有效符号，因而以学历取人能够在现代社会中被广泛使用。“学术资格和文化能力的证书起了很大的作用，这种证书赋予其拥有者一种文化的、约定俗成的、经久不变的、有合法保障的价值。”③ 社会只需要借助教育的“一纸凭证”就可以满足评价人才的复杂工程，便捷而高效。学历社会为工业社会尤其是工业化初期的社会发展起到了支撑性的作用，如日本学者矢仓久泰在《学历社会》一书中就曾经指出，尊重学历的学历社会对日本的近代化起

---

① 联合国教科文组织国际教育发展委员会：《学会生存——教育世界的今天和明天》，教育科学出版社，1996 年，第 87 页。

② Deng Zhong and Donald J Treiman, The Impact of Cultural Revolution on Trends in Educational Attainment in the People's Republic of China, American Journal of Sociology, 1997, Vol. 103, No. 2, p. 391.

③ 布尔迪厄：《布尔迪厄访谈录——文化资本与社会炼金术》，包亚明译，上海人民出版社，1997 年，第 200 页。

到了很好的作用。伯顿·R克拉克认为，“学位过去是现在仍然会是欧洲大陆系统进入专业和行政部门（后者包括学校教学和学术专业本身）就业所需进行的极为严格的国家证书考试的第一步，甚至常常是唯一的基础”①。

在一定历史时期和一定程度上，学历社会的存在的确有利于社会的发展和进步，但是如果学历社会发展成“唯学历社会”就会对教育以及考试施加很大的压力，不利于人的自由全面发展。“对优质的过分追求可能产生一些致命的习惯，有关人类问题的研究是如此，有关大规模毁灭的新发现是如此，对分数和证书的追求而导致年轻人精神失常或自杀也是如此。任何一个领域、学校或系统对能力的高度重视都有它的代价。”② 唯学历主义就是对高学历、好学历的过分追求，就是对高考分、考高分的过分追求。“高考制度与学历社会牢牢地绑在了一起。家长、学生、家庭以高考为牵系生命的图腾柱，有赌注的意义和决心，甚至孤注一掷。因为高考带给孩子和家庭的利益是可见的、实在的。相比之下，素质教育是抽象的，国家的需要是遥不可及的，是可以暂时不顾的和悬置的。”③

首先，学历社会异化了教育目的。如果说高考制度将教育异化成应试教育，那么学历社会则是将教育目的异化成“旨在获得高地位的职业”。在工业社会中，学校垄断了一切制度化的教育资源，一个人受教育的年限决定了一个人的价值，只有那些接受学校教育时间足够长的人才能获得更有价值的学历资格证书，只有他们才有机会接触更精深的内容、更专业的知识、更高的学历文凭、更有奖励性的工作和更开阔的人生前景。这导致了教育的功利主义倾向日趋严重，人们接受高等教育甚至接受全部的教育只是为了获得高地位的职业。由于文凭是社会的最重要的通行证，它既是人们提高自身社会地位的标志，又是求职、晋升的手段。而考试作为选拔和获得文凭的主要手段普遍存在于并指挥教育过程和升学过程，考试成绩或分数在教育中占据了主要位置，因此，容易产生激烈的升学竞争与考试竞争以及大量被迫为考试

---

① 伯顿·R克拉克：《高等教育系统——学术组织的跨国研究》，王承绪，等译，杭州大学出版社，1989年，第54页。

② 伯顿·R克拉克：《高等教育系统——学术组织的跨国研究》，王承绪，等译，杭州大学出版社，1994年，第278～279页。

③ 张东骄：《最后的图腾——中国高中教育价值取向与学校特色发展研究》，教育科学出版社，2005年，第171～179页。

和升学而学习的厌学者。唯学历主义对教育目的的扭曲也危害了弱势群体的受教育权利，从而加剧了教育的不公平。“农村青年要想改变自己的前途和命运，必须通过高考这座独木桥，这导致诸多恶果，如单一价值观剥夺了落榜者受教育的权利；加剧了农村留学（即让学习成绩差的学生重复就读某个年级的现象）、失学现象；农村教育的弱势地位导致大多数农村学生升学无门，使农村学生成为城市教育的陪读者，也助长了教育腐败等。”①

其次，学历社会对高考制度造成了很大的压力，即使在精英教育向大众化教育转型阶段，也并未减轻。上个世纪联合国教科文组织的一份报告指出：“根据现有杰出人才论所规定的标准，虽然许多人被选上了，但其他所有的人都被排斥在外了。而且这种标准不断地把这种限制规定得越来越严了。”杰出人才的标准提升的标志就是学历的逐层贬值。该报告举例说：“10 年前在大部分的非洲国家，为了成为一个杰出人才，中学阶段肄业就够了；5 年前，大学学位已成为必不可少的了；而今天则把大学毕业后的研究工作视为唯一的条件了。”可见，“增加享受教育的机会，是没有用的，因为这并不一定使大家都有均等的机会。由于要求的标准逐步提高，这种标准就永远是群众所达不到的”②。值得注意的是，在社会阶层差异日益扩大和精英化教育的双重作用下，高考压力逐渐下移，高考结果已经不仅是学生智力和努力程度的较量，而且是家庭背景和父母社会地位的比拼。有学者认为：“20 年前，只要用功，愿意看书，城乡学生之间的差别最多就是所谓土和不土的问题，但是现在，差别已经在于知识结构，精英化教育下的学生占据了绝对优势。要进入名牌大学，更是从小学开始，起步点已经不同，而这样的差距，到了中学，更加明显。”③ 因此，即使是在高等教育大众化的时代，学历社会的性质并没有发生改变，改变的只是表现的形式。

高等教育大众化时代学历社会的突出表现形式之一是如前所述的学历贬值。由于本科生大量扩招，本科学历在求职市场上没有以前那么有分量了。而且本科生的扩招刺激了研究生教育层次的扩招。1999 年 1 月国务院批准了教育部制定的《面向 21 世纪教育振兴行动计划》，标志着中国进入了高等

---

① 王金秀：《公共财政政策与政府治理》，中国财政经济出版社，2007 年，第 91 页。

② 联合国教科文组织国际教育发展委员会：《学会生存——教育世界的今天和明天》，教育科学出版社，1996 年，第 87 页。

③ 闾丘露薇：《高考的公平性》，《商周刊》2009 年 7 月 6 日。

教育大众化时代。从 1999 年开始，我国研究生教育事业快速发展，研究生招生工作也进入了具有实质意义的大规模扩招时期，考研成为中国第二大考试。2001 年 3 月，第九届全国人民代表大会第四次会议批准的《中华人民共和国国民经济和社会发展第十个五年计划纲要》提出“加快教育发展，提高全民素质”的发展目标，研究生教育事业也随之进入大发展时代。1998 年，全国招收研究生 70106 人；1999 年，全国招收研究生 88432 人，比上一年增加 18326 人，增幅为 26.14%；2000 年全国招收研究生 120791 人，比上一年增加 32359 人，增幅为 36.59%。此后至 2005 年，规模年增幅均保持在 20%以上。1999 年，全国在校研究生人数为 23 万人；至 2006 年，全国在校研究生人数已经突破百万，达到 110 万人，增长了 4.8 倍，发展非常迅速①。据国家统计局公布的《2014 年国民经济和社会发展统计公报》统计，2014 年中国在校研究生人数达 184.8 万人。本科毕业生就业难甚至研究生就业难是我们在高等教育大众化初期不得不面临的一个严峻问题。

高等教育大众化时代学历社会的突出表现形式之二是重点大学本科学历的升值。这是大众化高等教育时代学历贬值的一个连带后果。当博士研究生在求职市场上也并不稀缺之时，重视前学历尤其是第一学历作为雇主优中选优的策略就在所难免。“人们之所以会从重视学历转变为重视‘学校历’，是由于对一个人的远距离判断，最直观的、最外显的就是‘学校历’。因为在名牌大学中就读，无论是教师的水平、教学设备和图书、听到高水平学术报告的机会，还是同学的人脉、积累的社会资本等，都比一般大学优越许多。这种情况下必然会出现竞争重心上移，重‘学校历’之风愈演愈烈，名牌大学或重点大学的竞争程度不亚于过去。这是水涨船高的结果，也是学历社会高等教育发展的必然规律。”② 如果在同等条件下看重“前学历”或“第一学历”还是可以说得通的，而盲目地崇尚第一学历则是对人才成长规律的漠视，是效率至上的一种反映。另一方面，重“学校历”现象的产生也使好不容易可以通过高等教育大众化稍以缓解的高考压力又陡然增大。在大学入学考试一年只进行一次的情况下，复读就成为人们追求重点大学本科学历的一个必然的价值选择。这就是一方面高校逐年扩招，另一方面复读生在考生总

---

① 教育部高校学生司：《“十五”期间研究生招生政策与实践》，北京师范大学出版社，2006 年。

② 刘海峰：《从重学历到重“学校历”并非偶然》，《中国教育报》2009 年 7 月 13 日。

体中的比重居高不下的原因所在。近年来，我国高考复读群体在数量规模和质量构成方面都呈现出新的变化趋向，高考复读现象也逐渐成为教育的沉重话题。2006 年全国高考报名总人数为 952.8 万（其中应届生 667 万，约占 70%），复读生占全国高考报名总人数的 30%。高考复读就像一个雪球，正在越滚越大。根据中国统计年鉴的数据，2002—2006 年全国总共有 1000 多万复读生，平均每年有 210 万人。“近年来，各地参加高考的人数虽逐渐下降，但不少地区复读人数却正在增加。据中国教育在线统计，2014 年全国高考复读生人数占考生总数比例整体增加。”① 从复读考生构成来看，有高考落榜生，也有上榜后主动放弃而自愿参加复读的高分复读考生。从个体复读次数来看，高考复读群体中存在一次复读与多次复读并存的现象。“扩招拓宽了高考的独木桥，而复读却再造了一座新的独木桥，在就业压力逐年增大，大学生事实上已经是普通劳动者的背景下，上大学改变命运，悄然改变为上名牌大学改变命运。”②

当然，重“学校历”的现象也从一个侧面证明了高考的权威性及其高信度和高效度，人们对通过高考选拔的杰出人才是确信不疑的。

第三节　高考改革与人的发展

人的自由全面发展是高考制度的终极价值，终极价值是最根本的价值，是最值得期待但似乎也是最遥远的价值。在政治挂帅或经济优先的年代，教育目的显示出更强的功利性色彩，人的发展的价值往往要让位于政治目的或经济发展的目的；当一个社会还远远谈不上是一个公正的社会，社会的经济状况还没有为人的发展提供充分的条件时，人的自由全面发展就是一种奢谈。虽然随着我国社会经济的快速发展、社会公正程度的逐步提升，越来越尊重人权以及人的发展，但是目前若期望通过高考改革来实现人的发展，比较保守的做法就是，从消极的方面说，尽量减少制度对人的自由全面发展的限制，尽量减少高考制度异化对人的发展的诸多制约。因为很多旨在促进人的自由全面发展的积极努力都具有影响高考制度公正的潜在风险，因此只能

① 兰德华：《复读生连续四年高考：因对命运的不甘与抗争》，《工人日报》2015 年 6 月 29 日。

② 庞皎明：《教育体制缺失下的中国式复读》，《科学决策月刊》2007 年第 10 期。

谨慎为之。

高考上连高等教育，下接基础教育，因此高考改革客观上要求对基础教育和高等教育两者统筹兼顾。高考改革要面对高考与基础教育开展素质教育的矛盾以及高考与高等教育发展的矛盾，如何培养创新型人才成为两对矛盾的交集。从李约瑟难题到钱学森之问，这个问题一直在困扰着中国的教育。有人指责应试教育导致中国培养不出创新型人才，有人指责高等学校缺少大师级的导师，也有人指责高考制度是对创新型人才的桎梏。在这样的压力下，高考制度改革必然指向人的发展，人的创新能力的培养。

一、考试制度改革与人的发展

就高考内容改革而言，高考考试科目的改革最能反映出高考对人的发展的影响。因为高考考哪些科目，中学就会偏向哪些科目的教学，学生就会偏重于哪些科目的学习。那么高考考试科目的设置是否有利于学生的个性发展、全面发展、综合素质的发展便成为一个高考内容改革的焦点问题。

目前的高考考试科目设置的突出特点总的来说是文理分科考试。通过对高考科目设置的历史进行梳理可以弄清文理分科的来龙去脉。1949 年新中国成立，该年全国所有高等学校都继续沿用解放以前的单独招考制度。1952 年是全国高等学校实行统一招生的一年，考试日期、考试科目也全国统一规定。考试科目不分文理，主要有政治常识、国文、外国文（俄语或英语）、中外史地、数学、物理、化学和生物。在录取时根据系科类别实行不同的录取标准，以适应各系科和专业的不同要求。另外，音乐、美术、戏剧、体育等专业招考新生除了上述考试科目外，还要加试各术科；工农青年、革命干部、少数民族学生、中等专业学校和中等技术学校毕业生，持有毕业后服务满两年证件者以及其他未学过外国语者可以免试外国语①。1954 年，高等教育部和教育部在《全国高等学校 1954 年暑期招考新生的规定》中第一次规定考试科目分为两类，理工、卫生、农林等专业考本国语文、政治常识、数学、物理、化学、生物、外国语；文史、政法、财经、体育、艺术等专业考本国语文、政治常识、历史、地理、外国语。文理分科的做法只实行了一年，到 1955 年，高教部和教育部又将统考科目分为理工、医农、文史三类。

① 谢青、汤德用：《中国考试制度史》，黄山书社，1995 年，第 814 页。

理工类的考试科目为本国语文、政治常识、数学、物理、化学，共计五门，医农类考本国语文、政治常识、达尔文主义基础、基础化学、物理，共计五门，文史类的考试科目为本国语文、政治常识、历史、地理，共计四门。在随后的几年中，高考科目的设置没有太大的变动，只是在个别科目上有所修改，如1958年各专业分别加试外国语，即俄语和英语；1963年医农类加试数学，考试科目增至七门。到1964年又将高考科目分为两类，把理工医农类合并为一类，即分为理工医农和文史两大类，考试科目分别规定："理工医农类考本国语文、政治常识、数学、物理、化学、外国语，文史类考本国语文、政治常识、历史、外国语，报考哲学财经各专业的学生要加试数学，考试成绩不计入总分，只作为参考。"①

新中国成立初期的高考制度主要是配合高等教育的结构调整，以适应社会主义建设的需要。社会主义建设要求高等教育进行结构调整，而高等教育的结构调整又相应地要求高考进行与之相适应的科目设置。1954年的文理分科是为改变高等教育文重工轻的学校类型结构和学校内部文理失调的科类设置而采取的有力措施。1952年，全国211所高等学校中，高等工业学校和高等工业专科学校共有33所，仅占全国高校总数的15%。全国高等学校在校学生数不足11.7万人，其中文科有336个系，42230名学生；法科有281个系，7338名学生，而各类高等学校中的工科在校学生仅30000人②。1952年的院系调整也是出于改变理工科教育薄弱的目的。

1955年将医农单独划为一类是为解决高等农林教育薄弱的现状。"1954年全国高等农林学校在校生16113人，1950年至1954年共有毕业生13731人，这显然是不能满足我国农林生产发展的要求的。"③ 1954年，教育部联合农业部制定了全国高等农林学校第一个五年发展计划，将医农单独划为一类无疑是对高等农林学校第一个五年发展计划的有力支持。

而1964年将理工医农再次合并为一类则是配合1962年开始的教育部对高等学校的调整精简工作。到1963年，高等学校已由1960年的1289所调

① 谢青、汤德用：《中国考试制度史》，黄山书社，1995年，第815页。

② 中国教育年鉴编委会：《中国教育年鉴（1949—1981年）》，中国教育出版社，1981年，第249页。

③ 出自1954年时任教育部部长的杨秀峰在第二次全国农林教育会议上的报告，何东昌：《中华人民共和国重要教育文献》，海南出版社，1998年，第397页。

整合并为 407 所，其中工科院校由 471 所调整为 120 所，减少了 74.6%，农业院校由 180 所调整为 44 所，减少了 75.6%①。1963 年 4 月，教育部召开了高等学校专业调整会议，调整了高等学校的专业设置，并提出文、理、工科各专业在全国范围内统一安排，林科、财经、政法等专业一般在大区范围内统一安排，而农科、医科、师范各类专业则在省市自治区内安排，由此可见将理工医农合并为一类势在必行。当然，理工医农的合并还有一个更大的政策背景，那就是 1961 年至 1965 年中共中央提出了调整、巩固、充实、提高的八字方针，开始系统纠正"大跃进"以来的"左"倾错误，在教育方面总结 1958 年教育革命以来的经验教训，进一步探索高等教育的办学道路和基本规律。1961 年党中央颁发了《教育部直属高等学校暂行工作条例草案》，简称高校六十条。高等学校开始积极地探索学制、课程、教学方法和考试制度的改革。

此外，高考科目的设置也受政治环境的影响，如受到政治环境影响最为显著的外语和生物科目在高考中的地位就很不稳定。外语自 1955 年起或者免试，或者成绩仅供录取时参考，直到 1962 年才成为重点高校及外语专业的必考科目。而生物也是时考时不考，甚至在个别年份被冠以"达尔文主义基础"之名。

而这一时期高考考试科目的设置没有顾及学生的综合素质，主要在于如前面我们对教育目的的考察所显示的，此时的教育目的还没有将人的发展放在重要位置，或者说人的发展还没有构成教育目的以及高考的压力。原因除了当时对政治立场的捍卫和社会主义经济建设的需要更为迫切外，还在于新中国成立初期基础教育的薄弱导致了高等教育生源的不足，学生升入大学的压力很小，除了个别热门专业的竞争较为激烈之外，一般高中毕业生通过高考升入大学并不是难事，因此考试科目改革虽然频繁变动，但并未对基础教育造成太大压力。

"文革"期间，大学入学考试制度停止实行，因此也便没有了统一考试科目的规定。恢复高考之后的科目变革，经历了一个六七模式到"3＋2"模式到"3＋X"模式的发展历程。1977 年恢复高考之初还是沿用了"文革"以前的科目设置方案。1978 年全国统一命题、统一考试，文科类考政治、

---

① 中央教育科学研究所：《中华人民共和国教育大事记（1949—1982）》，教育科学出版社，1984 年，第 309 页。

语文、数学、历史、地理、外语，理科类考政治、语文、数学、物理、化学、外语。到1981年理工农医类增加生物科目，其成绩按30%计入总分，至此文科考六门，理科考七门的六七模式形成。

由于高考中断达10年之久，造成了严重的人才断层，恢复高考后，1977年、1978年、1979年连续三年招收学生27.3万、40.15万、27.5万，创下了新中国成立以来录取新生的第三个高峰①。恢复高考调动了人民群众接受高等教育的积极性和参与高考竞争的极大热情。高校虽然每年都会增加招生数，但受经济发展的制约，仍不能满足青年学生对高等教育的强烈需求，从20世纪80年代中期开始，录取率逐年下降，高考竞争呈现水涨船高之势。“80年代以来，每年上小学的约2700万人，上初中的约1300万人，上普通高中的约250万人，上大学的约70万人。也就是说，2700万小学生中，能读到普通高中毕业的不足10%，能升入普通高等学校的不足3%。”②高考竞争越激烈，它对中学教学的导向作用就越强烈，片面追求升学率严重影响了学生的身心健康，人们对高考的指责便随之而来。文理分科的高考科目设置导致高中教学分文理班设置，产生了不利于人的全面发展的负面效应。

为了解决文理偏科的问题，教育部于1983年提出会考和高考分开进行的方案。会考是高中毕业考试，属于水平性考试；高考是升学考试，属于选拔性考试。1985年上海首先进行了会考与高考改革的试验，由此会考制度应运而生。之后，会考、高考两次考试的改革在湖南、云南和海南试行，这就是所谓的上海方案和三南方案③。从实施的效果来看，两种方案引起了各

---

① 杨学为：《中国考试改革研究》，北京大学出版社，2001年，第242页。

② 杨学为：《中国考试通史（卷五）》，首都师范大学出版社，2008年，第145页。

③ 上海方案为：高考科目实行“3＋1”方案，语、数、外必考，再以中学九门必修课的另外六科，即政治、历史、地理、物理、化学、生物，组成六个科目组，由大学相关系任选，选报相关系的考生，参加相应科目组考试。三南方案按照1990年原国家教委发出的《关于改革高考科目设置及录取新生办法的意见》进行试验，将高考科目分为四组：第一组：政治、语文、历史、外语；第二组：数学、语文、物理、外语；第三组：数学、化学、生物、外语；第四组：数学、语文、地理、外语。各高等学校及系科、专业可根据高考科目组的设置情况及各自特点，选择一组高考科目作为考生的应试科目。考生可根据各省、自治区、直辖市招生委员会办公室公布的各高等学校及系科、专业的考试科目组和本人志向，选择一组作为应试科目。

方面的不满。1994 年教育部在总结上海方案和三南方案经验教训的基础上，推行“3＋2”方案，高考仍按文理分科。文史类考语文、数学、外语、历史、政治；理工类考语文、数学、外语、物理、化学。与六七模式相比，这个模式是建立在会考基础上的，实行会考和高考两次考试的改革是高考历史上的一大进步。有学者认为，“高中会考与高等学校入学考试科目相互配合，使高等学校入学考试产生全新的和真正的改革的面貌。一方面，高中会考顾及高中各门学科的教育，通过会考引导学校教育实践，为学生接受相对全面的教育提供指引；另一方面，会考的推行，为高等学校入学选拔考试减少考试科目，从而为减轻学生在高等学校入学选拔考试准备过程中的负担和考试环节上的风险创造了条件。因此，可以说，高等学校入学考试减少科目和高中会考并行，堪称中国教育制度中的一项重大革新措施”①。会考在一定程度上可以解决高考科目有限容易造成中学学科教育发展不均衡的问题，而且“3＋2”的文理分科方案更好地兼顾了共性与个性的统一。语、数、外定为必考符合选拔人才的内在要求，而所考科目在文理两类均有不同程度的减少，也减轻了学生的心理负担，有利于中学的课程和教学改革。但是新方案的实行所取得的较好效果并没有维持多久，因为从实际来看，新方案并没有解决中学生的偏科问题。由于高考竞争的加剧，各中学为提高升学率使学生进行有针对性的学习，从高一就设置文理科班，文科班不学物理、化学，理科班不学历史、地理，不仅造成高中毕业生的知识残缺不全，也不利于生物、地理等学科的发展，如报考地理专业的学生因属于理工类而无须考地理，致使大学地理系所招生源基础较差。

在各方面要求改革高考呼声又一次高涨的压力下，1997 年教育部决定高考科目组试行“3＋X”方案，1999 年在广东率先试验。语文、数学和外语是必考科目，X 为其他六门科目任选 0～2 科。这个高考方案进一步体现了高考共性和个性的统一。“3＋X”科目改革的实施，对考试内容改革起到了前所未有的推动作用。此后的新课程高考方案就是在“3＋X”科目改革方案的基础上制定的。

2001 年，在党中央、国务院的领导下，教育部正式启动新一轮基础教育课程改革，颁发了《基础教育课程改革纲要（试行）》等一系列政策文件，初步构建了符合时代要求、具有中国特色的基础教育课程体系。此次新课改

① 许庆豫、卢乃桂：《教育分流论》，江苏教育出版社，2005 年，第 162 页。

借鉴了先进国家的课改经验，更强调知识与技能、过程与方法、情感态度与价值观“三维”目标的达成，注重激发学生的兴趣，让学生主动参与、乐于探究、勤于动手、学会合作。一些“繁、难、偏、旧”的教学内容被改掉了，学生有了更多机会学习与生活、科技相联系的“活”的知识。基础教育课程改革从1999年开始着手调查研究，组织全国高层次专家进行了顶层设计。2001年开始在全国38个县、区进行义务教育阶段课程改革国家级实验，分层推进，滚动发展。2004年，山东、宁夏、广东、海南4省区作为全国高中新课程改革的首批实验区进入实验。到2008年，全国初中已实行了一轮，有的地区达到二至三轮，小学也接近一轮。2010年基础教育全部进入新课程改革。

新课程高考是高中新课程改革的配套改革。按照各省市进入高中新课改的进度，新课程高考也逐年推进。2005年12月中旬，教育部召开专家论证会，评审了首先进入新课程实验的山东等4省区的高考改革方案。教育部对4个新课程实验省区各自的高考新方案统一审核后，于2006年4月正式批复，2007年高考按新方案实施。2006年9月，教育部2007年新课程高考大纲出台。2007年教育部批准了江苏省高考科目设置的改革方案。2008年，天津、浙江、安徽、福建、辽宁等地作为第三批试验区试行新课程高考，截至2009年10月，12省市的新课程高考方案已经出台。(见表3-1)

表3-1　12省市新课程高考模式

省市	实施年份	新高考模式	诠释	分值
海南	2007	3＋3＋基础会考	文科3＋3：语数（文）外＋政史地 理科3＋3：语数（理）外＋理化生 基础会考：文科生考物理、化学、生物、通用技术和信息技术，理科生考政治、历史、地理、通用技术和信息技术	语、数、外各150分，其他科目100分，基础会考按10%比例计入高考总分
广东	2007	3＋文科基础或理科基础＋X	3：指语、数、外，与文科基础或理科基础构成必考科目 X：选考科目（文科：政史地，理科：理化生），选考1～2门考试科目即可	各科均为150分

续表

省市	实施年份	新高考模式	诠释	分值
山东	2007	3+X+1	3：语文、数学、外语 X：指文科综合或理科综合 1：指基本能力，涉及技术、体育、艺术、综合实践等	语、数、外各150分，文/理综各200分，基本能力100分
宁夏	2007	3+小综合	3：语文、数学、外语 小综合：指文综、理综（文综：政、历、地；理综：理、化、生）	语、数、外各150分，小综合300分
江苏	2008	3+学业水平测试+综合素质评价	3（统考科目）：语文、数学、外语 学业水平测试：政、史、地、理、化、生、技术 综合素质评价：参考方案	总分440分（语160、数160、外120）+语（数）附加题40分
福建	2009	3+文科综合/理科综合	3：语文、数学、外语 文科综合：政、历、地 理科综合：理、化、生	语、数、外各150分，文科/理科综合300分
辽宁	2009	3+小综合	3：语文、数学、外语 小综合：指文综、理综（文综：政、历、地；理综：理、化、生）	语、数、外各150分，小综合300分
浙江	2009	一类：3+X+自选模块；二类：3+X；三类：3+技术（信息技术/通用技术）	3：语文、数学、外语 X：文/理综合 学生自主选择，三类可以兼报。	语、数、外各150分；文科/理科综合300分；自选模块60分；技术100分
安徽	2009	3+X+学业水平测试+综合素质评价	3：语文、数学和外语 X：文科综合/理科综合（文科综合：政、历、地；理科综合：理、化、生）	语、数、外各150分 文科/理科综合300分
天津	2009	3+文科综合/理科综合	3：语文、数学和外语 文科综合：思想政治、历史和地理 理科综合：包括物理、化学和生物	语、数、外各150分，文科/理科综合300分

续表

省市	实施年份	新高考模式	诠释	分值
上海	2009	本科：3＋综合＋1 专科：3＋综合	3：语文、数学、外语 综合：综合能力测试，分文理。在政、历、地、理、化、生基础上考察 1：政、历、地、理、化、生中一门	“3＋综合＋1”的总满分为 630 分，“3＋综合”的总满分为 480 分
北京	2010	3＋文科综合/理科综合	3：语文、数学和外语 文科综合：思想政治、历史和地理 理科综合：包括物理、化学和生物	语、数、外各 150 分，文科/理科综合 300 分

注：上表根据各省新课程高考方案整理。

从各省的新课程高考方案中可以看出，新课程高考基本上仍然实行文理分科。最终“3＋X”方案中的“X”有两种设想，一种是包含文理的大综合，或称文理综合；另一种是文理分科的小综合，即文科综合/理科综合。部分省区试行过“3＋大综合＋1”的科目设置方案，其中的“大综合”包含政、史、地、理、化、生 6 个科目，实行的结果是加重了学生的许多学习负担，受到各方面的反对。目前多数省份的新课程高考采用的是 3＋文综/理综的模式，也有少数省份力求全面考察考生的知识基础，如广东省的“文科基础”、“理科基础”，山东省的“基本能力”考试，海南省的“基础会考”，江苏省的“学业水平考试”实质上是一种参照“水平考试”要求的所有考生必须达到的课程标准的“最低”要求。这虽然是一个实现文理综合的方式，但也反映了一些省份对会考制度的不信任，仍有向统考一途集中施压之嫌。

“3＋X”高考改革的突出特点是考试命题的能力立意，体现出对人的能力和综合素质的引导、促进作用。命题的能力立意以能力测试为主导，增加能力型和应用性题目，考查学生相关课程基础知识、基本技能的掌握程度和综合运用所学知识分析、解决实际问题的能力。相对于知识立意，高考以能力立意是一大进步。能力立意的高考不仅重视知识的全面检测，更注重对发展能力的测试，能力测试的重点也由记忆能力、理解能力和初级思维能力，转向独立分析能力、综合解决问题能力和创造性能力。但能力立意的不足是无法充分考查考生的品行、情感以及心理发展水平。新课程高考旨在能力立意的基础上更进一步，向素质立意过渡。素质立意的考测内容包括：思想素质、道德素质、文化素质、心理素质等。人的各方面素质不可能全部通过考试评测得出，但部分素质可以，如部分省区将信息技术和通用技术、艺术、综合实践等纳入高考的测试范围内，这种考虑最大的优点是考查了学生的综合素质，有利于学生全面发展，但却存在着有碍公平的隐忧。将信息技术和通用技术、艺术、综合实践等纳入高考的测试范围内是明显的城市价值取向，由于我国城乡之间差距较大，这种测试难免会对农村家庭学生造成不利后果。因此，这种高考改革方案也注定了行之不远。2014 年 9 月，国务院印发《关于深化考试招生制度改革的实施意见》，同年 12 月，教育部正式公布了《关于普通高中水平考试的实施意见》等重要配套政策。实施意见中明确了高考科目改革的“3＋3”方案，即，除语文、数学和外语三科必考科目外，学生根据报考高校要求和自身特长，在思想政治、历史、地理、化学、生物等科目中自主选择 3 个科目考试，成绩计入高校招生录取总成绩，可以文理兼修、文理兼选。

考试科目的设置反映出了公平、效率与人的发展的价值之间的矛盾冲突。考试科目设置太少，不能考测出学生的综合素质，不利于全面发展；考试科目设置太多，则可能会妨碍公平。有效率的不一定是公正的，公正的可能是压抑人的发展的，这种矛盾古已有之。从科举考试的内容和命题形式来看，科举考试考的是古代人文经典。唐代科举考试内容还比较广泛，但儒家经典逐渐成为考试的重心，甚至最后锁定在“四书五经”，这不仅利于统一思想，更容易公正客观高效地阅卷、评卷。但它也带来另外一种不公正，对于出身官僚家庭和书香门第的人来说，日常的耳濡目染使他们更易习得儒家话语和价值取向；而对于普通民众来说，科举考试的内容属于生活之外的世界，生活世界和学习世界是相脱离的，他们不得不在两个世界之间来回跳转，如果应试成功，还可以慢慢转轨；如果屡遭失败，则会在亦真亦幻之间备受煎熬。由于官僚家庭与书香门第的子孙比普通平民有更多的社会资本和文化资本，也就不难理解为什么在科举历史中有那么多显赫的科举家族了。从科举考试的命题形式来看，唐代科举文体主要是诗赋和策问，这样的文体主观性比较强，不利于评卷的客观公正。明清两代的科举文体是八股文，八股文是一种程式固定的排偶文体，由破题、承题、起讲、入题、起股、中股、后股、束股八部分组成，对字数和用词也有严格规定。“八股文这种文体的出现，是科举制度在追求公平和公正过程中的必然结果”①，它作为科

① 徐梓、王炳照：《科举制度的公平追求及其对自身的戕害》，《教育学报》2005 年第 8 期。

举考试的固定形式反映了考试向客观程式化发展的一般规律，无论是对于考试的效率还是公正性来说都是有益的。问题是八股文主要是一种技能性考试，其中有许多的应试技巧，甚至即使不读原经书，专门研习八股文技巧，也能做出漂亮的八股文章。因此，八股取士难以不导致应试教育、应试学习的后果，从而压抑人的多方面发展。

因此，也不能给高考制度施加太大的人的自由全面发展的目标压力。事实上，高等教育在培养创新型人才、发展人的综合素质方面更具有不可推卸的责任。“大学实行过窄的专业教育，造成学生知识的偏狭，问题并不亚于高中文理分科。如果在大学注重进行通识教育，规定所有学生必须跨学科门类修习一定的课程，可以在相当程度上解决高中文理分科的缺陷。”① 因此高等学校不能过度苛求高考制度为其输送具有综合素质的人才。培养具有综合素质的创新型人才，需要高考改革和高等教育的联动努力。

二、招生录取制度改革与人的发展

人的发展的价值取向不仅要求高考制度安排在考试科目和命题方式上尽量做到有利于选拔出具有综合素质和创新性思维的人才，还要求在招生录取方式的设计上体现出对人的个性发展和全面发展的重视。考试无法全面体现考生的综合素质和能力有两层含义，一是人的有些素质尤其是道德素质等是很难通过考试评测的；二是高考分数不能体现某些学生的独特的素质和能力。因此，只能通过录取方式的改革来弥补统一考试的不足。

多元录取的方式无疑是更适合人的个性发展和全面发展的。录取保送生、推荐生和自主招生等形式是充分重视了人的个性、特长，而将综合素质评价（或学业水平测试、基础会考）与高考录取相挂钩则反映了对人的综合素质、综合能力的重视。上海、浙江率先于 2014 年启动高考综合改革试点。随后，河北、广东、甘肃、江西、宁夏、江苏、青海等多个省区已正式向社会公布了本地的招生制度改革方案，明确了高考制度改革的实施时间表和路线图。

多元录取方式的出发点是好的，但多元录取方式在操作上除了可能受诚信体系不健全的制约，程序上的公平会受到威胁外，综合评价录取结果还可

① 刘海峰：《文理分科乎?》,《中国教育报》2009 年 3 月 9 日。

能造成新的不公平，而这种不公平恰恰强化了高考制度的起点不公平。如综合评价录取模式能较好地考查学生的综合素质能力和水平，但在综合录取工作中却存在农村考生和城市考生比例失调的现象。道理很简单，城镇考生和农村考生在接受素质教育方面的环境和条件上存在较大的差异，城镇考生发展各方面素质和能力的条件要优越得多，因此也容易在综合评价录取中脱颖而出。如某高校面向其所在省的招生进行了两年的综合素质录取试点改革发现，与往年在该省招生所采用的普通的录取模式相比，综合素质录取模式能录到更多的综合素质较好的学生，但在农村考生和城镇考生的录取比例上，结果形成了鲜明的反差，普通模式录取的考生中，农村考生的比例要略高于城镇考生的比例，而综合评价录取的结果显示城镇考生远远超过农村考生。对该省高考综合素质评价录取的调查数据显示，“2007 年，报名参加综合评价录取的考生中，城镇考生为 64.93%，农村考生为 35.07%。综合素质评价录取考生中，城镇考生的比例为 72.36%，农村考生为 27.64%。2008 年，综合评价实际录取考生中，城镇考生的比例为 91.1%，农村考生仅占 8.9%”①。就报考的情况而言，由于在综合素质录取模式下考生要到学校参加面试，要负担交通和食宿费用，因而降低了农村考生参加面试的积极性。此外，综合素质评价录取的模式是否真的有利于人的自由全面发展也是值得怀疑的。综合素质评价录取模式可能会加重学生的负担，因为一旦综合素质被纳入到高考录取的依据当中，学生必然会花一部分时间和精力去参加各种培训班、辅导班以培养特长，从而在综合素质的评价中获得较高的分数。因此综合素质评价仍然没有摆脱应试教育的藩篱。

从人才选拔的意义上说，我们今天所说的全面发展的人和中国古代所看重的德才兼备的人具有某种同构性，都反映了社会的选材标准和理想。如何选拔出德才兼备的人一直是困扰考试制度的一个难题，前人的上下求索对我们今天的改革有一定的借鉴意义。

我国自古以来就是一个重视人的道德素质的国度。从第一章对考试制度的认识论的分析中可知，中国之所以发明了考试并且重视考试，源自贤能治国的政治信仰和道德可教的教育信仰。“人们甚至可以认为，它之所以成为一种制度，与其说是它能保证取士的公正，毋宁说是出于对古代理想的认

① 付刚华、尹辉：《综合评价录取：招生录取改革的新尝试》，《中国高等教育》2009 年第 7 期。

识、眷恋和憧憬。"[①] 两千多年前的先贤们认为，道德是可教的、人性是可塑的；随着孔子的儒家思想的广泛传播，他所构想的社会结构逐渐为人们所接受，即社会应被区分为少数拥有特权的统治阶级和被统治阶级，而少数拥有特权的统治者应是贤能之人。如何将贤能之人甄选出来呢？既然道德是可教的，那么道德也应该是可考的，因为修习儒家经典可以涵养德性，那么通过检查对经典的学习情况是可以甄选贤能之士的，如科举制度发展史中的经义和诗赋之争就反映了部分人所秉持的道德可考的信仰。北宋范仲淹的考试改革对考试形式进行了重新安排，将进士试分三场，先策、次论、最后才是诗赋，这样一种重经义贬诗赋的举措背后的假设是把经典知识当作与修身养性相当，认为策论成绩高或精通经义者最有可能成为一位正直的官员。王安石的改革不但在进士科的改革中停罢了诗赋、贴经、墨义等考试项目，突出经义、策、论在取士中的作用，还亲著《三经新义》作为科举考试的专用教材，试图将儒家经典有关伦理的解释加以整齐划一。但事实证明，道德未必可考或者不那么容易考。

正是由于科举制的发明是出于选拔贤能之士这样一个道德的目的，所以在科举制度的发展历程中，其存废与改制都与这个道德目的密切相关。当人们发现改革考试内容并不见效时，就会对科举考试能不能选拔德行超众的人提出质疑，进而提出了对制度的修补措施，甚至要彻底废除这一制度。如范仲淹想通过加强官学教育和限定乡试资格两种方式考察士子的德行，其改革措施包括：要求学生必须住学校学习五百天以上始可参加省试；凡参加乡试的士子须有两位曾参加过省试的人担保，证明这位考生品行端正。由于反对者认为这些考察德行的方法会降低考试的公正性，所以范仲淹的改革主张并没有得到真正施行。王安石的改革中采用将地方学校的优秀毕业生直接升迁至太学或免除其乡试等措施，这正是出于补救科举考试制度之不足的考虑。王安石的改革措施对后世的科举产生了长远的影响，但就其改革的动机而言，仍然是失败的。到了南宋，人们还在试图寻求一种更好的推荐制以取代科举制，并且由学校直接升迁制以及为地方学校毕业生保留专有名额等提议也时有出现，但科举考试的地位岿然不动，随着其开放性的扩大，其他的方法逐渐难以实行，最后只能由考试将贤能治国的政治信仰与道德可教的教育

---

① 李弘祺：《宋代官学教育与科举》，联经出版事业公司，1994 年，第 229 页。

信仰联结起来，甚至为使考试非常公正，统治者不惜以放弃以德取士做官的古代理想作为代价。因为虽然考试仍不是最理想的方式，但再找不出更好的办法能协调这两种信仰了，如果没有科举考试，不仅贤能治国的原则难以实践，就是儒经修习的传统也难以维系。科举考试越开放，其竞争性就越强，人们对政府按照公平原则行事的期望就越高。

科举考试以德取士的理想之所以总是落空，是因为德性实在不易考察，更重要的是，考察德行的方式会降低考试的效率，影响考试的公正性。只有在保证基本效率和基本公正性的前提下，德行的标准才能成为录取人才的一个依据。

本章小结

高考改革存在着一系列的两难问题，较突出的有统一考试与考察品行的矛盾、统一考试与选拔专才的矛盾、考试公平与区域公平的矛盾、保持难度与减轻负担的矛盾、考测能力与公平客观的矛盾、灵活多样与简便易行的矛盾、扩大自主与公平选才的矛盾、考出特色与经济高效的矛盾等①。不难发现，高考改革中的诸多两难问题实际上反映了不同制度价值之间的矛盾（或同一制度价值内部的矛盾），而不同价值之间的矛盾可以化约为高考制度目的性价值与工具性价值之间的矛盾、高考制度基本价值与终极价值之间的矛盾等。

人的发展是普适价值，是高考制度的终极价值取向。人的发展与制度公正的关系是，人的发展是制度公正的人的尺度的价值标准。也就是说，人的发展是最高层次的制度公正；另一方面，制度公正是人的发展的结果，它是根据人的发展而做出的一种制度安排。因此，一般情况是，一项旨在促进高考制度公正的改革也同时促进了人的发展；但是反之，一项旨在促进人的发展的高考改革可能会妨碍制度公正，因为人的发展具有超前性和主动性，只有当人的发展累积达到一个临界点时，制度创新才会被提上日程，从而对制度公正提出更高的要求。

我国的教育制度以及高考制度都是以马克思主义的人的自由全面发展观

① 高考改革中的八对矛盾参见刘海峰：《高考改革中的全局观》，《教育研究》2002 年第 2 期；《高考改革中的两难问题》，《高等教育研究》2000 年第 3 期。

为指导的，人的自由全面发展的思想以教育目的为载体，在不同的时期以不同的表现形式影响着教育制度和高考制度的运行，高考制度异化的程度越深，它偏离人的自由全面发展的教育目的越远，对人的异化程度也越深。在学历社会的背景下，无论是高等教育精英化还是高等教育大众化，高考制度的压力都是很大的，都难免不被异化。高考改革无法消除异化，但却可以减轻异化的程度，为人的自由全面发展留下更大的空间。

单独考试内容和形式上的改革无法满足人的自由全面发展的价值需求，所以不必给高考科目设置及其组合问题施加太大的压力。高考制度本身是个系统工程，高考对于人的能力和综合素质的发展的促进可以从多方面入手，逐步推进，尤其是可以通过录取方式的改革来改进高考制度对人的片面化评价的现状，毕其功于一役的急躁心态只能适得其反。高考制度毕竟要在公正、效率、人的发展等多重价值中寻找一个平衡点，才能发挥其应有的作用。

第四章　考选制度的伦理评价：从科举到高考

伦理评价是一种特殊的认识活动。人们认识事物的目的是利用和改造事物以满足人类发展的需要。客观的事物或规律是否满足了主体的需要，满足了主体何种需要，必然涉及主体对已认识到的事物规律和社会现象的再认识、再鉴定和再评价的问题。而对事物和活动的规律性与人的需要之间的关系做出好与坏、利与害、损与益的判断与鉴别是一种伦理价值的认识，即是伦理评价。"伦理评价是一种特殊的价值认识活动。价值是通过评价而被揭示和掌握的，评价就是主体对对象是否符合需要与目的有无价值或有多大价值的判断和评定，就是一定主体对于相应的事物或事件是否满足一定需要或目的的判断和确认。"① 缺少了伦理评价的认识，人类对事物、对社会、对人的认识就不可能是完整的。马克思主义认为，认识世界的目的是改造世界。伦理评价是进行制度改革和制度创新的前奏与依据。在中国的教育制度中，没有哪一项制度像高考制度那样频繁变革，从某种程度上说，这正是激烈的高考制度伦理评价的推波助澜使然。

可以说，正确评价高考制度是进行高考改革的前提。由于高考制度与我国的科举制度是一脉相承的，并且由近代高校招生考试制度发展而来，对科举制度以及近代高校招生考试制度的评价尤其对前者的评价直接影响了对高考制度的评价，因而有必要对前高考制度形态的伦理评价进行考察。

第一节　科举制度的伦理评价

科举制度首先是一种政治制度，此后随着选拔范围的扩大和参与人数的

---

① 倪愫襄：《伦理学导论》，武汉大学出版社，2002 年，第 137 页。

增多，逐渐变成为一种社会制度，并且围绕着这一社会制度所形成的共有信念系统使得该制度面对环境的微小而连续的变化，呈现出稳固和耐久的特性。

对科举制度的评价大致可以分为三个阶段：科举社会时代的评价、废科举后百年间的评价、科举学兴起后的评价。在科举社会时代，总的来说，对科举制度的评价是正面的、积极的。清末废止科举后，曾一度引起人们脱胎换骨后的狂欢，这个时期对科举制度的评价总体上是反面的、消极的。废科举这一历史事件经过了百年的沉淀，在与科举制度拉开一定的时距之后，尤其是科举学兴起之后，科举制度评价趋向冷静与客观。

一、科举社会时代的评价

特纳在比较分析英美两个国家的教育制度时，曾经提出过赞助性流动和竞争性流动两种重要精英选择模式。赞助性流动是依据一定的社会制度，个人在社会的帮助下获得某种地位或升迁的机会。依靠前辈的身份和地位为后辈的发展铺路，个人所获得的是归属地位。竞争性流动是在社会公平的原则下，个人通过自己的奋斗和能力获得升迁机会和相应的地位，是获致地位。传统社会比较多的是赞助性流动，现代社会比较多的是竞争性流动①。在我国，多数学者认为，宋朝以后，中国基本上是一个科举社会。科举社会的一个显著特征是它促成了竞争性的流动，这种社会流动虽然在古代社会不占主流，却具有巨大的吸引力。由于唐代的科举制度形成的还是具有很大局限性的竞争性流动，因而，将宋以后的社会称为科举社会更为贴切。钱穆曾说：“科举进士，唐代已有。但绝大多数由白衣上进，则自宋代始。”② 魏晋南北朝时期是一种门第社会，人们的社会身份和地位的高低都是以血统和出身划分的，自从隋唐实行科举考试制度以后，到宋代逐渐演变为一种科举社会，是否考取科名以及科第的高低成为身份地位的重要划分依据。“至公”成为人们评价科举制度的最高价值判断，科举考试对绝大多数人来说是独一无二的成功阶梯。

（一）“至公”的制度

“至公”是长期贯穿于中国科举史上的一个理念，是科举制度设计的一

① 张人杰：《大教育学》，广东高等教育出版社，1995 年，第 108 页。

② 钱穆：《中国历史研究法》，生活·读书·新知三联书店，2001 年，第 46 页。

个原则。科举制从它产生的时候开始，就是为了适应社会等级变动的社会现实，给正在成长中的寒门和庶族带来参与政权的公平机会。

从历史的实际来看，唐代的科举制度并没有带来社会流动的划时代的变化，科举制度为社会流动带来公平机会的目标遭遇到了社会现实的严重干扰。并且，在朝着社会公平方向发展的过程中，遇到了中古社会转型初期所具有的诸多政治社会问题，并因此发生了严重的变异。例如在武则天时代的剧烈社会转型中，大开制科便遭到了“滥以禄位收天下人心”的批评。由于进入更高社会阶层的门槛一时被降低，一些社会下层的成员不择手段地要利用女皇提供的特殊待遇，乃至出现了全国性的告密运动，使政治秩序产生了严重的动荡。由于有机会进入科举体制的社会成员在文化素质上还不够成熟，唐代很长时期内部都存在着关于“进士浮薄”的争论，而且到唐代后期，还形成了进士科与唐代高级官僚的世袭相结合的现象。但是，唐代的科举制开启了社会公平的方向，这表现在三个方面的具体变化上。首先，科举制促成了社会等级构成从门第到门荫的转变，高级官僚由门阀贵族世袭担任的封闭格局基本被打破。其次，官学的废弛与乡贡地位的上升，使政权进一步走向开放。因为进入官学是有严格的资格限制的，乡贡是自举。与应举者和及第者都以官学生徒为主体相比，乡贡在科举中占主导地位更能体现社会公平。再次，南方地区士人的及第及宾贡进士的设立，使科举制发挥了构建王朝体系的特殊作用。尽管科举考试中还存在着很多不公平的现象，但正如唐宣宗大中元年（公元 847 年）复试进士的敕文强调的，“有司考试，只在至公，如涉请托，自有朝典”①。更为重要的是，考试公平作为一种社会理念，或者说作为一种价值取向，已经确立下来。

如果说唐代考试制度本身的公平性，还受到诸如投献、行卷及请托等行为的干扰，但到宋代，则在具体考试制度的设计上不断完善，朝着更加公平和客观的方向发展。正如欧阳修在《论逐路取人札子》中指出的那样，“国家取士之制，比之前世，最号至公。……糊名、誊录而考之，使主司莫知为何方之人，谁人之子，不得有所爱憎薄厚于其间。故议者谓国家科场之制，虽未复古代而便于今世。其无情如造化，至公若权衡，祖宗以来不可易之制也”②。

① 刘后滨、董文静：《论制度设计中的公平是社会公平的起点——以科举制的早期发展为中心》，《人类文明中的秩序、公平公正与社会发展》，北京大学出版社，2009 年，第 343～345 页。

② 欧阳修：《论逐路取人札子》，《欧阳文忠公集（卷一一三）》，中华书局，2001 年，第 1716 页。

元明清时期，各省贡院的中心位置都有一座名为“至公堂”的建筑，它是对主考官等的警示，也是考试公平的象征。在明代，科举已被人们视为天下最公平的一种制度，以致有“科举，天下之公……科举而私，何事为公”之说①。因此，以考试来进行公平竞争成为最为人们称道的事情。

明代科举考试的影响已经无孔不入，甚至成为衡量社会风气的重要指标。正如孙承泽所言：“夫科目之设，天下之士群趋而奔向之。上意所向，风俗随之，人才之高下、士风之醇漓，率由是出。”万历年初，御史魏允贞说：“科举，天下之公；大臣，庶僚之表。科举而私，何事为公？大臣而私，何人为公？”从这个意义上说，科举的公正与否是社会公正与否的晴雨表。万历十七年（公元 1589 年）礼部郎中高桂断言：“我朝二百余年公道，赖有科场一事。”

清代多数学者也大赞科举考试的公平性。如魏源认为科举制不以贵贱取人，比世袭制和九品中正制进步。他说：“三代用人，世族之弊，贵以袭贵，贱以袭贱，与封建并起于上古，皆不公之大者。虽古人教育有道，其公卿胄子多通六艺，岂能世世皆贤于草野之人？……秦汉以后，公族虽更而世族尚不全革，九品中正之弊，至于上品无寒门，下品无世族。……至宋、明而始尽变其辙焉，虽所以教之未尽其道，而其用人之制，则三代私而后世公也。”②

值得注意的是，与科举制度公正相关联的评价是科举制度能否真正选拔出人才。从选官制度的演进可以看出，选官原则中才学标准的不断提出和被强调，冲击着察举制度。科举制度的根本特征是开科考试，从进士设科开始，科举制就朝着排除其他因素干扰、贯彻才学标准的方向发展，对才学标准越重视越强调，实际上科举制度也就越公正，反之亦然。因而科举社会时代一般认为科举制度是能够选拔人才的，比如宋代陆九渊曾说：“人才之不足，或者归咎于科举，以为教之以课试之文章，非独不足以成天下之材，反从而困苦毁坏之。科举固非古，然观其课试之文章，则圣人之经，前代之史，道德仁义之宗，治乱兴亡得丧之故，皆粹然于其中，则其与古之所谓

① 见《续修四库全书》，转引自刘海峰：《“科举，非恶制也”——兼谈教育史研究中的知今通古问题》，《教育史研究》2003 年第 1 期。

② 明清时期的科举评价参见刘海峰、李兵：《中国科举史》，中国出版集团东方出版中心，2004 年，第 332 页。

‘学古入官’，‘学而优则仕’者何异？困苦毁坏之说，其信然乎不也。”陆九渊认为科举制度与“学而优则仕”的古代理想本质上相同，是能够选拔人才的①。

（二）成功的“阶梯”

自隋代开科取士以后，科举考试成了读书人踏入仕途的唯一通路，成功的“阶梯”。虽然唯一，但有此通路总比无此通路好。获取功名的机会被平分给各省数以百万计的读书人后已经十分渺茫，但在实际社会生活中，人们仍然对科举制抱以极大的热情。科举考试在日常生活中处于中心地位，“围绕着对获得功名的信心和希望，社会建立起了一整套的以科考为中心的生活方式、风俗、意义和原则。在这方面，民谚、习语和文学作品中可以提供大量数据计算反映不出的证据”②。因此，读书人对科举制基本上是持肯定态度的；又因为是唯一，所以科举的结果对于应试者来说难免会产生大喜大悲的情绪，这会反映在应试者的诗歌等文学作品当中。举例如下：

能够金榜题名是科举社会时代一大得意喜事，登科及第者往往通过作诗抒发自己的得志心情。如唐孟郊有作《登科后》：

昔日龌龊不足夸，今朝放荡思无涯。春风得意马蹄疾，一日看尽长安花。

唐朝诗人王建中举后喜气洋洋，在《送薛蔓应举》中写道：

一士登甲科，九族光彩新。

唐代诗人李频在《长安感怀》中感叹道：

一第知何日，全家待此身。

唐代诗人白居易二十七岁考取了进士，是十七名新科进士中最年轻的一个，得意之极，写《登第》诗表达自豪之情：

慈恩塔下题名处，十七人中最少年。

白居易又作《及第诗》，写的也是题名金榜后的兴奋和喜悦：

得意减别恨，半酣轻远程。翩翩马蹄疾，春日归乡情。

唐代诗人袁皓及第之后，得意至极，作《及第后作》自比神仙与大鹏：

---

① 刘海峰：《重评科举制度——废科举百年反思》，《厦门大学学报》（哲学社会科学版）2005 年第 2 期。

② 纪莺莺：《明清科举制的社会整合功能——以社会流动为视角》，《社会》2006 年第 6 期。

金榜高悬姓字真，分明折得一枝春。
蓬瀛乍接神仙侣，江海回思耕钓人。
九万抟扶排羽翼，十年辛苦涉风尘。
升平时节逢公道，不觉龙门是险惊。

宋代的梁灏屡试不第，但他并不放弃，终于在耄耋之年的八十二岁时中了进士，钦点头名状元，兴奋之余写下一副对联：

白首穷尽，少伏生八岁；青云得路，多太公二年。

对于大多数考生来说，逃不出名落孙山的命运，失望与痛苦可想而知。唐时众多考生落榜后不回家，留在京都长安，既为下一次考试作准备，更主要的是感觉无颜见江东父老。如常建的《落第长安》中所云：

恐逢故里莺花笑，且向长安度一春。

豆卢复《落第归乡留别长安主人》诗，也是自感羞愧，不好意思向长安客栈的店主告别：

客里愁多不记春，闻莺始叹柳条新。年年下第东归去，羞见长安旧主人。

对科举考试的重视也反映在小说等文学作品中。如吴敬梓在《儒林外史》第十五回中说："人生在世，除了这事，就没有第二件可以出头。"可见科举考试是何等重要。彭兆瑞在《录遗告子》中说："科举一道，得失颇重，不特功名之路，抑且颜面所关。"科举考试的重要性不仅与功名相关，也关乎颜面。

在明清小说当中，也有一类表达了一般民众想通过科举脱离厄运除恶扬善的良好愿望，金榜题名后大权在握便除奸铲恶的小说不在少数，如著名的《玉堂春落难逢夫》（《警世通言》卷二十四）、《张廷秀逃生救父》（《醒世恒言》卷二十）等。金榜题名之题材还普遍出现在明清时代许多才子佳人的小说中。"据统计，60 部典型的才子佳人小说中，有 52 部都有才子及第的内容，占总数的 87％。"[①] 可见，及第才子乃是当时人们心中理想化的人物形象。一旦科举高中，便可化身为集权力与智慧于一身的精神偶像，这其中传递出的正是人们对于科举制度本身的信心。

古人对科举制的评价，除了反映在直接的政治议论和间接的文学抒情当中以外，还有普通百姓对科举及第者的羡慕与膜拜。他们"往往以为科举是

① 纪莺莺：《明清科举制的社会整合功能——以社会流动为视角》，《社会》2006 年第 6 期。

一种可以让人经过奋斗而改变命运的东西，没有什么不好，不过，他们的许多赞美科举的言论既无法成文，也难以刊刻流传下来”①。但我们仍可通过科举风俗和民间一些与科举相关的社会活动窥见一斑。唐宋以后，科名为社会所崇尚，流风所及，形成了“榜下捉婿”的风尚。唐代进士放榜后，“曲江之宴，行市罗列，长安几于半空。公卿家率以其日拣选东床，车马填塞，莫可殚述”（《唐摭言》卷三《散序》）。由于科举制的兴起，在人们的择偶观念中，郎才女貌比门当户对更重要。而所谓才，主要是指能考中科举的文才。这种婚姻重科第的习俗到清代还普遍存在，并有所发展。在有些地区，甚至认为与秀才接触都会给女子带来好运，这说明科第在人们心目中是多么的神圣。在各种科举风俗中，清代广东一带盛行“闱姓”赌博习俗是颇为特别的一种。闱姓赌博是利用猜科考中试者的姓氏来赌博的一种方式，始创于道光末年，至光绪末年曾蔓延至广西。“闱姓赌博的特点在于：它是利用科举考试来进行的。科举在清代人民心目中是一件非常神圣的事，这样就给这种赌博方式蒙上了一层外衣，使人容易发生一种错觉，就是闱姓和一般的赌博例如牌九、掷骰等不同，要比较‘高雅’得多。这样就吸引了不少中上层人士参加。”②（商衍鎏）

在科举考试中获得成功的人往往被民间尊奉为天上的文曲星，更多“有远见”的人致力于资助和培养这样的文曲星，至清代发展成一种叫作宾兴的规模较大、范围较广的助学助考活动或组织。尽管其中包含部分由官府拨款或划拨别类田产、房产所设立的种类，但是它的主体是社会捐资。捐资者的社会成分十分广泛，包括现任官员、退休官吏、地方乡绅、文化地主以及妇女和商贩等各种身份的个体，因此清代宾兴主要是一种民间性质的组织。由于旅费支出往往是参加科举考试的最重要的支出项目，因此，旅费是宾兴的主要资助类型。当然为了让读书“苗子”能脱颖而出，也有助学性质的宾兴费用。“清代各地宾兴除了资助举贡生监参加乡会试外，其主要职能之一，是资助新进生员的入学费用，其种类、名称各地不一，大体可有‘卷费’、‘束脩’、‘贽仪’、‘册金’、‘印结’、‘印卷’等名目。”③

由于我国的传统社会是一种伦理型的社会，科第不仅是个人的成功阶

---

① 刘海峰：《重评科举制度——废科举百年反思》，《厦门大学学报》（哲学社会科学版）2005 年第 2 期。

② 刘海峰：《科举学导论》，华中师范大学出版社，2005 年，第 246～249 页。

③ 毛晓阳：《清代科举宾兴研究》，厦门大学博士后研究报告（2009 年），第 21 页。

梯，也关系到族群、乡里的荣耀，个人的成功辐射到具有血缘、地缘关系的广泛人群，因此可以断定，科举社会时代多数人对科举制度是持肯定态度的，科举考试的利益相关者会从各方面（主要是经济方面）对应试者给予大力支持。

二、废科举前后的评价

清朝末年，清政府的统治处在风雨飘摇之中。西方政治思想和社会思想传入中国，进化论的思想大受欢迎，成为维新派力挺变革的有力武器，而弊端丛生的科举制显然成了第一个要开刀的对象。维新派抨击科举制度是封建统治者“牢笼天下”的愚民政策，揭露八股取士制度有“锢智慧”、“坏心术”、“滋游手”三大罪状，“为中国锢蔽文明之一大根源”；“今变法之道万千，而莫急于得人才，得才之道多端，而莫先于改科举”。人们对科举制的仇恨是一种被放大了的仇恨。“中国封建社会晚期，随着封建社会没落，科举制成了封建制度的一种象征。因此，当时很多进步思想家把科举制等同于社会腐败本身。而社会的改革图新，科举制自然成了首要罪恶。”①

取消八股取士制度成为教育改革的当务之急，科举制度成为推行西学的一块巨大绊脚石。1905 年，清政府制定新学制，持续了 1300 年的科举制度终于在这一年终结了。可以说，对科举制的批判乃至废止加速了封建制度的灭亡。在封建社会后期，科举制就像潘多拉宝盒上的一道栓，一旦抽掉了这道栓，各种灾难就遍布了人间。20 世纪初的中国，袁世凯等军阀的产生以及其后的军阀割据时期，察举、荫举和卖官鬻爵泛滥成灾，甚至连总统都可以贿选。你方唱罢我登场，城头变幻大王旗，似乎一夜之间又回到了东汉末年。这种倒退是不可避免的，当一种较先进的干部人事任用制度被否定，而更先进的选才机制还没有产生之时，人们只能回到过去，这不能不说是时人误判了废科举所带来的灾难。

但当时似乎很少人意识到废科举与清末的社会灾难之间的关联。科举废后，围绕科举利弊所引发的讨论从未止歇过，虽然这期间也有称颂科举制的声音，但旋一浮起，即被淹没在声讨科举制种种罪行的唾骂声中，“在 20 世纪的绝大部分时间里，对于科举的批判远远超过对于科举的肯定，极端性、

① 蒋德海：《科举制在中国近代的遭遇》，《复旦学报》（社会科学版）1996 年第 5 期。

情绪性评价远多于科学化、理性化的审视”①。因此，正如刘海峰教授所言，废科举后的 100 年，大体上可以说是将科举制妖魔化的时代。“受思维定式的影响，当要说某一种考试或机制不好时，说其‘变成了科举’便已足矣，便是很重的批评。”②

清末对科举制的批判态度影响深远，甚至成为一种惯习。如吴晗曾说：“明清两代五六百年间的科举制度，在中国文化、学术发展的历史上作了大孽，束缚了人们的聪明才智，阻碍了科学的发展，压制了思想，使人脱离实际，脱离生产，专读死书，专学八股，专写空话，害尽了人，也害死了人，罪状数不完，也说不完。”③

清末批判科举制的积习对新中国成立以后的教科书导向的负面影响也不容小觑。据一项调查显示，“在辨析哪些人物是历史上的科举人物时，分别有 89％和 82％的人误把范进和孔乙己当成真实的科举人物，而比较少的人知道选项中的‘文天祥（27％）、蔡元培（31％）、朱熹（40％）、林则徐（49％）’等历史名人也是科举人物”④。这无疑是受初中语文教科书的影响。试想如果科举人物都是这些非疯即迂的人物形象，人们对科举制度还有什么好印象可言。当前高中阶段的中国近现代史课程对科举制度及其终止原因的介绍还是比较客观的，但问题是义务教育不包括高中教育，这就意味着只接受过义务教育的群体很可能对科举的印象就只停留在初中教科书选编的几篇课文上，吴敬梓笔下的范进、鲁迅笔下的孔乙己因此成了人们非常熟悉的文学形象。实际上，中学教师对教科书的解读是非常重要的，而即使是高中历史教材对科举制有客观的介绍，如果教师不能进行正确的解读也一样不会起到什么积极的作用。因为长期以来，科举制正是作为一种批判对象而在初中课堂上被介绍的。谈到范进、孔乙己便自然想到封建科举制度对人们思想的毒害，不少教师在授课过程中，也不厌其烦地不断重复讲述着科举制度毒害人们思想这一似乎不变的“真理”。于是，在学生乃至大多数中国人的心目

① 陈兴德：《科举观：科举学研究的新视角》，《厦门大学学报》（哲学社会科学版）2009 年第 6 期。

② 刘海峰：《终结盲目批评科举的时代》，《东南学术》2005 年第 4 期。

③ 吴晗语，转引自刘海峰：《重评科举制度——废科举百年反思》，《厦门大学学报》（哲学社会科学版）2005 年第 2 期。

④ 吴薇：《科举制度与高考改革——当代大学生“科举与高考印象”问卷调查》，《考试研究》2006 年 1 月。

中，科举制便成了封建帝制时代一种“腐朽落后的、扼杀人才并对人们思想造成深刻毒害的制度”的代名词而受到批判。不仅凭依我们的集体记忆能够做出这样的裁断，从中国期刊网上搜到的最近十年的中学教学研究类的文章中也可以找到科举制度遭到严厉批判的证据，很多教师是将《范进中举》与《孔乙己》两篇课文对比起来进行教学研究的。摘举如下：

> “写作时代不同，但其主题相同”，都“抨击了封建科举制度，揭露了封建社会的黑暗和腐朽”；“主人公的命运不同，但都是封建科举制度的必然结果”；“主人公周围人物的态度不同，却都是受封建科举制度毒害的反映”；“表达方法不同，但都有力地揭露了科举制度的罪恶”。最后得出结论，“尽管两文写作的时代不同，主人翁的命运不同，表现手法不同，但对控诉科举制度的罪恶却有着异曲同工之妙”。（张德敏：《浅谈〈范进中举〉与〈孔乙己〉的异曲同工之妙》，《现代语文》（文学研究版）2007 年第 6 期）

> 《范进中举》写于清代，是古白话小话，而《孔乙己》是白话文写作，两篇文章写作背景不同，但目的一致，都是批判封建教育，反对封建科举制度。范进、孔乙己都是科举制度的受害人。（李世琼：《〈孔乙己〉、〈范进中举〉教学重点比较》，《云南教育》（中学教师），2008 年第 1 期）

> 范进和孔乙己都是受封建科举毒害的读书人，同处于穷困潦倒的地位，对社会的摆布同样软弱无力，都迂腐至极，都不会“营生”……（吴名赓：《现代语文》（文学研究版），2006 年第 8 期）

> 范进和孔乙己是深受封建科举制度毒害的两个读书人。范进中举后居然欢喜疯了，孔乙己再穷也不肯脱掉又脏又破的长衫，这一切在学生看来只感到滑稽好笑。然而教师需要引导他们去了解产生这种现象的原因，理智地认识和批判那罪恶的封建社会和腐朽的科举制度，并从感情上憎恶那庸俗、丑陋的官场生活和人情世态。（袁宝鑫：《浅谈封建科举制度的衰亡——范进和孔乙己的人文环境比较》，《现代语文》（文学研究版），2006 年第 4 期）

> 范进和孔乙己是中国文学史上两个典型形象，他们的遭遇浸透了封建时代大部分知识分子的悲哀。范进的可悲，在于他的精神已被封建科举污染；而孔乙己的可悲，则在于他的性格已在封建教育中变形。从他们的人生遭遇、个人追求以及周围人对他们的态度等方面，都能反映出

封建科举制度对知识分子灵魂的毒害。(黄斌：《刻在被扭曲灵魂上的悲剧——吴敬梓〈范进中举〉与鲁迅〈孔乙己〉之比较》，《阿坝师范高等专科学校学报》，2003 年第 3 期。刊载该文章的期刊虽不是教学研究类期刊，但从作者的身份来看也是一篇中学教学研究的论文。)

相对来说，对《孔乙己》这篇课文的教学研究论文数量比较多，并且对这篇课文所反映的主题思想也基本上持同一论调。摘举如下：

在中学语文课本《孔乙己》一文中，鲁迅成功塑造了科举制度下知识分子的形象，深刻揭露了封建科举制度的腐朽和病态社会的冷酷。(戴宗彦：《不要把学生育成新时期的孔乙己——〈孔乙己〉教学反思》，《中学教学参考》，2009 年第 34 期)

《孔乙己》是鲁迅继《狂人日记》之后发表的又一篇讨伐封建科举制度和封建文化教育的战斗檄文。小说通过勾画封建主义社会的芸芸众生相，揭示了为封建科举制度所戕害的读书人的痛苦。(杨尚兴、彭国群：《孔乙己性格的两重性》，《语文教学与研究》，2009 年第 2 期)

《孔乙己》是中学语文教材中的传统名篇，小说成功地塑造了一个被旧社会扭曲灵魂而最终被吞噬的悲剧人物，深刻地揭示了封建社会的世态炎凉，有力地控诉了封建科举制度的罪恶。(徐小霞：《发微探幽——谈孔乙己的悲惨人生》，《现代语文》(文学研究版)，2009 年第 8 期)

有些教学论文中所记载的课堂教学实录也能反映出科举制度是以何种面目出现在中学课堂的。下面摘引的一段《范进中举》课堂教学实录就能直观地看出教师对科举制的态度。

师：范进周围的人和事，构成了他的社会环境。为了帮助大家理解小说中的环境，老师拟了一联：乡邻献米酒，平时少有；报子出主意，官场常见。请大家根据此联解读社会环境。

生：上联我解读出来了，是说当时的人们见风使舵，趋炎附势。

生：下联我解读出来了，意思是考功名对人的诱惑太大，科举制度对人的毒害太深，像范进那样喜极变疯的人常常看见。

师：理解得非常深刻！

(易湘林：《〈范进中举〉课堂实录》，《语文教学通讯·初中刊》，2006 年第 10 期)

当然也有个别的教学研究论文对两篇课文的主题思想提出了不同的看

法。如有教师指出："一般认为，小说的主题思想主要揭露封建科举制度。这个看法有一定的根据，但不够准确。"（王斌武：《孔乙己人物形象新论》，《文学教育》（下），2007 年第 6 期）再如，有教师认为，将《范进中举》的主题确定为反映我国封建科举制度对读书人的毒害有待商榷，认为"不应该把主题思想定在'揭露封建社会科举制度的腐朽'上，而应该是揭露了当时社会的世态炎凉和人心冷漠。"（刘天才：《〈范进中举〉新解》，《中学语文》，2003 年第 9 期）但在关于这两篇课文的主题思想的教学研究论文当中，能反思科举制度的功能效用并提出反主流观点的"新论"、"新解"极为少见。从师训的角度来看，教学参考书的引导是造成这种情况的一个重要原因。如苏教版《语文教学参考书》（八年级下册）中这样写道："小说对孔乙己悲惨一生的描写，反映了封建文化和封建教育对下层知识分子的严重毒害，有力控诉了科举制度的罪恶"；"作品中的孔乙己是清末一个下层知识分子，是封建科举教育的牺牲品"；"吴敬梓的长篇小说《儒林外史》，以批判科举制度的腐朽为中心"；"尖锐地讽刺了用功名利禄扭曲了读书人心灵的科举制度"；"有力抨击了封建制度毒害知识分子的罪恶"。教科书将科举制度看成是"腐朽的"、"罪恶的"东西加以全盘否定，那么，受教科书指引的教师也就不可避免地将这样一种态度灌输给学生们。那么如果再追问下去，是什么人在对中学教师进行继续教育和在职培训，又是什么人在编写教学参考书呢？无疑是一些被冠以专家、学者称号的知识精英在炒作。因此要改变中学教学中对科举制度的误解和过度批判的现状既应是自下而上的，又应是自上而下的；既需要思想理论界的实践关怀，又需要教育实践界的观念更新。

三、科举学兴起后的评价

（一）科举评价的另一种声音：为科举制平反

与在国内遭到妖魔化的境况迥异的是，科举制在西方国家赢得了广泛的赞誉，甚至被神圣化了。从 1570 年到 1870 年的 300 年间，西方仅介绍科举制的书籍就达 70 种之多。丁韪良（Martin）、柯睿格（Kracke）、顾立雅（Creel）、卜德、崔瑞德等汉学家和著名学者都对科举制有过很高的评价。如丁韪良认为，"尽管具有其缺陷，科举制对维护中国的统一和帮助它保持一个令人尊敬的文明水准，起到了比任何其他制度更大的作用"。柯睿格指出，"以科举考试为核心的中国文官行政制度的创立，是中国对世界的最重要贡献之一"。顾立雅发表过这种看法：中国对世界文化的贡献远不止造纸和火药的发明，现代的由中央统一管理的文官制度在更大范围内构成了我们时代的特征，而中国科举制在建立现代文官制度方面扮演过重要角色。可以明确地说，这是中国对世界的最大贡献。卜德（Bodde）在《中国思想西入考》一书中说："科举制无疑是中国赠予西方的最珍贵的知识礼物。"《剑桥中国隋唐史》一书的编者崔瑞德（Twichett）认为：唐代的科举制度经过以后的长期发展几乎被全世界所接受，"许多世纪以后，这一制度为我们所有西方国家以考试录用人员的文官考试制度提供了一个遥远的榜样"①。

西方学者的观点引起了我国学者的注意，他们的观点显示出了当局者迷、旁观者清的见识，或者验证了"距离产生美"的效应。虽然旁观者未必清，用望远镜和显微镜的观察都同样可能得到盲人摸象的结论，但至少来自他者的观点可以促使我们对盲目批判科举制的状况做出反思。敝帚尚且自珍，况有瑕之玉乎？

科举制实行了 1300 年，科举制的终结也已长达一个世纪了。拉开时空距离之后，科举制以更加丰富、更加复杂的面目呈现在我们面前，"实际上，科举制既没有 19 世纪以前一些西方人说的那么好，也没有 20 世纪许多中国人说的那么坏"②。因而，重新评价科举制是 21 世纪初国内科举研究的必然结果，并已成为当今中国学术界的一股思潮。"国内重点大学和科研机构的多位知名学者，如教育部考试中心研究员杨学为，北京大学教授何怀宏、罗志田，上海复旦大学历史地理研究所研究员葛剑雄，上海师范大学教授萧功，中国社会科学院研究员宋元强、李世愉等，都是这股思潮的助推者"③，而代表人物当属刘海峰教授。从废科举一百年的当年起，他陆续发表了一系列为科举制平反的论文，包括《为科举制平反》（《书屋》2005 年第 1 期），《重评科举制度——废科举百年反思》（《厦门大学学报》（哲学社会科学版），2005 年第 2 期），《终结盲目批判科举的时代》（《东南学术》，2005 年第 4 期），《科举制为何需要平反昭雪》（《湖北招生考试》，2006 年 2 月号下半月），《为科举制平反不等于否定废科举》（《北京大学教育评论》，2008 年 7 月）等。最振聋发聩的是《为科举制平反》，该文旗帜鲜明地提出要为科

① 刘海峰：《科举制对西方考试制度影响新探》，《中国社会科学》2001 年第 5 期。

② 刘海峰：《科举制对西方考试制度影响新探》，《中国社会科学》2001 年第 5 期。

③ 余瑛瑞：《"科举制"盖棺百年涌风烟　重新评价观点成为学术界思潮》，新浪网：http://news.sina.com.cn/w/2005-11-06/10337371401s.shtml。

举制平反，指出了科举评价中的几个误区并予以全面澄清，引起了社会各界的广泛关注①。

其实，重新评价科举制的思潮并非空穴来风，最早提出为科举平反的著名人物是“戊戌变法”时期极力批判科举制的梁启超，他在游历东西洋国家作过比较之后，幡然悔悟说“科举非恶制也”，并公开提出了为科举平反的主张，甚至公然提出恢复科举的建议。民国建立后，伟人孙中山也在各种场合一再赞扬科举。他在《五权宪法》等演说中强调：中国古代的考试制度，是世界各国用以选拔真才的最古、最好的制度。后来的一些学者对科举制度也有相当中肯的评价，如胡适、钱穆等②。但在当时波涛汹涌的革命浪潮冲击和势不可当的社会思想转型的时局和形势下，个别知识精英的见地并未引起广泛的呼应。在我国各方面都已进入持续稳定发展的新时期，人们可以冷静地对待传统、潜心地整理国故的时候，科举评价问题又重新抖落历史的尘埃等待解答。刘海峰在废科举一百年的时候提出为科举制平反的主张，除了详尽地阐述了他本人的学术观点外，无疑也起到了将科举评价问题化的作用，借以引起更多的争论，因为科举评价实际上已经成为当今高考改革、自考改革、文化认同与交流等一系列问题的一个绕不过去的门槛。科举评价连同他曾在更早时候倡导的科举学一并进入人们的视线，并吸引了越来越多的学者加入科举学研究的行列。有学者断定，以全面综合研究科举制为旨归的科举学将成为21世纪的显学。

（二）多维视角的百舸争流：科举评价的新气象

当前的科举制研究呈现出从多个维度多个学科的角度进行探讨的态势，这为重新评价科举制提供了一个契机。限于篇幅，仅撷取若干维度简介如下：

1. 从官僚政治与国家治理的角度

科举制度是选官制度逐渐“进化”的产物，所以必然优越于先前的察举制和九品中正制。关于科举制对于官僚政治和国家治理方面的作用，一般认

---

① 如刘海峰曾入选新浪网“2005年文化人物”，盖因此文；一位中学校长在给刘教授的信中提到有将该文作为教师教育和学生课外阅读的材料的打算，他指出，“先生说出了广大百姓尤其高中教师郁结于心中想说而说不出的肺腑之言”，并“拟将此文作为教师业务学习内容，并拟在部分学生中学习讨论”。

② 刘海峰：《为科举制平反》，《书屋》2005年第1期。

为，科举制作为古代重要的人才选拔制度，在两个方面都发挥了重大作用，一方面科举制度能够选拔出治理国家的人才，另一方面科举制度有利于保证社会安定。

科举为中国历朝发掘、培养了大量人才。1300年间科举产生的进士接近十万，举人、秀才数以百万。当然其中并非都有真才实学，但能经得起层层筛选，通过科考成进士者，多数都非等闲之辈。宋、明两代以及清朝汉人中的名臣能相、国家栋梁之中，进士出身的占了绝大多数。科举成为高级官员必经之路，为数极少的科甲最高级出身的进士为官僚队伍不断输送新鲜的血液。

当然即使是进士也未必有官可做，因为官位是有限的，那些取得科名而未能授官的便成为地方乡绅，他们在国家的底层治理上发挥着重要的作用。清末废科举后，农村精英向城市的大量流失造成了乡村士绅质量的蜕化，豪强、恶霸、痞子一类边缘人物开始占据底层权力的中心。士绅分子向城市的流动和新式知识分子在城市的滞留，使得一向把持乡村政权的士绅阶层失去了最基本的力量补充。基层政治权力的真空状态，便被“劣绅”、“豪强”所填充。晚清以来，中国农村社会矛盾十分尖锐，社会关系急剧恶化，社会骚动变乱迭起，一个重要的直接的原因就是乡村政权力量的蜕化。

尽管从出路来看，获取科举功名的人一般都取得了安身立命之本，但获取科名的群体与庞大的应试者队伍相比仍然是比例悬殊的。而落榜者甚至屡试不第的落榜者之所以没有形成压力集团，原因在于科举制在制度设计上成功地延迟了及第的满足感并疏解了落第的挫折感。在科举制度下，只有少数人通过科举考试取得成功，而失败者自然就有一种挫折感，但由于科举考试没有年龄上的限制，也就给失败者始终保留着下一次成功的机会和希望。这样，科举考试的失败者就不会形成群体性的社会不满，也不会形成对政治体系的巨大反抗性的政治参与压力。落第者虽会发出怨叹，但他们所抱怨的，是自己时运不济，顶多是抱怨考官不识自己的锦绣文章，而极少抱怨制度不合理。因此，传统中国社会的经济、社会与政治高度统一，并且这种关系十分稳固，自宋代以来就没有多大的变化，而科举制正是维持这种高度统一社会的核心制度。

科举制对政治治理的另一大作用是使社会价值高度一体化，使传统中国始终保持大一统的文化价值体系。科举制之所以能够造成这种价值一体化的原因在于：一是“由于科举制按照儒家的政治标准和价值来选拔人才，为了应试就必须对儒家经典进行研读，自然成为应试者学习以儒学为行为的标准的社会化过程”。二是科举制使儒家的价值规范在各精英阶层的流动中得到广泛的认同和普及，这样“以儒家文化为主流文化就可以一统天下，并使其具有悠长的历史延续性和生命力”①。思想统一是政治稳定的重要保证，科举制是对“罢黜百家、独尊儒术”的最好的制度实践，因而科举制的废止将直接导致与其相关的所有制度的瓦解，整个政治制度与意识形态即走向崩溃。“科举制曾经是联系中国传统的社会动力和政治动力的纽带，是维护儒家学说在中国的正统地位的有效手段……它构成了中国社会思想的模式。由于它废除，这个社会丧失了它特有的制度体系。”②

2. 从社会流动和士子地位的角度

许多学者将科举制视为社会流动机制，以大量的统计数据证明科举制在促进社会开放程度方面产生着真实的影响。美国社会学家索罗金将社会流动区分为垂直流动（vertical mobility）和水平流动（horizontal mobility）两种，对前者的讨论是社会学界关注的重点，以往对科举制的讨论也较多关注垂直流动。科举制带来的社会流动是研究传统中国社会的重要议题之一。国外很多学者以及何炳棣、潘光旦、费孝通等都对科举制度带来的社会垂直流动的效果有过深入的研究。另一方面，科举制对于社会水平流动的作用也是很显著的。在科举制下，精英之间与上下层级之间具有高度频繁的横向流动。中国传统官僚集权社会的社会精英主要是由地主、官僚与士绅③三个阶层构成的。这些社会阶层各自在经济、文化与政治上承担着维系传统社会的组织功能。同时，这三个社会阶层之间存在着相对频繁的横向流动，而这主要是由科举制度来实现的。例如，地主可以通过科举考试，取得功名身份，士绅则可以进一步通过更高层次的科举考试而成为官僚，而官僚则可以利用

---

① 邵宇：《试论科举制的废止与清末知识分子的边缘化》，《云南行政学院学报》2006 年第 5 期。

② 吉尔伯特·罗兹曼：《中国的现代化》，江苏人民出版社，1995 年，第338 页。

③ 何炳棣认为生员并不应当算入士绅，而张仲礼则将他们处理为低层士绅。实际上，关于“士”与“士绅”的概念都具有模糊性，本书将“士”界定为中国传统的知识分子群体，将“士绅”界定为经由科举制取得功名的群体，包括生员。对士绅阶层的研究是近代中国社会史研究的重点，著述颇丰，代表性作品可参见费孝通《皇权与绅权》(1937)、瞿同祖《中国清代的地方政府》(1962)、张仲礼《中国绅士》(1991)、徐茂明《江南士绅与江南社会》(2004) 等。

自己的权势与影响，进而在经济上成为士绅地主。

科举制的废止导致传统的社会整合方式的丧失，知识分子与官僚、民间统治者之间固定的联系被切断了，士人通过科举考试进入仕途的渠道不存在了，从而使“士大夫”与“士绅”这两个集团趋于消失。同时，由于科举制的废止，儒家思想的正统地位开始衰落，士人陷入认同危机之中，社会的凝聚机制趋于瓦解。科举制的废止导致士人政治的解体，士在传统政治形态中的中心地位也随之消失。原来效忠王朝的士人阶层从原有的政治权力结构中脱离出来，这样，近代知识分子与政治权力的关系变得模糊了，被边缘化了。“科举制的废止使大批士绅知识分子失去了通过科举考试进入仕途的希望，又由于知识结构、经济能力、年龄等原因，而无法进入新学堂。而新式教育制度却无法在短时间里建立起来，因此出现了大批既无法进入新式学堂，又无法通过科举考试取得功名的边缘化知识分子。”① 因此，伴随着科举制度的废除，中国传统知识分子也开始了边缘化的过程，当然这个过程也是从传统的士到现代知识分子的社会转化过程，这是另外一个议题。

3. 从文化传承与教育发展的角度

中国传统文化是以儒家学说为根基和核心的，科举制对儒家思想的传承起到了重要的作用，因为儒家经学向来是科举考试的主要内容之一。虽然历史上曾反复出现过是以考经学儒术为主还是以考文章辞赋为主的经学与文学之争，但总的来说，经学在科举考试中占主流。“汉代以经术取士，隋代建立进士科举以后，经学与辞章是两个方面的考试内容，自中唐以迄宋末，科场中存在着经术与文学之争。从王安石改革科举试以经义之后，特别是明清科举考八股制义以后，儒家经学在科举考试的内容中占了主导地位。”“在实行科举制的1300年中，唯有唐代和北宋初期主要以文学诗赋取士。……归根结底，比起辞彩来，经术毕竟更直接地适合统治者的需要，更有利于巩固统治秩序，因而，科举取士中的经术与文学之争，最后还是经术占了上风。”②

科举制是儒家思想制度化的最为核心的制度设计，这种国家考试制度确

---

① 邵宇：《试论科举制的废止与清末知识分子的边缘化》，《云南行政学院学报》2006年第5期。

② 刘海峰：《科举制与儒学的传承繁衍》，《中国地质大学学报》（社会科学版）2009年第1期。

保熟悉儒家思想的人在获得社会资源时的优先地位。“官员的选拔由分封制向选举制的转变本身就体现着儒家‘贤者居位’的观念，而汉代之后以儒家的原则作为选举的标准则使儒学和权力（之间建立直接联系），同时也就和利益建立了直接的联系，对儒学的了解几乎成为人们改变现有生活方式的唯一途径。只要通过了科举考试，就可成为社会的特权阶层，即‘士’或‘绅’。这种方式成功地将社会成员吸引到制度的核心模式和价值中去。”①社会各阶层都在为入仕做着习儒的准备。“中央集权和儒家思想在整个社会中起着凝聚力的作用，有少许财产并略受教育的人都希望科举入仕，这些人处于社会的各阶层，他们所处的特殊地位（介乎大众和儒家精英之间）使其充当了沟通大众文化和儒家思想的媒体。”②

按现在人们通常理解的高等教育概念，在诸多释义中，基本共同的规定性最主要的有两个：一是受教育的对象是青年和成年人，二是建立在普通教育基础之上的高级教育或专业教育。根据这两个规定性，从科举考生和及第者的年龄、考试的内容两方面来看，科举的性质属于中国古代的高等教育考试③。

由于本身具有教育考试性质的科举制在历史上存在时间长达一千多年，因而科举制对中国教育产生了深远影响。首先，在教育思想上，科举制使孔子“有教无类”的教育思想得以推行。孔子在教育对象上主张“有教无类”，即教育不分贫富、贵贱、地域，所有人不分士庶，都有受教育的权利。在隋以前的魏晋南北朝初期，门阀士族的势力是十分强大的，他们几乎垄断了仕途。门阀士族的衰落以及科举制在隋唐的确立和完善，打破了这种垄断局面，使教育向全社会开放，在科举取士上不分士庶，平等竞争，孔子“有教无类”的教育思想得以推行。

隋唐全面推行科举制，且应试者的门第、流品限制不严，广大的社会中下层人员都可以通过考试中举。科举成了社会成员获取功名、地位与权利的重要途径，社会成员要想实现这一目的，就必须进学读书，学习文化知识，参加科举考试，这在客观上推动了文化的普及，促进了学校教育的发展。据一些外国学者统计，近代以前，中国南方农村不少地区的识字率是比较高

---

① 干春松：《科举制的衰落和制度化儒家的解体》，《中国社会科学》2002 年第 2 期。

② 杜赞奇：《文化、权力与国家》，王福明译，江苏人民出版社，1996 年，第 123 页。

③ 刘海峰：《科举考试的教育视角》，湖北教育出版社，1996 年，第 208 页。

的，这说明科举考试不仅影响了中国传统社会的精英教育，对普通民众的教育也有重要影响。

其次，在教育内容和方式上，前面提到，儒家经学向来是科举考试的主要内容，而当教育制度和取士制度越来越合一化以后，将儒学作为教育的主要内容便会成为官学和私学的自觉选择。由于选拔和取士的制度日益单一化导致教育制度和取士制度的合一化倾向。官方的知识传播系统自不用说，由于权力指向的唯一性，民间的知识传播体系也日益向科举准备转向，到明清时代，整个教育体系包括儿童的启蒙教育都日益以科举为唯一取向。

在教育方式上，科举制强化了自学的方式。刻苦自学是中国古代教育的优良传统。在察举时代，已允许察举自学成才者与官学学生一同应试。实行科举考试、允许自荐报考以后，自学风气大为盛行。隋炀帝大业元年（公元605年）初建进士科时，就鼓励“在家”者与“见入学者”一同推荐报考，那些在家学习的白丁（即未着生徒服装者）作为乡贡一途，与生徒取得了同等的报考资格。当时官学受父祖官阶的限制，并不完全是择优录取的，平民百姓的子弟通过自学，也能够与生徒一起竞争入仕，这就极大地促进了自学风气的形成，甚至出现过年轻人“耻学于师”的过头现象。从北宋中叶兴学以后，科举考试与学校教育结合的趋势渐强，有时还规定士子需在学300日或500日以上方许参加考试。明清规定科举必由学校，童试录取者为府、州、县学的生员，只有科举生员才能参加乡试。但一般这些官学实际上却很少进行教学活动，多流为月书季考的场所，教学仍然主要由民间私学承担。士子在蒙养阶段于私塾中学习，而准备科考时期多数在私学先生的指导下自学，或参加一些地方举办的文会互相切磋提高，国家主要是管考，用考试的办法来奖励兴学，并没有花多少精力在办学上。因而科举考试可以说是现代意义上的高等教育自学考试①。

再次，在对教育功能的影响上，不可否认，科举制为中国古代社会产生了大量的人才，1300年间产生的十万进士成为社会的中流砥柱。科举制使知识分子能通过自身的学识得到国家的承认与提高自己的社会政治地位，从而也使中国封建社会涌现出大量人才。唐宋时期是中国人才辈出的两个高峰期，这跟科举制不无关系。特别是北宋中叶，中国在政治、哲学、自然科学、文学艺术等方面都涌现出大批人才。这些人才有的在政治上大展宏图，

---

① 刘海峰：《科举考试的教育视角》，湖北教育出版社，1996年，第228～230页。

成为封建统治阶级治理国家的有力助手。如寇准、范仲淹、欧阳修、王安石、苏轼等都是通过科举取士踏入仕途的。尽管中国的文人在仕途上并不都是春风得意、一帆风顺的，但科举制的确为他们施展政治抱负、实现人生理想提供了机会。科举制既促成了中国的文化高峰，也促成了中国的人才高峰。当然，科举制度为政府发掘人才的同时，亦埋没了民间其他各方面的杰出人物，千百年来，各式精英被困科场、虚耗光阴的现象所在多多。

4. 从文学发展与科举心态的角度

在科举与文学的关系上有一种争论，即科举到底是促进了文学的发展还是阻碍了文学的发展。这个争论实际上没有什么意义，笔者认为，科举对于文学谈不上促进或阻碍。准确的说法应该是科举与文学相互影响，科举左右了文学的发展方向，文学也融入于科举当中。在唐代，行卷在科举中起到很大的作用，而行卷多是士子平日所做之诗歌与散文。因此，我们可以说唐诗、宋散文的璀璨与科举制的实行是有一定因果关系的。科举制发展到后来，重经学而轻文学，屡试不第者将自己的科举心态排遣于自由的文学创作之中，催生了大量以科举为题材的小说、戏剧等文学作品。“在科举时代，无论是被视作文学主流的诗文，抑或作为文学边缘的小说、杂记、笔记、戏剧等体裁的作品都与科举有着千丝万缕的联系，而这种联系又源于士子对科举的认识和科第情结。”① 明清之际，经学与文学并举，最终以八股文调和了两者的矛盾。八股文是介于韵文、散文之间的文体，它汲取了以前的一切文体形式，文学为表，经学为里，文以载经，中规中矩。

八股文的刻板和苛严是大家所知道的，而八股文的渊源与可爱之处是少有人知道的。何怀宏在《选举社会及其终结——秦汉至晚清历史的一种社会学阐释》中提到，“他（周作人）提议大学里应该讲八股，至少北大应该讲，因为八股是中国文学史上承前启后的一个大关键，假如想要研究或了解本国文字而不先明白八股文这东西，结果将一无所得”，并认为“八股文永久是中国文学，乃至中国文化的结晶，它整个是不活了，那一块一块的却都活着。八股不但是集合古今骈散的菁华，凡是从汉字的特别性质演出的一切微妙的游艺也都包括在内，所以说它是中国文学的结晶，实在是没有一丝一毫

---

① 刘虹：《科举制与文学浅探》，《河北师范大学学报》（哲学社会科学版）2005 年第 4 期。

的虚假”[①]。而何怀宏对八股文的研究，“通过对历朝经义范文的剖析，揭示了科举考试形式、内容、性质、功能及其社会意义与影响，有助于补正长期来我们认识上简单片面贬斥的偏颇”（季羡林语），从而也有利于补正人们对科举制度认识上的偏颇。

5. 从教育测量与评价的角度

美国学者孙开键从现代心理测量学的角度对科举考试系统进行了评估。现代心理测量学主要研究分数的信度和效度。不同考试条件下考试结果的一致性称为信度。考试分数运用与考试初衷的一致性称为效度。他认为，大部分证据表明，科举信度较高，但这种高信度由于阅卷人数不足以及时间紧张受到影响。在初级（如童试）阶段，普遍的作弊行为会降低结果的信度。效度方面，一些证据表明，虽然科举的命中率非常高，误通过率几乎是零，具体度也接近完美，但其灵敏度非常低，误淘汰率也可能很高。这些结论跟邓嗣禹在《中国考试制度史》中得到的结论是相符的：考试中选拔出的人都是有能力的，但有很多有能力的人会被这个系统疏漏。总的来说，效度方面的证据是正负两方面并存的，综合证据表明，科举考试的效度只是部分被印证[②]。

第二节　近代中国高校入学制度的伦理评价

与科举制度评价相比，对近代中国高校入学制度的评价并不多见，这一方面是由于科举制本身的复杂性使人们可以从各个角度对其进行评价，不仅仅从教育考试的角度，而且即便是从教育考试的角度评价，近代高校入学制度的评价也不如科举评价那样集中、热烈。这是由于近代中国高校入学制度持续时间不长，而且由于政局不稳，制度的稳定性较差，常常变来变去；也由于新中国成立以后的高校入学制度主要是以大规模统一考试为主，与古代科举考试制度更有可比性。当然，由于当今高考正在尝试自主招生的招考办法，所以近几年对民国时期的单独招生的研究也多了起来。

---

① 何怀宏：《选举社会及其终结——秦汉至晚清历史的一种社会学阐释》，生活·读书·新知三联书店，1998 年，第 304 页。

② 孙开键、吴琼：《科举考试的信度及效度》，《考试研究》2006 年第 12 期。

一、近代中国高校入学制度的艰难选择

近代高校招考制度是伴随西学东渐、科举制变革而逐步形成的，经过了曲折的探索历程。这一时期以 1911 年封建王朝灭亡为界，大致可以分为两个阶段：若以 1862 年京师同文馆的设立作为中国现代意义上的高等学校的起点，则 1862 年到 1911 年是新旧教育考试并存而以科举考试为主导的时期，1912 年成立资产阶级民主共和国后，新式学校考试转向了全面实施和完善阶段。高校招考制度在西学传播和教育变革中艰难而缓慢地发展。

对于第一阶段高校入学制度的特点，我们可以循着近代高等学校的发展脉络，追踪其演变的过程。

京师同文馆于 1862 年设立，属外国语言学校。同治元年（公元 1862 年）设英文馆，招收八旗子弟中十三四岁以下 10 名聪敏儿童入学。同治二年（公元 1863 年），增设法文馆、俄文馆，各招八旗子弟 10 名入学。同治五年（公元 1866 年），增设天文馆和算学馆。“专取举人，恩、拔、副、岁、优贡生并前项正途出身之五品以下京外各官，考试录取。”同年十二月，又呈请扩大招生对象。“凡翰林院庶吉士、编撰、检讨，并五品以下由进士出身之京外各官，俾充其选。缘该员等研经有素，善用心思，致力果专，程功自易。服官者由京外各衙门保送，未仕者取其同乡京官印结及本旗图片，经赴臣衙门具呈，由臣衙门定期试以策论等项，考取送馆学习。其各省保送人员，程途远近不齐，难以久候，应俟咨送到时，陆续考试，以免耽延。至京外各衙门咨送此项人员，务须择其年在三十以内者，方可咨送。如有平日讲求天文、算学自愿来馆学习，籍资印证以精其业者，其年岁亦可不拘。”

武备学堂的入学条件除必要具结一条外，其他条件各有特点。如 1866 年成立的福州船政学堂，是培养新型的第一批船舶制造和驾驶技术人才的学堂，招收 15 岁以下聪明健壮子弟入学，入局时由其父兄及本人具结。1885 年成立的北洋武备学堂并无入学考试，生源主要来自陆军各营，由各营将领挑选，择其文义粗通、年龄尚轻、质地灵敏、气体强壮、相貌魁伟者为合格。1890 年成立的江南水师学堂，首次招募俊秀子弟 120 人，不拘省份籍贯，自 13 岁以上，20 岁以下，已读二三经，能作策论，文理通顺，曾习英文三四年者，俟本学堂出示招考时，开明籍贯年貌三代，来堂投考，察其年貌相符，中英文字通顺，再由西医验明气体结壮，身无隐疾，即由本人家属出具甘结及绅士保结，声明身家清白并非寄籍外国，也不崇奉异邪等教，留堂试

习4个月，再行察看。或口齿不灵，或情性执拗，或举止轻浮，即令退学另选，甘保二结发还。

法政学堂由于生源极缺，所以一般设有预科，由预科升入本科。其他各地法政学堂的入学情况大致相同。1885年创办的直隶法政学堂是最早的一所法政学堂，按章程规定，学员入学之初，须经过入学考试，合格者始得录取入学。其考试课目仅为史论一篇，时务策一道。但州县入学者不多，以致袁世凯于1906年奏请吏、礼两部拣送山东等省40岁以下的举人入法政学堂肄业。

京师大学堂于1898年设立，是我国近代史上第一所由中央政府建立的综合性大学，也是全国最高教育行政机关。1902年清政府颁布了壬寅学制，包含六个章程。壬寅大学堂章程中关于入学考试的规定有一条为："凡应考学生，须身家清白，体质强实，并无疾病嗜好者。京师于出示定期招考后，严定格式，取具各本旗佐领图片，同乡京官印结，报名投考；外省按照颁发格式办理。"高等学堂章程对高等学堂的招生对象和入学考试有明确规定：第一，高等学堂应考选中学堂毕业生升入肄业，其有未得过中学堂毕业凭照而其学力实合中学堂程度者，如考验合格亦准入学。第二，高等学堂学生，虽例由中学堂毕业生及有同等之学力者考选入堂，但此时学堂初开，尚未有此等合格学生；可酌量变通，选品行端谨、中国经史文学确有根底者，先补习历史、地理、算学、格致、图画、东语、英语、体操各种普通学一年，然后升入高等学堂正科学习。

1904年清政府颁布癸卯学制，其中对实业学堂和师范学堂都做了具体规定。奏定实业学堂通则规定，凡进入各高等实业学堂之学生，必须是已毕业于官立、公立、自立的中学堂，并经该学堂监督出具保结，证明该生品行端谨、学力优等、身体强健，可以免考入学。其有自愿入学，自行投考者，则须年在18岁以上，经本学堂监督考验，实系身体强健、品行端谨，学力与中学同等者，始准入学。但在创办时期，难得此合格之学生，应变通年龄限制，凡18岁以上、22岁以下，品行端谨、身体强健、文理明达者，先补习中等普通学二年，再升高等各实业学堂。优等师范学堂章程规定，选录入学公共科之学生，以在初级师范学堂及官立中学堂受有毕业凭照者为合格；其私立中学堂之毕业学生，必其所学学堂之学科程度，经本省学务处验明与官立中学堂相等者，始准考录入学。由于师范学堂系初办的新式学堂，生源奇缺是一大难题，所以章程中又有变通之法，允许招集学业与初级师范及中学相等者详加考验，准其一体入学。如果没有初级师范学堂及中学堂之毕业生可备选录，可以酌选学堂中的优等生入公共科学习。经过考试准其入学的学生，须由本生邀请确实为学堂所信重的正副保人，出具保结备案。如正副保人非学堂所信重者，不准作保①。

1911年辛亥革命之后，高等学校的招生考试制度经历了一个由单独招生到统一招生到多元化的过程，这段时期的高校招考制度受外界环境的影响较大。新式学堂经过一段时间的发展，为高等学校提供了较为充足的生源，预科也脱离了高教系统，归入中学层次。1933年以前，招生由各校自主，自主招生、自主命题。这使得高等教育畸形发展，为了纠正文理科比重的不平衡，教育部于1933年起实行计划招生，即采用"比例招生法"，要求设有文、实两类学院的大学，文科类学院所招新生数额，连同转学生在内，不得超过实科类学院新生数额。1935年，教育部参酌国家需要及前两年的招生实际情形，取消了"比例招生法"，代之以实际名额控制，规定大学语文科类学院招收新生，皆须以学系为单位。每一学系所招新生及转学生之数额不得超过三十名。1937年，抗战爆发，为适应战时需要，提高大学程度，教育部在中央大学、浙江大学和武汉大学三校试行"联合招生"。1938年正式施行国立各院校统一招生制度。教育部在武昌等十二地设立招生区，各招生区设招生委员会。这一年的招生，虽名曰统一招生，但事实上招生权分散在各招生区。教育部于1940年设立了统一招生委员会，这是近代以来首次施行实质性的全国高校统一招生制度。

在招考方式逐年调整的同时，取录办法亦有所改进。1932年，教育部制订了《中小学学生毕业会考暂行规程》，实行中小学学生毕业会考制度。高校也开始招收会考优秀保送免试生。实行高校统一招生后，教育部未改变这一规定。此外，各国立中学还可保送部分学业成绩优秀的中学毕业生免试入学。1938年规定，录取学生尽先依各该生第一志愿学校分发。如第一志愿学校满额时，依其第二志愿，余类推。如有志愿学校均额满时，由部指派学校。1940年教育部采用了分组标准制。第一组报考人数多而名额有限的法科，考分要求最高。第二、第三组招生名额多，报考学生少，适当降低考分要求。这一阶段，同等学力报考者受到进一步限制，教育部决定"私立大

① 杨学为：《中国考试通史（卷三）》，首都师范大学出版社，2008年，第460～498页。

学及独立学院自二十九年度起不准再招收同等学力学生”，公立大学招收同等学力者的数额被限于百分之五以下。1940 年，国民党六中全会教育决议案对同等学力报考者作了进一步限制。1941 年，抗战进入艰苦卓绝的相持阶段，各地交通更感困难，举行全国规模的统一招生考试已无可能。教育部于 1941 年取消了统一招生，改由各公立大学及独立学院自行招生。在环境压力下，除了保留招生名额控制权外，教育部不得不重新把招生权下放给各院校。1942 年，教育部为顾全学校及考生便利起见，由部划分考区，推出了考区内各公私立院校联合招生的措施。同年教育部统一招生委员会被撤销，全国被分成十个考区：重庆区、成都区、昆明区、贵阳区、西北区、粤桂区、浙赣区、福建区、湖南区、湖北区，每一区各指定一所公立大学为召集学校，举行联合招生的各区组织联合招生委员会，以召集学校校长为召集人。联合招生委员会负责招生考试的命题、考试安排和阅卷事项，学校按成绩自行录取新生。为便于院校招收其他考区的新生，教育部出台了“委托招生”办法，是年保送免试生名额重新增加为百分之十五。这样就基本上形成了单独招生、联合招生、委托招生、成绩审查和保送免试五种招生录取方式。直到 1949 年，高校招生一直采用这五种方式，没有较大改变①。

中国近代资产阶级学校考试制度的确立是在科举制被废除的前一年，以清政府颁布和施行《奏定各学堂考试章程》（又称癸卯学制）为标志。该章程以西方资本主义国家学校考试制度为蓝本，参照我国古代学校成法而拟定，规定了考试种类、考试成绩评定标准和采用百分制计分法等。在南京临时政府统治的短暂时期，学校考试制度取消了奖励科举出身，考试内容的质与量与旧式学堂相比，都有了重大飞跃。取消读经课，反对封建礼教，体现了资产阶级学校考试制度的性质。从此，教育同社会发展需要及人才培养基本衔接起来。癸卯学制在全国范围内的正式实行，标志着新式学校考试制度确立了起来。根据“癸卯学制”建立起来的考试制度，明显带有近代欧美和日本学校考试制度的痕迹，比如分科和招生考试科目的设置等。以大学堂为例，内设八类分科大学，有经学科、政法科、文学科、医科、格致科、农科、工科、商科等。招生考试科目有经史、政治、法律、中外文论、物理化学、算学比例、代数和浅近英文、日文等。

① 高耀明：《民国时期高校招生制度述略》，《高等师范教育研究》1997 年第 4 期。

在考试科目与考试内容方面，学校主办多层次的入学招生考试，分别有专门学校的预科和本科、大学的预科和本科、大学院的入学招生考试。由于招生的层次不同，入学考试的科目也不一样。例如报考大学本科的国文、英文、法文、德文、历史、法律、政治、经济学系的考试科目有国文、外国文、数学、历史、伦理学即逻辑学、地理。报考大学本科数学、物理、化学、地质、生物学系的考试科目有国文、英文、数学、物理及实习、化学及实习等。1919 年教育部公布各专门学校大学招生办法训令后，考试科目分别加上了程度说明。例如国文的程度，大学预科为解释文义、作文及句读，大学本科为略通中国学术及文章的流变。各科考试是由各学校自行命题的，题型单调，变化不大。在考试内容方面，大幅度增加了自然科学知识，社会科学命题的覆盖面涉及中国近现代政治、外交诸方面。在公开招生之前，各学校都要公布招生章则，昭示招生人数、投考资格、考试科目、时间及地点、报名须知和入学须知。

在考试形式与录取方式方面，与科举考试采取全国统考的形式不同，学校在招考方面采取的是自行主办多次入学招生考试的形式，即当第一次招生未满额时，再进行第二次入学招生考试，方法上比较灵活。各高等学校组织入学考试后，由学校考试委员会组织阅卷，根据考生的考试成绩择优录取。

综上可见，近代中国高校及其招考制度在学习西方和继承科举传统的双重条件下，在各种政权更迭的夹缝中，进行着艰难的选择，探索着适合中国国情的招考方式。

二、近代中国高校入学制度的利弊得失

近代中国高校入学制度的各种形式都成了日后高考制度发展的胚芽，无论是单独招生还是统一招生，无论是一次考试还是多次考试，都各自显示出了有利与不利的一面，为今天的高考改革提供了正反两方面的借鉴。

以讨论最多的单独招生为例。当时采行单独招生的方式是一种必然的选择，因为中国近代高等教育体系还未完全发育成熟，各高校性质、层次、质量和规模之间存在显著差异，既有政府创办并拨付经费的国立大学（包括省立、市立），也有私立大学和教会大学。在这种高校性质、层次、质量与规模差异显著的情况下，在高校办学主体多元化，甚至非国立大学占据主流的条件下，高校统一招生的条件还不具备，也没有成功的经验可以借鉴，只能是各学校自主招生。当时的教育部仅制定有关招生原则，进行协调。

自主招生的优势有三：第一，从公正的角度看，尽管这一时期高等学校招收的新生，大多数出身于地主、官僚、资产阶级家庭，其中有些还是大官僚大买办的子弟，但由于当时的入学考试制度是竞争考试，一些刻苦用功、成绩优异的清贫子弟，也能通过考试得以进入高等学府之门。

第二，从秩序的角度看，可以让学校的招生与教学更加具有灵活性。“每个学校可以根据自己学校的具体情况和自身特点，招收符合自己学校条件的学生。像早期清华大学这样的留美预备学校，要求较高的英语水平，其招生考试完全用英语命题，要求学生用英语答卷，这样招来的学生自然具有较高的英语水平。而对于那些办学水平不高的学校来说，自主招生可以降格要求，避免招不到学生的情况。”① “实行自主单独招考，在一定程度上满足了各级学校培养人才的实际需要。”②

第三，从人的发展的角度看，可以不拘一格录取一部分特长生，如数学考试分数极低的钱钟书被清华录取，常常被人津津乐道。

但自主招生也有其难以克服的弊端：第一，从公正的角度看，由于自主招生的考试权在各学校，因而由各学校自行公布招生简章、自行命题、自行组织考试、自行阅卷、自行制定录取标准并录取新生。由于各校命题的难易不同，监考、评分标准和阅卷及录取的宽严不一，这就不能保证考生在同等的条件下平等竞争，因而很难保证高等学校择优录取的质量，也因而制约了高校招生的效率。

第二，从秩序的角度看，完全采取高校单独招生使国家失去了利用高考这一杠杆，调节高校办学方针和统一规划高校发展布局，更好地贯彻国家教育宗旨等功能。学校招生数逐年减少且文科类的学生多，理工科类的学生少，文理科比例失调，这也不利于我国科学人才的培养和社会的进步。

第三，从人的发展的角度看，自主招生“命题方向与中学教育脱节，题型单调，不足以全面考查考生程度”③。而且“不利于学生对高校的多样选

---

① 张学强、彭慧丽：《民国时期高校自主招生考试探析——兼论对完善我国高校自主招生制度的启示》，《社会科学战线》2009 年第 5 期。

② 张亚群：《从单独招考到统一招考——民国时期高校招生考试变革的启示》，《中国教师》2005 年第 6 期。

③ 冯敏：《“五四”前后的教育改革与中国近代学校考试制度的建立和发展》，《民国档案》1999 年第 2 期。

择，加剧了学生报考的身心之苦"①。

这一时期的招生考试制度基本上体现了竞争考试与公开、公平和公正的原则。这一时期最突出的特点是，建立起了适应现代教育体系的现代考试制度，对各种入学形式进行了尝试，并且由于各种原因（主要是政局原因）而长期实行单独招生、联合招生、委托招生以及成绩审查、保送免试等多元入学形式。这和国家中长期教育发展规划纲要中提出的建立择优、自主、推荐、定向、破格五种招生录取方式何其相似！但实际上高考制度的历史发展轨迹并不是在分久必合、合久必分的闭合路径中循回，因为背景与目的是完全不同的。

第三节 高考制度的伦理评价

新中国成立以后，继续沿用近代高校招考制度，到 1952 年，全国统一高考制度建立起来，为新中国输送了大量急需的人才。然而还没等统考的弊端完全暴露，高考制度就遭遇了灾难，被迫中止 11 年。高考的中断造成了人才的断层，直到 1977 年恢复高考，人才选拔机制才又步入正轨。因此，1977 年恢复高考经常被盛赞。杨学为认为，"阿基米德说过一句话，给我一个支点，我就可以撬动地球。如果把改革开放、实现现代化比作'地球'的话，1977 年恢复高考就是撬动它的'支点'"②。但是好景不长，统考制度实行了一段时间后，暴露出了一些痼疾，尤其是 20 世纪 80 年代被指责为是中学应试教育的罪魁后，更加持续不断地受到猛烈的抨击。

人们从各个角度和层面对高考制度做出各自不同的评价。高考制度时常成为每年两会热议的话题，如 2008 年全国"两会"，王刚列举了高考制度不公平的五大危害；2009 年全国"两会"，朱清时针对文理分科的讨论，再次呼吁取消一考定终身的高考制度，认为"高考制度不改革，文理分科讨论也是白讨论"。2010 年，"北约"、"华约"、"卓越联盟"三大自主招生联盟相

① 刘清华：《民国时期高校招生考试与学校教育的关系》，《宁波大学学报》（教育科学版）2004 年 10 月第 26 卷第 5 期。

② 杨学为：《"三进二出"教育部》，教育部考试中心：《难忘 1977：恢复高考的历史实录》，天津人民出版社，2007 年，第 69 页。

继成立，然而，这种新模式自诞生之日起，就遭受“小高考”、“掐尖儿”、“抢生源”的质疑。在2011年两会上，贺优琳指出，在中国的人才培养过程中，缺少的是专才、怪才、偏才。高校如果真正想挑选到偏才、怪才，就应该是在高考结束后再进行挑选，自主招生的着眼点应该是抓高考的漏网之鱼，抓到这些偏才、怪才。2012年，异地高考成为两会上热议的教育问题，李建保认为，在制度设计上，应在异地高考和防止高考移民之间找到一个平衡点。话题背景随着时代的发展，由高考制度带来的高分低能现象，成为制约创新型人才培养的瓶颈。高考英语科目的考试改革、取消文理分科等问题成为两会的热议问题，如钟秉林认为，取消文理分科为创新。要让学生有创新意识，要养成高素质，除了知识结构能力培养外，更重要的是思维方式的训练。学习文科，是训练人的形象思维能力，学习理科则是训练人的抽象思维能力。只有把两种思维能力结合起来，才能更好地创新。

对高考的不满和憎恶与对高考的极尽溢美之词都大量存在于非理性的情绪化文学性作品中，而即使是在学术性期刊中，来自教育学、历史学、社会学等领域的专家对高考也是褒贬不一，有的争论还比较激烈。如赵汀阳认为现行高考制度是个人人皆输的游戏。“这似乎是个‘人人皆输’的离奇游戏，其中的所有参与方，从国家政府到老师和学生还有家长，全都苦不堪言，全都在受害。而尤其令人悲哀的是，我们现在似乎缺乏智慧或没有能力真正改变这个状况。”张路雄认为，“在高考的指挥棒下，中国的基础教育已经被扭曲为一种被称之为‘应试教育’的怪物。选拔性考试制度在市场经济条件下，与市场经济的竞争本性相结合，会把其竞争性推向极端。过度的竞争性本身就是畸形的，在这种指挥棒下，也肯定会产生出许多畸形的行为和制度。这就是高考制度问题的根本所在”①。

言辞的激烈有时会是一件好事，有利于引发人们的关注和思考，并不断地掀起学界对高考利害的讨论，从而向社会有机体发出一个要求改良的信号。就对高考的论争而言，如果以对统一高考制度基本持肯定态度为正方，对统一高考制度基本持否定态度为反方，那么总的来说正方是通过两种方式回应反方的。第一种方式是认为反方说法对高考的某些指斥其实并不是或并

① 张路雄：《困境与出路：现代化市场化进程中的中国教育体制》，《社会科学论坛》2006年第8期。

不只是高考所致，如针对“一试定终身”的说法，刘海峰撰文予以驳斥，认为高考并非“一试定终身”，对人的终身命运起关键作用的是考生的素质和实力以及主观努力与选择①。再如郑若玲认为高考是在“替人受过”，并为高考洗刷了两桩冤案，一是澄清了高考并不是“应试教育”的罪魁祸首，二是阐明了高考并不是泯灭人才、窒息创新精神的“民族大敌”。反方将高考比科举，必欲除之而后快。郑若玲首先指明高考和科举不是一回事，而即使是一回事，科举制也不是泯灭人聪明才智之根源②。又如刘海峰、瞿葆奎、熊川武都认为不能将中国内地“零诺贝尔奖”的主要原因归之于教育③。

第二种方式是也承认反方对统一高考弊端的数落有理，但认为废除高考有历史的深刻教训，目前还不合时宜。有学者认为，“在不可能做到绝对公平的情况下，教育政策的选择要倾向于实现多数人利益的公平”。“统一高考不能达到理想的公平，然而在没有其他更公平且能够操作的制度可以取代它时，高考便是最可行的相对公平的制度”④。有学者对取消统考表示了担忧，认为这项“作为将人类社会长期艰难追求的公正原则制度化到社会中的一项教育活动，曾经给社会带来过公平公正、文明与希望的制度，有再次被颠覆的危险。”⑤ 有学者认为在尚找不到一种比现行高考制度更好的制度之前，轻率取消高考制度是有深刻历史教训的。也有学者对反方提出的改革方案或改良方案加以分析，认为中国的历史文化传统和现状使得这些方案显得水土不服或为时尚早，认为“如果高度重视甚至过度重视教育的文化传统没有改变，如果重人情与关系的社会氛围没有变，如果诚信体系没有建立起来，即使将高考送进坟墓，不久后也还得将它重新请出来”⑥。

---

① 刘海峰：《高考并非“一试定终身”》，《高等教育研究》1997 年第 5 期，第 55～59 页。

② 郑若玲：《科举、高考与社会之关系研究》，华中师范大学出版社，2007 年，第 253～272 页。

③ 刘海峰：《高考制度与诺贝尔奖》，《湖北招生考试》2004 年第 20 期，第 1 页；瞿葆奎、熊川武：《论解读教育——兼论导致我国大陆“零诺贝尔奖”的主要原因不在教育》，《北京大学教育评论》2003 年第 1 期，第 13～17 页。

④ 左春明：《理性审批：教育公平与效率》，《中国教育报》2002 年 12 月 6 日。

⑤ 王长乐：《从公正到功利：高考意义为什么变化》，《教育理论与实践》2008 年第 4 期，第 28 页。

⑥ 刘海峰：《高考并非万恶之源》，《北京文学（精彩阅读）》2006 年第 1 期。

总的来说，正反两方的激烈交锋对我们正确认识统考制度的利与弊、优势与不足是很有帮助的。下面将人们对高考制度的评价分两个方面予以详述。

一、对统一考试制度的评价

对统一考试制度的评价多集中在统考的存废之争及高考与素质教育的关系这两个问题上。总的来看，赞成统一考试者会认为统一考试制度合理，反对者则主张废弃；持高考制度利于素质教育的观点者会认为现行高考制度合理，反对者则认为需要变革。

（一）统考的存与废

主张坚持统一高考的学者观点如下：

一是认为统一高考好处多多，如统一考试公平、公正、公开，可比性强，具有规模效益，节省人力、财力、物力，在维护多民族国家的统一和社会安定团结方面也发挥着重要作用①。恢复高考重新树立起了尊重知识的价值观念和游戏规则，高考制度本身就是推动知识更新的助力器②。二是存与废相比，认为废除考试制必然带来更大的弊病③，轻言废弃乃至轻率废弃高考，可能会造成比现有弊端严重得多的问题④。三是认为统考与其他入学形式相比，高考较之于高校单独招考或推荐入学，更能有效减少社会不良风气的人为干扰，维护人才选拔的公正性与权威性⑤；如果说高考不改革将教无宁日、学无宁日，那么改得不好，就将是国无宁日的问题⑥。

还有学者虽然对高考之恶的分析鞭辟入里，但又看到了它强大的政治功能和社会功能，而认为只有无可奈何地接受之。因为高考的最终受益者是国

---

① 刘海峰：《为什么要坚持统一高考》，《上海高教研究》1997年第5期，第44～46页。

② 段钢：《秩序的维护与知识权力的演变——纪念恢复高考制度30年》，《上海青年管理干部学院学报》2007年第3期，第32～34页。

③ 雷颐：《教育与社会》，《中国教师》2004年第2期，第5～8页。

④ 郑若玲、杨旭东：《高考改革：历史与现实的思考》，《厦门大学学报》（哲学社会科学版）2003年第1期，第108～114页。

⑤ 张亚群：《理性认识高考负面影响》，《粤海风》2003年第2期，第35～39页。

⑥ 顾卫临：《高考：还有更好的路可走吗?》，《瞭望》1997年第20期，第40～41页。

家，它是国家智力安全的维护者，因而就有了存在和发展乃至强壮的理由，有了被趋之若鹜的资本。作为现阶段符合人才选拔的比较公平的手段，它符合公众的心理需要和现实追求，人们自然地选择它①。

主张废除统一高考的学者观点如下：

有学者痛斥了统一高考下的语文试卷之弊，认为要改变高考命题的混乱，应从改革束缚着试题的高考体制出发，“当前最为迫切的任务就是及早废除全国性统一的高考体制，让高考从全国的大一统的镣铐中解放出来”②。他们把语文考卷质量的低劣归之于统一高考。但实际上，就语文考卷而言，自主命题也并不比统一命题更令人满意。比如一网友评 2007 高考作文题是“在黔驴技穷之中走投无路”，认为北京卷肢解“细雨湿衣看不见，闲花落地听无声”这样的名句，出了一道应该考文学系大学生的美学题目；全国卷看图作文看似返璞归真，实则是技穷无奈的“轮回”；大多数自主命题依然延续着屡教不改的“读者”体命题思路以及附庸风雅式的语言要求。可见命题之弊是否导源于统一高考之弊有待商榷。

有学者认为统一高考是计划经济式的高考制度，现行高考制度已经成为市场发展的障碍，违背公平、公开、公正原则，应该被废止③。

有学者通过对比所谓中美高考，认为我们的社会、我们的考试文化，仍在为落后的“八股”、没落的高考推波助澜、摇旗呐喊④。

（二）高考与素质教育的关系

很多人之所以认为高考是素质教育的障碍，一个重要原因是认为高考影响了学生的创新思维，认为在统一考试制度之下，求异思维会受到一定的影响。对此，学者们指出，高考将优秀人才选拔出来，输送到高水平的大学接受教育，为他们进行创造性的研究提供了途径。而且高考至少可以提高考生如下几方面的素质：一是以考促学，提高学生的文化素质；二是提高考生的

---

① 张东骄：《最后的图腾——中国高中教育价值取向与学校特色发展研究》，教育科学出版社，2005 年，第 179 页。

② 孙绍振：《废除全国统一高考体制》，《艺术·生活》1998 年第 6 期，第 8～13 页。

③ 顾海兵：《中国高考制度批判：计划经济式的考试可以休矣》，《中国改革》2001 年第 10 期，第 12～14 页。

④ 黄全愈：《“高考”在美国：旅美教育学专家眼里的中美“高考”》，广西师范大学出版社，2003 年，第 156 页。

学习能力；三是提高考生的心理素质；四是对学生的品德也是一次教育的契机[①]。相似的观点认为，素质教育与高考制度并不是绝对对立的，高考只是个“显性的枪靶”，是“替人受过”[②]。也有学者通过对高中 103 个学生的道德品质与高考成绩相关性的实证研究发现，反映整体概率的学生高考入学成绩与其道德品质之间呈现正相关的关系，证明如今的高考入学制度既是合理的也是可行的。当然这项研究的预设是，有什么样的道德品质（知、情、意）就有什么样的道德行为[③]。

相反的观点认为现行高考已成为素质教育倡而不行、推而不动的最大障碍，因而必须改革[④]。有论者认为，一个好的高考录取制度，能够保证基础教育阶段按照素质教育的要求放开手脚地搞教改；而一个不以学生发展为本、机械僵化的高考录取制度，只会捆住高中教育的手脚，严重阻碍素质教育的实施。课程改革为全面推进素质教育搭建了很好的平台，但是高考录取制度改革没有及时跟进，因而妨碍了新课改的推行，所以应尽快建立与新课程理念相适应的高考录取制度[⑤]。更有学者认为中国的高考已是一个荒谬的制度，不仅是选拔方式上的荒谬，而且是人才本身的荒谬。他们认为在应试教育的指引下，中国的孩子从幼儿园开始，就被改造为一架考试机器，可以缺乏个性、可以性格幽闭、可以知识狭窄、可以口是心非、可以没有公益精神、可以拔一毛利天下而不为，但只要学会一样本领——应试，便一好百好，一俊遮百丑。这种损害国家未来利益，却能保障底层精英可以通过个人努力向上流动的高考制度已成为让人哭笑不得的怪物[⑥]。

① 刘海峰：《素质教育与高考改革》，《校长阅刊》2007 年 Z1 期，第 23～24 页。

② 覃红霞：《高考不是素质教育的对立物》，《学习月刊》2007 年第 9 期，第 24～25 页；郑若玲：《高考与应试教育、素质教育关系新论》，《教育发展研究》2007 年 7-8A 期，第 14～17 页。

③ 萧成勇、朱引芳：《学生高考成绩与道德品质相关性问题研究》，《教育科学研究》2005 年第 3 期，第 41～44 页。

④ 胡敏慧、梁其健：《现行高考是推行素质教育的最大障碍——兼论高考制度改革》，《湖北招生考试》2006 年第 12 期，第 33～36 页。

⑤ 李希贵：《高考录取制度关乎高中素质教育的成败》，《中国教育学刊》2005 年第 10 期，第 8～9 页。

⑥ 许纪霖：《高考制度——迫不得已的荒谬》，《中国新闻周刊》2005 年 7 月 25 日，第 65 页。

二、对招生录取制度的评价

招生录取制度和考试制度是互相制约的，统一考试制度显然越来越难以满足高校和考生多元化的需求，“这种考查是不全面的。而高校需要的是德智体美劳全面发展的学生，这种学生很难通过现有的高考方式选拔出来。另外，也不能排除的确有部分考生因为身体、情绪、临场发挥等方面的原因，未能考出其实际水平，而‘一考定终身’的做法无法为他们提供弥补的机会。因此，必须增加高校录取的依据”①。如果说20世纪90年代是热火朝天的高考内容与形式改革的时代的话，那么，21世纪的前10年，则是高校招生录取制度如火如荼地进行改革的时代。显而易见，改革的诱因来自人们对招生录取制度的评价，下面对当前的几种招生录取方式及其评价作一简单述评。

（一）高考加分问题

普通高校招生加分的相关制度按照加分的形式可分为显性加分和隐性加分。刚性的加分属于显性加分，一般加分幅度在20分以内；降分录取和优先录取的形式都属于隐性加分。如1987年颁布的《普通高等学校招生暂行条例》中，第三十五条到四十条都是关于优先录取的规定，这种形式的降分录取实际上和高考加分本质上是一样的，通过降低分数优先录取的对象也是以后高考加分政策中加分对象的主体。以2001年为界，在这以前，高考加分的形式都是隐性加分，在这以后，高考加分的形式是显性加分和隐性加分并用。

按照加分对象划分可分为鼓励性加分和照顾性加分两类。鼓励性加分，是指考生通过自身的努力，取得了某些方面的成就，由此获得一些加分的机会；照顾性加分，是指考生的自然属性和国家相关照顾政策下的加分，如民族政策所产生的加分。

按照加分主体划分可分为国家加分、地方加分和高校加分三类。在这三类加分主体的具体加分行为中，可体现出显性加分和隐性加分、鼓励性加分和照顾性加分的种类和权重。以2009年的高考加分政策为例，我们可以分别列举当年教育部加分政策、福建省加分政策、北京大学加分政策加以

① 赵炎秋：《回到原点：对高考制度改革的几点思考》，《中国考试》2009年第1期。

分析。

教育部出台的2009年高考加分政策，有“增加20分投档”、“增加10分投档”和“优先录取”3种加分形式。

增加20分投档的应届高级中等教育学校毕业考生有下面几类：

(1) 高级中等教育阶段思想品德方面有突出事迹受到省级及以上党委、政府表彰者；

(2) 高级中等教育阶段获得全国中学生学科奥林匹克竞赛省赛区一等奖或全国决赛一、二、三等奖的考生；

(3) 高级中等教育阶段获得全国青少年科技创新大赛（含全国青少年生物和环境科学实践活动）、“明天小小科学家”奖励活动及全国中小学电脑制作活动一、二等奖获得者；

(4) 高级中等教育阶段在国际科学与工程大奖赛或国际环境科研项目奥林匹克竞赛中获奖者；

(5) 高级中等教育阶段获得国家一级运动员称号的考生和参加重大国际体育比赛、全国运动会、全国中学生运动会、世界中学生体育比赛选拔赛获前六名以及参加上述比赛获得国家二级运动员称号的考生均须经由省教育考试院组织的全省统一认定。

增加10分投档的考生包括少数民族考生、归侨及归侨子女、华侨子女、台湾籍考生以及烈士子女。

优先录取的考生包括退出部队现役的考生，残疾军人、因公牺牲军人的子女、一级至四级残疾军人的子女，驻边疆国境的县（市）、沙漠区、国家确定的边远地区中的三类地区和军队确定的特、一、二类岛屿部队现役军人的子女以及残疾人民警察、因公牺牲人民警察的子女、一级至四级残疾人民警察的子女，这类考生在与其他考生同等条件下享受优先录取。

2009年的教育部加分政策还对退役军人的加分投档作了明确规定：自谋职业的退役军人，可以在其统考成绩总分的基础上加10分投档；在服役期间荣立二等功（含）以上或被大军区（含）以上单位授予荣誉称号的退役军人，可以在其统考成绩总分的基础上加20分投档。

福建省2009年的加分政策与往年相同，根据适用范围的不同，主要分为两类，一类是适用于全部招生院校的照顾政策，另一类是适用于本省高校的照顾政策。

适用于全部招生院校的，可享受20分加分优惠的有九类：

（1）应届高级中等教育学校毕业考生，高级中等教育阶段获得省级优秀学生称号者；

（2）应届高级中等教育学校毕业考生，高级中等教育阶段获得全国中学生学科奥林匹克竞赛省赛区一等奖或全国决赛一、二、三等奖者；

（3）应届高级中等教育学校毕业考生，高级中等教育阶段获得全国青少年科技创新大赛（含全国青少年生物和环境科学实践活动）或“明天小小科学家”奖励活动或全国中小学电脑制作活动一、二等奖者；

（4）应届高级中等教育学校毕业考生，高级中等教育阶段在国际科学与工程大奖赛或国际环境科研项目奥林匹克竞赛中获奖者；

（5）应届高级中等教育学校毕业考生，高级中等教育阶段参加重大国际体育比赛或全国性体育比赛取得前 6 名者（须出具参加比赛的原始成绩）；

（6）宁德市、罗源县、连江县、福州市晋安区的北峰山区（日溪乡、宦溪镇）、漳浦县湖西乡、赤岭乡，龙海市隆教乡，永安市青水乡，上杭县官庄乡、庐丰乡，宁化县治平乡的畲族考生；晋江市陈埭镇、惠安县百崎乡的回族考生；华安县高山族聚居点的高山族考生；生活在高山（享受高山补贴）、海岛（无桥梁、海堤与大陆相连）的少数民族考生；

（7）归侨、华侨子女、归侨子女和台湾省（含金门、马祖）籍考生（并可在同等条件下优先录取）；

（8）烈士子女；

（9）在服役期间荣立二等功（含）以上或被大军区（含）以上单位授予荣誉称号的退役军人。

适用于全部招生院校的，自谋职业的退役士兵可享受加 10 分的优惠。

适用于全部招生院校的，享受同等条件下优先录取的考生有四类：

（1）应届高级中等教育学校毕业考生，高级中等教育阶段获国家二级运动员（含）以上称号者；

（2）退出部队现役的考生；

（3）残疾军人、因公牺牲军人子女、一级至四级残疾军人的子女、驻边疆国境的县（市）、沙漠区、国家确定的边远地区中的三类地区和军队确定的特、一、二类岛屿部队现役军人的子女、残疾人民警察、因公牺牲人民警察子女、一级至四级残疾人民警察子女；

（4）散居在汉族地区的少数民族考生。

仅适用于在闽高校的，享受加 5 分优惠的考生有两类：

（1）应届高级中等教育学校毕业考生，高级中等教育阶段参加教育行政部门（含与其他部门联合）举办的正式文艺比赛（限声乐、器乐、舞蹈三项），获省级以上（含省级）个人前三名者（报考音乐类专业的不照顾）；

（2）应届高级中等教育学校毕业生，高级中等教育阶段参加省级（省人民政府、教育厅或教育厅与其他部门联合组织的）以上举办的省运会、中学生运动会及单项正式竞赛获个人前六名或集体前三名的主力队员（须出具参加比赛的原始成绩，报考体育类专业的不照顾）。上述可享受照顾的竞赛项目界定为田径、举重、武术、游泳、体操、健美操、篮球、排球（含软排球、沙滩排球）、足球、羽毛球、乒乓球等11项。

仅适用于在闽高校的，享受同等条件下优先录取优惠的有三类：

（1）应届高级中等教育学校毕业考生，高级中等教育阶段受省级以上表彰的优秀学生干部和三好学生；

（2）中级以上职称，累计在乡（镇）以下卫生院工作10年以上的卫技人员子女中，报考我省省属医学院校的考生；

（3）本科提前批或专科提前批录取，第一轮投档时，第一志愿报考师范类专业（含体育、音乐、美术类教育专业）的各类国民教育系列（不含党校、军队院校）的经县以上教育行政部门批准的进行学历教育的学校（含学前教育）的教师（含学校在册在编的管理干部）子女和省优秀教育世家的教师子女及在县以下（不含城关）中学、小学、中职学校、幼儿园、乡镇文技校工作15年以上，现仍在农村的专职教职员工（含在农村离退休的公办教职员工和民办教师）的子女。

北京大学2009年本科招生章程中关于高考加分考生的规定有两条：

第十四条 对下列有加分投档情形之一的应届高中毕业生，可在同等条件下优先录取。但同一考生如符合多项增加分数条件，只取其中最高一项分值，且增加分数不得超过20分。

（1）省级优秀学生、省级优秀学生干部，省级三好学生；

（2）高中阶段思想政治品德方面有突出事迹者；

（3）高中阶段获得全国青少年科技创新大赛一、二等奖者或全国中学生学科奥林匹克竞赛省级赛区一等奖以上者；

（4）高中阶段参加重大国际体育比赛或全国性体育比赛取得前六名的考生；高中阶段获国家二级运动员（含）以上称号并经省级招生委员会在报考当年组织测试、认定的考生。

如果省级招生主管部门对符合上述条件的考生未有加分政策，北京大学不主动给予加分。

第十五条 有下列情形之一的降分投档考生，在分数相同情况下优先录取，但降低分数不得超过 20 分。

(1) 边疆、山区、牧区、少数民族聚居地区的少数民族考生；

(2) 归侨、华侨子女、归侨子女和台湾省籍考生；

(3) 服役期间荣立二等功以上的退役军人；

(4) 烈士子女。

如果省级招生主管部门对符合上述条件考生未有降分政策，北京大学不主动给予降分。

从以上可以看出，国家主体的加分政策起着主导的作用，各省会根据本省的具体情况制定更加详细的加分政策，虽然是否对加分考生予以录取的决定权掌握在高校手中，但除个别高校有限承认加分对象外，一般都会在原则上认可考生所在地省级招生委员会制订的有关加（降）分政策，因此真正的加分主体在于国家和各省市。

高考加分中的照顾性加分充分体现了高考作为一项政治制度在国家治理中表现出的福利性质，通常能为民众所接受。而高考加分中的奖励性加分则受到诸多非议。有论者认为加分政策是在又一次强化起点的不公平，城乡考生、东西部考生由于享有的教育资源不同并没有平等的加分机会。有论者认为加分的过程不公平，在一些地方已完全异化为权势家庭的“寻租”。“近年来，高考加分制度在许多地区沦为腐败的通道，且各种舞弊、造假、有违公平的个案被一一曝光，这一制度有如过街老鼠，到了人人喊打的程度。”极端者甚至认为应该取消高考加分，“裸考”成为 2009 年的流行词。有论者认为加分幅度过大，高考是“一分压千人”，在这种近乎残酷的竞争中，能穿上一件“加分”马甲，与每一分都要靠自己去搏的“裸考”学生相比，具有更大的胜出机会。有论者认为，高考加分的名目太多，尤其应该规范各省制定的高考加分政策，甚至主张“取缔因某个地区、部门或特殊时期的需要而制定的高考加分政策，如以优秀专家与博士子女、高校教职工子女、农村独生子女等为对象的加分政策”①。他们认为高考加分不应成为可以随意馈赠的礼物。有论者认为，高考加分背离了素质教育，将其异化成为一种“加分教育”，“在各类高考招生中通过竞赛性测试获奖加分的学生，除了极少数是

① 罗立祝：《高考加分政策的历史演变与反思》，《考试研究》2008 年第 3 期。

因为学科成绩优异，出于对学科非常感兴趣，依靠自己的天赋和后天努力获奖之外；大多数主要是通过各类课补班、培训班‘恶补’获奖，目的就是为了在高考招生中享受加分政策"[①]。2015 年，根据教育部、国家民委、公安部等 5 部委出台的《关于进一步减少和规范高考加分项目和分值的意见》，北京、天津、湖北、浙江等多个省市出台了 2015 年高考招生政策及照顾加分政策。多数省份依政策取消了若干全国性加分项目和地方性加分项目，加分分值从以往的最高 20 分大幅降至 5 分。

（二）保送生问题

保送生制度是指符合保送条件的考生经所在中学推荐，免予参加全国高等学校统一入学考试，经高等学校考核同意而直接进入高等学校学习的制度。我国的保送生制度大致经历了三个阶段。第一个阶段是政治标准时期，第二阶段是能力标准时期，第三阶段是规范化时期。保送生制度随着统一的高考制度的确立而确立，在 20 世纪 50 年代曾发挥了重要的作用。保送生制度是从高校招生规定的从宽录取或优先录取中演化而来的，如从 1953 年起，全国高等学校对工农速成中学毕业生采取优先录取的方针，并第一次录取工农速成中学毕业生 1500 余人。同年起，工农速成中学还有计划有步骤地附设于各类高等学校（后规定以附设综合大学、师范院校为宜），作为高等学校预备学校，学生毕业后，一般即直接升入本校高等学校继续深造。1957 年高教部、教育部又联合发出通知，同意清华大学、北京工业学院、北京铁道学院关于附设工农速成中学的优秀毕业生可以免试直接升入本校学习的意见。并提出，其他附设有工农速成中学的高等学校，亦可仿照办理。1958 年，教育部又提出：为了更好地贯彻阶级路线，保证新生的政治质量，对于工农速成中学毕业生，经审查认为符合条件的，可采取保送入学的办法。对工人、农民、工农干部和参加革命工作较久的老干部，经审查认为符合条件的，也可以采取保送入学的办法。

1977 年恢复高考后，为了全面贯彻教育方针和因材施教原则，弥补考试的不足，教育部授权部分高等学校，从 1985 年起试招保送生。其录取办法是，由中学决定哪些人入选保送生，在考生自愿、班主任和任课教师推荐的基础上，由中学根据长期考核，确定保送名单并张榜公布。是否录取由试

---

① 冯菊香、郝琦：《高考加分政策对西部教育发展的负效应》，《探索与争鸣》2009 年第 8 期。

点大学决定。大学在中学确定保送名单后，可依据中学的考核结果，也可再进行必要的考核（如单独考试或面试等），以决定是否录取。这个阶段也是高等学校保送入学制度化的开始，确定了北京大学、清华大学、中国科技大学等 52 所学校为招收保送生的普通高等学校，并对招收保送生的目的及要求、保送生的条件、学校和比例、权利和职责、工作程序、严肃纪律杜绝不正之风等六个方面做出了具体规定。保送生制度的初衷是好的，而且试行初期也运行良好，有论者认为，“录取少数保送生，有利于高等学校选拔德智体全面发展的拔尖人才，有利于中学全面贯彻党的教育方针，有利于学生能力的培养，收到了良好的效果”①。

保送生制度实行一段时间后，出现了利益相关者利用制度上的缺陷操纵保送生制度以谋私利的现象，如中学为了提高升学率，采取“荐良不荐优”的方式向高校推荐保送生，学生家长利用职权揽取稀少的保送生名额，由于“人为因素的干扰，致使操作环节严重失范，保送生制度也被‘异化’为滋生腐败的‘温床’”②。2000 年隆回一中保送生舞弊的问题曝光，震惊全国，再一次将保送制度推到了风口浪尖上。2001 年，教育部对保送生政策进行了重大调整，一是压缩规模、严格标准、严格管理，取消指标分配，变数量控制为质量控制，将保送生人数从 25000 人削减为 5000 人。二是明确规定了四类普通高中应届毕业生才有保送资格（这四类学生分别为：省级优秀学生；高中阶段全国中学生学科奥林匹克竞赛省赛区一等奖和全国决赛一、二、三等奖获奖者；北京大学、清华大学、北京师范大学、华东师范大学附中的“三年制高中理科班”优秀毕业生；天津、长春、济南、南京、武汉、重庆、郑州、太原、成都、深圳、上海等地外语中学的优秀毕业生。此外，《普通公安院校招收公安英烈子女保送生暂行规定》将继续执行）。三是在互联网上公示保送生名单，接受社会监督。四是增加高校对保送生进行文化测试及相关的考核环节。2001 年以后保送条件虽然有所增加，但都更趋于“刚性”，保送生制度进入了规范化的阶段。2007 年，教育部又要求高校必须对拟录取的保送生进行文化测试及相关考核，以确保保送生生源质量。但近年来，为获取加分资格或身份而弄虚作假、违法乱纪的现象时有发生。

① 谢青、汤德用：《中国考试制度史》，黄山书社，1995 年，第 836 页。

② 郑若玲：《保送生制度：异化与革新》，《湖北招生考试》2003 年第 4 期。

2010 年，教育部再次对高考政策做出调整，明确规定了八类考生具有保送资格。2014 年，根据五部委《关于调整部分高考加分项目和进一步加强管理工作的通知》和教育部《关于做好 2013 年普通高等学校招收保送生工作的通知》，具备保送资格的学生由以往的八类缩减至五类，保送生名额也大幅缩减。

（三）自主招生问题

对“一考定终身”的不满催生了又一种“不拘一格招人才”的形式——高校自主招生。但这种以面试为主的招生形式遭遇了来自信度、效度和公平性等方面的责问，目前也只是在摸着石头过河。自主招生虽然和保送生一样都是统一考试的补充形式，但是两者是有区别的，不能相互取代。

首先，保送生和自主招生最主要的区别在于申请条件不同。比较而言，保送生的申请条件要严格一些，是由教育部统一规定的；而自主招生的申请条件由各高校确定，相对宽泛一点，品学兼优、综合素质优秀、特长突出的学生都可以得到申请机会。

其次，从优惠条件上看，对于一些省市的考生来讲，保送生可以不参加高考而直接被高校录取（也有部分省份要求保送生参加高考）。获得自主招生资格的考生必须参加高考才有可能被高校录取，录取时一般可享受降低 20～30 分提档的优惠政策。

此外，还有对高考管理制度的评价。对于高考违规现象的研究主要集中在高考舞弊问题上。从高考管理制度上说，有人认为是监考制度不完善——发现不了考试舞弊者；有人认为是惩罚制度太软——阻吓不了考试舞弊者；还有论者认为是默许让考生的考试结果与其利益直接有关的人或机构充当主考者，组织实施考试，结果这些主考者为了自己的利益，就会有意授意监考者放纵考场舞弊。比如，当一个地区的高考升学率成为评价这个地区的教育机构的业绩时，这个地区的主考者即教育机构就不会有严把监考关的积极性。高考管理问题既涉及制度问题，如监考制度、惩罚制度不完善，也涉及个人的私德问题，如考生诚信、考官不徇私情。舞弊现象的屡禁不止、越演越烈或规模化会向我们发出一个信号，那就是制度本身越来越脱离它本身的初衷，或者说严重异化了。科举制度由选才为主发展到防奸为主最后走向灭亡的例子就是对我们的一个警示。

本章小结

对制度的伦理评价是对制度的好与坏、利与害、损与益的价值判断。对高考制度的评价多是一种伦理评价，主要涉及制度与人的关系，制度对人的需要的满足是制度伦理评价的主要依据。高考制度与古代的科举制度有很多的形似之处，并且承袭了清末民初的大学招生考试制度，对高考制度的评价也深受这种历史继承性的影响。

在科举社会时代，科举制度几乎是唯一的社会阶层升迁的通道，科举评价多是正面的，科举制度的公正受到人们的普遍认可。高考评价的影响受废科举前后的科举评价影响最深。受简单化线性思维模式的影响，科举制常常会成为替罪羊，似乎一切都是科举的错。每一次反传统的社会思潮袭过，都会把被视为丑恶传统化身的科举制狠狠地批判一番。事实上，很多事情之间都存在着多因多果，或者互为因果的复杂联系，而且因果关系也有表层因果关系和深层因果关系之分，不能简单化地以一因多（恶）果的批判方式将科举制绑上制度道德的十字架。在科举废后一百年，重新评价科举制具有重要的现实意义。

近代中国高校招生考试制度是随着现代意义上的大学的建立而发展起来的。在新旧教育之间，在时局动荡之际，近代中国高校招生考试承前启后，逐渐探索着适合本土的方式。民国时期的单独招生考试为后来的招生录取制度改革提供了可资借鉴的经验。

统一高考具有很多优势，但实行的时间久了，也会暴露出许多弊端，并引起了激进派要求废除的呼声；改良派认为统一高考还需保留，但要对其内容与形式进行改革，使其有利于素质教育；要对高考的招生录取方式进行改革，扩大高等学校的招生自主权，使其更有利于高校选拔人才。

第五章　高考制度的伦理评价：反思与重构

伦理以善为主题。制度之善是动态的，彼时的善未必在此时仍善，彼地的善未必在此地仍善，因此对高考制度的伦理评价要秉持历史主义的态度；另一方面，制度的伦理评价是指向实践的，制度的价值理想虽有些乌托邦的色彩，体现出人们对制度的某种美好期待，但制度价值的可行性要受到各种外在因素的制约，高考制度价值是否可行是制度伦理评价的合理性依据之一。

伦理评价是关于人与人之间利益关系的判断与认识，这是因为，伦理评价是指向利益价值的价值评价，而一般的评价不直接指向利益评价。如做出“这里的风景真美”这样的审美评价，一方面可以说是主体对客体的属性表示赞赏和肯定，另一方面也可以体现主体的审美情趣和修养。但“风景”作为客体并不具有利益关系的属性，主体对客体的判定也不用“利”、“害”等价值谓语来表达。而伦理评价直接指向利益价值，判定利益价值取向的好与坏、损与益等。高考制度是一项涉及广泛利益相关者的社会制度，因而人们总是从切身利益出发对高考做出价值判断，这也正是高考评价总是众声喧哗、各说各理的原因所在。对于高考制度是否公正这样的价值判断，评价主体不同，选择的评价方式也就不同，评价标准不同，所呈现的评价结果也就不同，因而不能做出简单的非此即彼的判断。

对于高考制度“恶”这样的伦理判断，需要加以区别对待，有一种高考制度恶是不可避免的，因为这是制度妥协的必然代价；还有一种制度恶是制度缺失造成的，制度缺失为高考舞弊提供了土壤，严重地危害了高考的制度公正，这种制度恶必须予以杜绝。

第一节　制度伦理评价的合理性

判断某项社会制度的伦理评价是否合理，要依据两个标准。首先是历史主义的标准。因为制度是历史的，是不断演进的，因此无论是时人对当时制度的评价还是时人对旧制度的评价，都应该考虑到制度的时代性和地方性，悬置历史条件的真空式评价是没有意义的，当然也是不合理的。其次是现实可行性的标准。对制度的伦理评价往往是对制度的某种价值取向进行评价，这样就容易混淆对制度的价值期待与制度的价值呈现之间的关系。如果人们对制度的某种价值期待不具有现实可行性，那么说明这种价值是该制度在现实的条件下较难呈现的价值。因此，当制度还不具备实现人们的某种价值期待的条件时，以此判断制度不善就是不合理的。

一、制度伦理的历史主义

历史主义是一个聚讼纷纭的概念。美国学者德怀特·李和罗伯特·贝克总结了历史主义的五种含义，认为“历史主义是一种评价事物的哲学信念；是一种立足历史来理解或评价人类当下处境及问题的反实证主义和反自然主义观点”①。高兆明认为，“判断制度‘善’的历史主义态度有两个基本方面：一是时间性，这是关于制度‘善’判断中的时代性与时代精神的方面；一是空间性，这是关于制度‘善’判断中的地方性或民族性的方面。对于制度‘善’的判断，不仅应当有时代性，还应当有民族性或地方性，应当是时代性与民族性或地方性的统一”②。本书认为，制度伦理是制度与时间、空间之间的三维建构，制度伦理的历史主义是制度伦理评价的一种合理性哲学信念，是立足历史评价当下制度以及将历史制度放在历史中进行评价的态度，制度伦理的历史主义评价的两个要素是时间性和空间性。

以科举制度的公正性为例，用现代社会价值中的公平标准去衡量科举制度的公正性显然是不合理的。由于制度公正的理论在古代社会并没有发展成完善的体系，较难有一个衡量的标准，而用现代社会的制度公正理论作为一

① 德怀特·李、罗伯特·贝克：《“历史主义”的五种含义及其评价》，《当代国外马克思主义评论（7）》，人民出版社，2009年，第308页。

② 高兆明：《制度伦理与制度“善”》，《中国社会科学》2007年第6期。

个衡量的标准可能会产生两种结果，一种是科举制度可能基本不符合现代社会的制度公正意涵，另一种则相反。如果是第一种结果，那么这个证明的过程是没有意义的，而如果是第二种结果，那么正可说明科举制度的公正性，因为如果用现代社会制度公正的标准去衡量，科举制度仍不失其公正性，那么科举制度的公正性就是显而易见的。本书将制度公正的原则分为三个方面，即机会平等原则、对等原则和补偿原则。下面就从这三个方面对科举制度的公正性进行考察。

第一，机会平等原则是指前途向才能的开放，它要求一种形式的机会平等，即所有人都至少有同样的合法权利获得可想望的前途。“对每个具有相似动机和禀赋的人来说，都应当有大致平等的教育和成就前景。那些具有相同能力和志向的人的期望，不应当受到他们的社会出身的影响。”① 科举考试的开放性是逐渐扩大的，在创制之初，参加科举考试的人数和地区都比较少，到后来，不但参加考试的人数增多了，而且应考士子遍及各个区域。在举行科举考试之初，仍然保留了过去重门第的风气，“行卷”的盛行就说明了这一点。在唐代，举人到京城参加考试之际，往往会去拜会主考官，择其平日所做诗文之得意者投呈主考官，以求得赏识和推荐，这种行为叫作行卷。行卷所显示出的身份和文品的高低成为能否在考试中脱颖而出的先决条件。唐代的上层社会相对稳定，通过考试入仕的机会还很小，因此考生本身往往已经有相当的地位或声誉。但到了唐王朝统治的后期，重门第的风气逐渐发生了变化。随之，登科人数的分布区域也不断扩大，“唐中期以后，四川、江淮、江西、山东、江苏、荆南、闽中、广西等地的进士及第者相继涌现，科举考试的影响向中国南方地区全面扩展”②。这一变化不仅是中唐以后全国的经济文化重心逐渐南移的结果，也反映出了科举考试的影响不断扩大，越来越具有广泛性的事实。

到了宋代，科举考试的开放性得到进一步扩大，进入了“大众化”的时代，应考人数和登科人数急剧膨胀。为了“广开科举之门”，宋代废止了“行卷”，“一切以呈文为去留”，这样，对于应试者来说，他在实际考试中的表现成为增加他应举成功的唯一重要砝码。宋代还对科举进行了多次重大的

① 约翰·罗尔斯：《正义论》，何怀宏、何包钢、廖申白译，中国社会科学出版社，1988年，第73页。

② 杨学为：《中国考试通史（卷一）》，首都师范大学出版社，2004年，第309页。

改革，这些旨在进一步促进考试公正性的改革增加了一般庶民参加科举的机会和可能性，其中对后世影响较大的几种制度形式包括殿试制度、回避制度、糊名制度、誊录制度等。糊名制度和誊录制度在第一章中已有所介绍。殿试制度始于开宝五年（公元 972 年），其目的是“朕亲临试，其弊尽革”。自宋以后，殿试制度作为最高一级的科举考试被固定了下来。回避制度是为了避免与考官有亲戚关系的考生受到额外的关照，而规定让这样的考生到另外的考试点去参加考试，所以也叫“别试”。糊名制度是把考卷上的姓名、籍贯等密封起来以防止考官徇私。誊录制度是将考生的试卷另行誊录，这样考官在评阅试卷时就无从通过字迹辨认出考生。元代统治时间较短，而且民族矛盾没有获得很好的解决，科举处于停滞状态。明清时期，科举考试的开放程度丝毫不亚于宋代，但录取人数有所减少，因为明清的科举考试逐渐稳定和成熟，录取人数更趋于理性和符合政府需要。

另外，印刷术的广泛应用也对科举考试的机会平等提供了物质上的基础。宋代发明了雕版印刷术，雕版印刷可以大规模地相对廉价地散播书籍，“它明显地创造了一种前所未有的机会使中国民众可以接触书本，结果使可以参加科举考试的学生人数大量增多”①，这种情况在同时代的欧洲是不可想象的，“在用羊皮纸和用笔来抄写书籍的欧洲中世纪，一本书和一座房子的价值相等，这自然就限制了一般人读书的可能性”②。受教育的机会增加再加上统治者的鼓励，其结果自然是使科举制的重要性得到同样的提高。

当然，限于时代的局限性，为考生提供均等机会的考试制度本身的开放并不等于向全社会全面开放。首先，占人口半数的妇女被排除在科举考试以外，但“妇女被排除在选拔范围之外，并不能归罪于科举，没有科举，古代妇女也一样无权参政，这是古代社会性质所决定的”③。因而即使是再有才华的女性，她们所能做的也只是相夫教子，通过对丈夫和儿子的大力支持而实现“妻以夫贵”、“母以子贵”。其次，科举自开始推行起，就对准入的身份作了一些限制，从事工商者以及奴婢、倡优、皂隶等身份的人不得参加科举考试，但这种限制越到后来越宽松。例如，隋文帝开皇七年（公元 587 年）制云，“诸州岁贡三人，工商不得入仕”，但到后来，“工商”的应举已不成

① 李弘祺：《宋代官学教育与科举》，联经出版事业公司，1994 年，第 30 页。

② 高峰：《温馨与哀愁——科举与女性》，时代文艺出版社，2007 年，第 138 页。

③ 刘海峰：《为科举制平反》，《书屋》2005 年第 1 期。

问题，四民皆可以入仕。而始终被限制的奴婢、倡优、皂隶等“贱民”人数是相当少的。而且这些对身份的限制在真正的执行中也不那么严格。由于中国自古有爱才惜才的传统，因而政府对模糊身份者往往划入“良民”而非贱民，加之有些主考官本身就是来自下层社会，所以不乏真属贱民身份的人得到身份开豁机会的情况。可以说，科举考试是向大多数人敞开了大门的。

第二，对等原则指的是比例平等。“人们早就意识到公正是一个‘恰如其分’的概念，它意味着各得其所、各得所值。”① 更进一步说，“公正就是比例，不公正就是违反了比例”②。在科举制中，这种比例首先表现为才能与前途的比例，个人的才能与前途相匹配；其次表现为区域的现状与区域的录取额的比例，区域的人数及文化发展水平等情况与录取该地区士子的额度相匹配。在制度形式上，前者表现为分层分级考试制度，后者表现为解额制度。首先，通过分层分级考试，使具有相应才学的人获得与自己才学相匹配的科举功名，这也是随着对考试的日益重视逐渐发展的。在唐代，考试制度并不严格，且考试成绩只是一个参考指标，考前有“行卷”，考后有吏部铨选，因而唐代科举考试在层级上就没有那么复杂。到了宋代，将科举考试分为乡试、会试、殿试三级。明清科举又演化为四级，即童试、乡试、会试、殿试，其中童试又分为县试、府试、院试，全部通过才能获得秀才身份，也才有资格参加下一级的考试。从而“即使一切顺利，清代士子从童试到殿试，共要经过10轮近30场考试”③。从最低一级的生员试到最高一级的殿试，考试难度是逐级加深的，因而，一般来说，多数应考者是能够通过科举考试在功名上各得其所、各得所值的。但科举考试也是统治者用来达到统治目的的工具，因而也有由于制度原因造成的才能与功名不相匹配的情况，例如，捐纳制度就是对这一原则的破坏。捐纳指的是科举的功名、学衔甚至官职可以不经考试而由捐纳获得。按照张仲礼的观点④，中华帝国的绅士集团由获得科举功名的人组成，在这个集团中，有通过政府考试的“正途”出身的绅士，有通过捐纳获得功名的“异途”出身的绅士，异途出身只能出任较

① 赵汀阳：《论可能生活——一种关于幸福和公正的理论》，中国人民大学出版社，2004年，第181页。

② 亚里士多德：《尼各马科伦理学》，中国社会科学出版社，1999年，第10页。

③ 王炳照、徐勇：《中国科举制度研究》，河北人民出版社，2002年，第61页。

④ 张仲礼：《中国绅士研究》，上海人民出版社，2008年，第4～11页。

低的官职，但异途是可以向正途转化的，因为有的考生捐监生衔只是为了尽早获得参加较高等级考试的资格，如果在更高级别的考试中中试，就被认为是“正途”绅士。

其次，通过解额制，所体现的是另一种形式的比例平等。解额制就是指按地区分配录取名额和学额的制度。如果分层分级考试表现的是个体之间的比例平等的话，那么解额制可以说是表现了地域之间的比例平等。“在十一世纪早期，政府已经意识到科举考试的重要性业已提高，考虑公正地按地域分布来选拔人才势在必行。”① 而解额制的真正形成是在“南北榜事件”之后。明初，南方士子的文化水准要高于北方士子，在洪武三十年（公元1397年）二月的会试中，所录皆为南方人士，经复阅试卷，认定并无舞弊行为，仍维持原榜，但朱元璋出于笼络北方人士的目的，亲自阅卷，所录皆为北方人士。“南北榜事件”后，明朝开始实行南北分卷的录取制度，之后又将不易划定为南或北的区域分为中卷。到了清代，对乡试、会试中额的地区划分越来越细，康熙五十一年（公元1712年），废除南北卷制度，代之以分省取中的办法，这种分省录取的制度一直延续到今天的统一高考。一般来说，举额分配是根据各省户籍多寡和文风高下而制定的。为了满足政府不同时期的需要，解额制常有变更。解额制所涉及的公正原则是科举制作为社会制度得以被接受的基础，同时也实现了其重要的政治功能，可谓一举两得。

当然，凭才取人和分区取人这两种形式的比例平等常常存在着矛盾，但科举制度的演变显示出，越到后来，分区取人越受重视，并逐渐做到力求两者兼顾。时至今日，以何种比例形式录取高考新生仍然是个争论不休的问题，但似乎人们对分省录取制争议不大，而对分省录取中按何种比例分配名额争论颇多。

第三，补偿原则指的是对处于不利地位的人提供某种形式的补偿和矫正。科举考试中的补偿原则主要表现在两个方面——对处于不利地位的个人的补偿和对处于不利地位的区域的补偿。在制度形式上，前者表现为分卷制度，后者表现为解额制度。首先，分卷制度指的是将官卷和民卷分开评阅。康熙年间，出于限制高级官员子弟中试比例的初衷，初定民卷百卷取中一卷，官卷二十卷取中一卷，比民卷取中的比例高，但问题是，在设立官民分卷之前，高级官员子弟的取中比例恐怕比这更高，否则不会定此比例，因为此举正是要表现对平民子弟的关照。并且，在录取总额上也做了限定，初定

① 李弘祺：《宋代官学教育与科举》，联经出版事业公司，1994年，第176页。

直省十个录取名额中，必须有九个是民卷，乾隆十五年（公元1750年）又规定，直省额中举人二十五名，允许中官卷一名，如官卷中无佳文，宁缺毋滥，仍以民卷取中，这就意味着试图控制高级官员子弟的录取比例。当然，初衷若此，后来的发展情况显示出这一制度往往会被官员们所利用。

其次是解额制度。上文提到，解额制一般是按区域人口规模和文化发展水平的标准确定各地录取名额的，但也不尽然，有时会给相对落后的地区较多的名额。清代就十分注意对文化落后地区的照顾，在省内专门划出名额，另编字号专门录取这些地区的士人。"较分省定额录取，这种在省之中再定额的录取办法更能将优待文化相对落后地区士人的政策落到实处。"① 如果不实行分区域定额的办法，照顾落后地区，尽量平衡各地的中额，就可能会出现登科人数的两极分化，进一步拉大地区之间文化水平的差距。区域配额尤其是分省配额制的实行，在相当程度上减缓了各地区政治、文化发展的不平衡。清代科举大省和小省之间的相对差距已比明代大大缩小，就是执行这种出于均衡考虑的解额制的迟效应。因而从长远看，对弱势区域的补偿是有利于机会平等原则的实现的。

综上可见，即使是用现代社会的制度公正的标准去衡量，仍可看出科举制度基本上是一项公正的制度。虽然科举制没有带来实质性的公正，但现代社会制度中也很少有哪项制度能真正带来实质性的公正。"当并无措施保证使不平等不致太悬殊时，通过不断增加的受过教育的可用人才和拓宽的机会却形成一种持久的拉平差距的趋势。"② 无论如何，由科举考试确立的条件使可能产生的等级差别比人们在过去常常忍受的等级差别要小得多。不但如此，科举制度"开创了唐宋以后中国社会追求公平的持续的方向，成了维持社会秩序的主要机制之一"，而且科举制度对中国以及东南亚国家的考试制度产生了深远的影响，"考试公平作为一种社会理念，或者说作为一种价值取向，已经确定下来"③。

制度伦理的历史主义态度常常用一种比较的历史主义对制度进行评价。

---

① 刘海峰：《科举学导论》，华中师范大学出版社，2005年，第318页。

② 罗尔斯：《正义论》，何怀宏、何包钢、廖申白译，中国社会科学出版社，1988年，第157页。

③ 刘后滨、董文静：《论制度设计中的公平是社会公平的起点——以科举制的早期发展为中心》，《人类文明中的秩序、公平公正与社会发展》，北京大学出版社，2009年，第335页。

通过竞争性考试选拔人才的制度之所以被认为是善的，是比较了历史中出现的其他的人才选拔制度得出的结论，或者说，相较于依据血统、依据身份等选拔人才的制度，通过考试选拔人才的制度是善的。“现有的杰出人物具有一种方便地和表面上看来似乎平等的方法，一代接一代地来吸收他的继承人，也就是他可以从他自己的后代中挑选大部分（能这样做是很合心意的事情），同时又从处于不利地位的阶层中挑选少数的人。这个方法有三个好处，它为社会提供一个安全阀；它使统治阶级于心无愧；它为杰出人才补充了新鲜血液。这个方法，较之其他不是基于竞争性的考试而是基于种族的、民族的或意识形态的差异的挑选制度，其丑恶的程度的确要少一些。”① 1977 年底，中断了 10 年的高等学校统一考试招生制度恢复，群众推荐入学的招生办法被取消，千百万被剥夺了受教育机会的青年有了“考分面前人人平等”的公平竞争的机会。当年共有 570 万人报考，录取了 21.7 万人，录取比例是 1∶22。由于起点公平，“高考＝分数面前人人平等＝公平竞争”的逻辑判断开始深入人心。可以说，“考试是公平的选才方式”已经无数次地被历史证明为真命题，而考试公平也无数次地被历史推为考试制度善恶的最重要的评价标准。

二、制度价值的现实可行性

对制度价值的评价直接影响对制度善恶的评价，因为“各种社会制度和政治制度本身并不是目的。它们是社会生活的器官，是好是坏，要根据它们所蕴含的精神来判定”②。虽然能体现出越多社会价值的制度越是一个向“善”的制度，但是一个“善”的制度并不意味着它要蕴含所有的社会价值，而且有时制度价值在经过实践环节转化为某项改革措施后，可能并不具有现实可行性，因此制度价值评价要以其现实可行性为基本依据。制度价值评价的真理性和合理性问题的症结在于社会实践，在实践中人们的认识不断地拓展真理的视域，为制度价值评价的合理性提供依据和论证。也正是由于人类实践活动所具有的合规律性与合目的性相统一的品格，才使得具有目的性特征的价值评价活动具有了可以合理认识的依据和标准。只有在实践发展中我

① 联合国教科文组织国际教育发展委员会：《学会生存——教育世界的今天和明天》，教育科学出版社，1996 年，第 87 页。

② 霍布豪斯：《社会正义要素》，孔兆政译，吉林人民出版社，2006 年。

们才能克服“公说公有理，婆说婆有理，各说各有理”的泛相对主义的倾向，而达到对制度价值评价的合理性甚至真理性的认识。“高考改革是一个牵一发而动全身的问题，在制定高考制度改革方案时，必须综合考虑各种复杂的因素。改革的设想和政策的出台不仅要符合教育原理，还要具有可行性和可操作性。因为理论上正确不一定是可行的，只有可行的才是有效的。”①

高考制度价值的可行性受社会对该价值的实践程度的制约，如果整个社会的公正程度都存在问题，那么高考公正能在多大程度上得以实现呢？如果整个社会都在着力改善人的生活境遇，为人的发展提供种种保障，那么通过改革高考促进人的发展如何不能成为现实？虽然人们期望教育公正、高考公正成为社会公正的基石，但给高考过重的公正压力必然导致制度的畸变，科举制度的衰亡已经提供了一个前车之鉴。社会价值是多元的，多元的社会价值其实践程度也是各异的。对制度的价值评价也是多元的，这种价值评价必然受制于该社会占主导地位的伦理标准的支配和影响。一方面，不能因占主导地位的绝对性的伦理标准的存在，而否认和抹杀其他层次多元的伦理标准存在的必要性和合理性；另一方面，多层次的伦理价值标准在重要性上具有相对性，可行性是一个重要的决定因素，不管多么美好的伦理价值，如果可行性较差，那么它作为评价制度优劣的标准的合理性也是会大打折扣的。据此，我们还能够遵从“是公正的就是善的”，或者“是高效的就是善的”，或者是“能促进人的发展的就是善的”这种简单逻辑么？

制度价值的可行性是与制度伦理的历史主义密切相关的问题，因为制度伦理的历史主义不仅意味着其时代性，也意味着其民族性或地方性。“一个‘善’的制度必须是这个民族历史与文化的结晶。具有时代精神的制度，是在人类文明发展特定历史阶段拥有普遍文明本质的制度。”“一个即使在其他地方实践得再好的制度，如果不能考虑到特定民族的历史与文化而试图强制加予，也难免逾淮成枳。”② 看上去很美的，未必是可用的。高考制度不仅受历史文化传统的影响，也受本国的教育制度、就业制度等的制约。在这个问题上，我们经常会盲目地拿我们的高考制度与国外的大学入学制度做比较(很多比较的观点中也将国外的大学入学制度称为高考制度)。不可否认，国外的一些做法是值得我们在高考改革中借鉴的，但是这其中有一个可比性的

---

① 刘海峰：《文理分科乎?》，《中国教育报》2009 年 3 月 9 日。

② 高兆明：《制度伦理与制度“善”》，《中国社会科学》2007 年第 6 期。

问题，在相似的外部条件下国外一些好的经验才值得借鉴或效仿，而且也要经过在国内的小范围试点。但是基本上不具备可比性的经验，如果轻易地移植过来就很容易出现“逾淮成枳”的后果。正如有论者指出的，“很多人总是要向国外看齐，总是拿出美国的例子说，你看，美国的常春藤名校有很大的自主性来挑选学生，除了 GPA、SAT，更加看重学生的课余活动表现，还有提交的论文质量。但是不要忘记，那些拿来比较的大学都是私营的，中国的大学都是公立的，根本性的区别就是用纳税人的钱的公立大学，必须广纳民众，让普通人也有机会接受高等教育，改善自己的经济条件的同时，创造一个知识型社会”①。

人们对制度的价值期待总是美好的，但并不是所有的价值期待都能付诸实践。这些价值期待要具体化为改革的措施，通过具体的改革体现出来，这不仅要有理论上的合理性论证，更要有实践效果的检验。因此，对高考制度进行改革必须经过试点；试点成功的也未必就能在更广的范围内推行，还要经历一个总结、论证的过程。

据不完全统计，自 1977 年恢复高考以来，我国高考制度大的改革就有 20 多次，平均不到 1.5 年就会有一次大变革，小型调整更是难以计数。高考改革基本上都是围绕着制度价值的议题进行的。比如高考标准化的改革，1985 年，高考标准化改革由广东省率先试验，当年进行英语、数学两科的标准化考试试点。到 1988 年，这项改革试验扩大到语文、数学、英语、物理、化学 5 个学科，英语科则扩大到全国 17 个省（区），涉及 100 万考生。经过由点到面的改革实践，1989 年，原国家教委决定将标准化考试在全国推行。这种技术效率的改进是顺利的，因为技术效率并不与其他制度价值发生冲突，而且会更有助于高考制度的公平公正。但是一涉及人的发展的问题，要么是难以取得实质性进展，要么出现大范围回潮，收效甚微。如从 20 世纪 80 年代开始就一直致力于学生全面发展的高考科目改革，20 世纪 80 年代后期的高考科目改革是以建立高中会考制度为基础的。高中毕业会考制度 1988 年在上海、浙江试点，1989 年 7 月，原国家教委决定在全国试行高中会考制度，并在会考的基础上改革高考招生制度。只有在高中会考的基础上进行改革，高考才能走出由统一高考制度固化下来的科目组合模式，进行多样化的科目组合，也才能更有利于人的全面发展和个性发展。但发展

① 闾丘露薇：《高考的公平性》，《商周刊》2009 年 7 月 6 日。

到后来，很多省份已经取消了高中会考制度。高考科目改革从文 6 理 7 到会考基础上的“3＋2”到“3＋X”再到“3＋3”，虽然已有很大的改进，也更趋合理，但离人们期待的通过高考科目设置反映全面发展、综合素质的初衷还相去甚远，因为一旦碰触到高考公正这个最为敏感的问题，改革就显得困难重重。有学者认为，“高考制度是目前中国仅有的几个基本排除了人为因素的刚性制度，分数面前人人平等（当然地区差异依然很大），考生的所有素质都被化约为应试教育中那些可量化、可比较的直观数字。尽管社会各界都明白‘唯分取人’未必合理，但一般老百姓不这么想，他们要的是公正，要的是与上流社会同样的权利”①。因此，目前任何一项高考改革都必须在保证基本公正的前提下进行。更为重要的是，任何一项高考改革只有考虑到价值的平衡并且在实践中做到价值的平衡，才可能取得成功。正是因为价值可行性问题的存在，高考制度的善恶才显得不易评断，因为不可行的制度价值往往反映出人们对高考的过高期望，而以这种过高的价值期望作为高考制度伦理评价的标准显然是不合理的。

第二节　对高考制度公正性评价的反思

高考制度公正是高考制度价值体系中最核心的部分，高考制度的每一次改革都直接指涉或无法绕开高考制度公正的问题。回顾自 1977 年恢复高考以来对高考制度公正性的评价，我们会发现，整个社会对高考公平和入学机会均等的要求和批评越来越强烈，甚至形成一种社会运动。这是因为高考的公正性每况愈下么？显然不是的。因为一个国家和社会教育机会的均等程度，或者说教育公平的程度和水平，与整个国家和社会教育发展的整体水平是联系在一起的。教育公平的程度与整个社会经济的发展和教育的发展水平是呈正相关的，或者说，随着国家和社会所提供的教育机会的不断增加，教育公平的程度也会不断提高。因为一个国家和社会所提供的教育机会越少，它所覆盖的人口范围就越小，能够获得不同程度的教育机会的人在总人口中所占比例就越小。

不断扩大的高等教育规模和不断增加的高等教育机会使得高等教育资源向越来越多的人开放，越来越多的人通过高考这一阀门步入各级各类的高等

① 许纪霖：《高考：迫不得已的荒谬》，《中国新闻周刊》2005 年第 7 期。

学校，这比过去在精英高等教育条件下，高等教育资源向少数人倾斜要公平得多。但是为什么在精英高等教育条件下的高考制度鲜受公平性的质疑，或者对高考公平的批评不那么强烈呢？如果对高考公正性评价的问题不能进行全面的、有说服力的回答，如果对这些批评和现象不能给予适当的解释，将对高考改革乃至整个教育的改革和发展的政策产生很大的影响，甚至容易导致对整个教育改革的否定。

一、对评价主体与评价方式的反思

高考公正的问题之所以越来越受公众关注，并能引发越来越多的议论和批评，在于一个迥异于前的评价主体正在形成，这个评价主体就是有平等自由权利的公民以及有社会责任感的知识分子。公民批评意识的觉醒在高考制度评价中发挥了重要的作用。

"公民"原本是西方文明的产物。"公民"一词最早出现在古希腊城邦，是身份和权利的一种象征。在古希腊城邦，要取得公民资格并不是一件容易的事，只有"出生于城邦市民家庭的男子，其祖父和父亲都是城邦的公民，且他祖先的墓地也在城邦里，这样的人才能够获得公民权，成为城邦的公民"①。公民拥有平等的政治权利，踊跃地投身于政治和社会生活，推动了城邦的繁荣与和谐。1789 年法国由制宪会议通过《人和公民权利宣言》，这是人类历史上第一部正式的人权宣言，它宣布了人类应普遍享有自然权利、天赋人权等公民权，这使得公民和"自由、平等、博爱"的精神联系在了一起。当今时代，公民是指具有一国国籍的人，公民在法律面前一律平等，享有宪法和法律规定的权利，履行宪法和法律规定的义务。俞可平认为公民社会"是国家或政府之外的所有民间组织或民间关系的总和，其组成要素是各种非国家或非政府所属的公民组织，包括非政府组织（NGO），公民的志愿性社团、协会、社区组织、利益团体和公民自发组织起来的运动等，它们又被称为介于政府与企业之间的'第三部门'"②。没有公民社会的空间，就会导致各项制度都缺乏了来自公民的对切身利益的表达和诉求机制。

① 宋希仁：《西方伦理思想史》，中国人民大学出版社，2004 年，第 12 页。

② 俞可平：《正在兴起的公民社会与治理的变迁》，360doc 个人图书馆：http://www.360doc.com/content/10/0130/16/16099_14738188.shtml。

中国最初引进公民的概念是在 20 世纪初。辛亥革命以后，蔡元培出任教育总长。他认为，教育的宗旨一是养成健全人格，二是发展共和精神。要养成健全人格，必须德、智、体、美四育并重，且“不可不以公民道德教育为中坚”，培养学生具有“自由、平等、博爱”的精神和作为。此后，公民作为一个政治概念开始在中国使用。新中国成立后，1954 年，中华人民共和国宪法确立了公民的法律地位，但公民身份的确立并不标志着公民社会的形成。新中国成立后的 30 年间，整个社会是一个以“政治挂帅”的整体，经济和社会的功能都没有从政治中分化出来。直至历史的车轮驶到了 20 世纪 70 年代末，改革开放和实行市场经济让中国真正走上了现代化的进程，公民社会才渐始出现。

中国很长时间以来没有出现公民社会，是因为中国社会缺乏培育公民的土壤，而中国社会之所以缺乏培育公民社会的土壤，是由两千多年经济的、政治的、文化的积习所致。首先，在经济上，我们缺乏一个市场经济的社会。公民社会的形成必须以市场经济为基础，市场经济需要三大自由，即财产自由、契约自由、合同自由，要发展市场经济，必须首先承认个人的自由与独立，所以，市场经济的运行打破了人身依附性，使公民以平等主体的身份参与到市场和社会生活的各个领域，其合法的利益得到尊重和保护、个人独立性得以彰显。但我国古代就有重农轻商的传统，中国传统的农业社会是以土地私有制和小农经济为特征的，一个家庭就是一个生产单位，同时也是一个消费单位，自产自销、自给自足，这种自然经济的生产方式抑制了社会分工的发展，人们之间也因缺少共同的经济联系和经济利益而没有发展起实质上的社会交往，个体之间的关系是涂尔干所谓的“机械团结”，“各人自扫门前雪、不管他人瓦上霜”，“鸡犬之声相闻，民至老死不相往来”，是中国传统社会的形象写照。所以，小农经济的生产方式使个人局促在有限的私人空间，社会大分工没有形成，反倒因为小农经济的分散性，客观上迫使统治阶级加强了政治上的控制，这样一来，就缺少了形成公民社会的经济基础和政治基础。新中国成立后，实行指令性计划经济，国家占有一切主要生产资料，靠行政命令来推动经济活动，生产、分配、销售都由国家统一计划和调整，个人的上学、工作、住房、医疗等都由国家统一安排。虽然 1954 年宪法已规定了公民的权利和义务，但是，在计划经济体制下，个人完全受国家的控制，没有自主权，有的只是对国家和集体的义务。“个人只是作为一个被动的被保障的主体而受到尊重，而不是作为一个主动的自由主体受到尊重；受到尊重的只是国家、集体，是整体化的‘人民’，而不是个体化的‘公民’；人们的平等权利也并不是对平等的个人自由权利的主张，而是对集体、国家和社会共同权利的强调，以及对个人主体意识的抑制。所以它要求人们更多的是绝对地服从和普遍的义务。”[①] 公民权利成了一个摆设、一种空谈。

其次，在政治上，封建专制主义和集权体制挤压了社会自治的空间。封建社会总是靠高压政治及道德教化来巩固自己的统治，数千年封建主义的统治造成我国从未形成具有真正独立人格的个人主体。新中国成立后，在政治上实行中央高度集权、党政不分的政治体制。在这种政治体制下，公民权利由国家机关控制，公民的民主监督权利、参政议政权利等，全都大打折扣，公私不分、国家和社会不分，是典型的“大国家、小社会”。单位制度是当时社会秩序的基础。单位制度的基本特性，是功能合一性、资源不可流动性和生产要素主体之间的非契约关系。“单位作为一种特殊的以共同职业为特征的小型社群，是一个融生产组织、福利组织、社会组织和政治组织于一体的功能泛化的复合性组织。单位全部负担职工的生老病死和一切福利，这种全面保护的代价是单位成员对单位的全面依赖，一个人离开单位或失去单位身份，也就失去了一切生活保障。”[②] 单位制度容易产生人格依附、身份等级、裙带关系等消极关系，严重阻碍了个人的自由和公民社会的成长。

最后，文化中的消极因素阻止了公民社会的形成。“文化传统无条件地烙印在人们的思想之中，并以不自觉的方式规范着人们的所思所想和所作所为。同样，人们的思维模式、价值观念、审美意识、终极关怀等，都以不自觉的和无条件的方式而规范着人们的思想内容和行为内容。”[③] 文化的影响是潜在而深刻的，已经深深烙印在民族性当中，是一个人出生即面对和走进的无法选择的一个环境。在这个环境当中，我们习得了习惯、习俗、道德、价值观，这是根深蒂固的影响。儒学是中国封建社会的主流文化，且有着极强的生命力，以致今天仍或隐或现、不同程度地影响着人们的世界观、人生观和价值观。儒学是一种建基于宗法社会和农业文明之上的文化，其中有很多积极的因素，如“仁”的学说、中庸之道、天人合一的思想等，充满了人

① 施惠玲：《制度伦理研究论纲》，北京师范大学出版社，2003年，第100页。
② 杨晓民、周翼虎：《中国单位制度》，中国经济出版社，1999年，第70页。
③ 孙正聿：《哲学通论》，辽宁人民出版社，1998年，第168～172页。

文意蕴。但就其对公民社会之形成的影响来说，还是消极影响的成分多，这主要表现在两个方面：一是儒学中对个性的压抑。为了巩固统治和维护社会秩序，儒学确立了以家庭伦理推演而来的“三纲”、“五常”，极力排斥个人的需要、欲望和权利，哪怕是基本的、合理的要求也被视为恶，所以鲁迅把封建礼教比喻为“吃人的”制度。在这样的思想钳制下，个人已完全没有了独立性、个人利益的合法性和个体精神的自由。二是儒学重私德、轻公德的传统。私德主导的道德文化传统构成中国传统伦理文化的主流。中国封建社会具有伦理政治化和政治伦理化的显著特点，道德教化是重要的统治手段。儒家把道德教育的重心都放在个人身上，围绕个人道德进行，“格物、致知、诚意、正心、修身、齐家、治国、平天下”，以达到“内圣外王”的境界，个人承担着所有的道德义务和社会责任。梁启超认为，中国伦理的缺失，在于重家族伦理而轻社会伦理和国家伦理，重私德而轻公德。古典中国这种家族本位、片面义务、私德优先的道德传统，无疑属于农业文明的“小社群道德”，它与商业文明的“大社会道德”格格不入。儒家“五伦”的君臣、父子、夫妇、兄弟、朋友，以家族伦理为中心，而缺乏社会伦理和国家伦理①。重视私德而公德不彰直接影响了一个公正的社会氛围的形成，使私德失去了践行正义的动力，也影响了人们之间进一步的交往。费孝通就曾用“血缘”与“地缘”来描述中国传统社会中的人际交往模式：血缘是联系人们之间的纽带，决定了彼此间的亲疏，“像水的波纹一般，一圈圈推出去，愈推愈远，也愈推愈薄”，这就是人际的“差序格局”②。

由于以上原因，两千年来的经济、政治、文化因素相互制约、相互作用，使中国直到改革开放前，一直都没有形成真正的公民社会。在新中国成立以前，由于战乱的原因，政府的社会控制能力较弱，这为公民社会的形成留下了足够的空间，那时的公民社会较为活跃，有识之士组建了多个民间社团，其中不少有影响的教育社团促进了民国时期教育的蓬勃发展。大批学贯中西的知识分子在那个社会急剧转型的时代为现代教育的发展推波助澜、献计献策，甚至直接参与到政策的制定中。尤其值得一提的是 1922 年新学制的制定，“新学制的讨论和制定是由民间的全国省教育联合会组织的，以广东教育会提出的学制系统草案为基础，在全国范围内征求意见，进行了广泛

---

① 梁启超：《新民说》，辽宁人民出版社，1994 年，第 16～17 页。

② 费孝通：《乡土中国》，江苏文艺出版社，2007 年。

的讨论”[①]。很多学者和教育家参与了新学制的制定，“除了胡适、陶行知、黄炎培、蒋梦麟等直接参与并主导了这次新学制的制定之外，蔡元培、陈独秀等也间接地参与其中，并均在当时作为学制改革喉舌的《新教育》杂志上撰文发表意见”[②]。新学制是在民间力量的作用下自下而上地制定的，可以说是现代教育家及教育学家发挥决定性作用的标志性事件。

新中国成立以后，社团组织都被取消，教育行政部门成为国家意志的唯一代表。虽然新中国的一系列教育政策都是以工农阶级的利益为旨归的，但是由于缺乏对人的基本权利的尊重，其所赋予工农阶级的利益也都是粗糙的，所施行的教育政策照样侵犯了工农阶级的利益，比如“政治”挂帅对正常教育活动的冲击，推荐上大学导致的对高等教育的消极影响和引起的不正之风等。由于公民社会的缺席，使得个人的信息成本和表达成本很高，个人的教育需求、正当权利的保障不能完全进入教育变迁过程。再加上成功的意识形态教育和宣传，缺乏批判的教育制度被顶礼膜拜，从而使其落实起来畅通无阻，“集体无意识”有助于无效率、不正义的教育制度进入锁定状态。在强大的国家机器面前，人们选择了对既有制度的忍耐。因为长期以来人们形成了对既有体制的习惯性的依赖和无奈，不少人把有没有书读、能不能考上大学或考上什么样的大学，更多地归结于命运和能力，而不去考虑这背后的教育制度因素。

改革开放后特别是实行社会主义市场经济以来，社会力量的生长使某些教育制度体现出演化的迹象。大环境改变后，多元利益主体的出现以及利益诉求机制的供给，使关心自己切身的教育利益的社会成员，在看到教育制度变迁带来的潜在利益时，就自发地行动起来，推动教育制度朝着对自己有利的方向变迁。如 2001 年某省 3 名考生状告教育部，当事人在行政诉讼状中称，教育部在该行政行为中根据不同地域范围对招生人数作了不同的限定，这种限定使得不同地域的考生被划分成了高低不同的等级，并在这不同的等级中参加高考。等级之间分数标准差异巨大，从而直接侵犯了包括 3 名当事人在内的广大考生的平等受教育权。高考录取依地域来划分考生录取分数线是被几代人默默接受的制度事实，而三名考生能够对这一制度进行理性思考和采取理性行动，并且这种带有启蒙色彩的思考和行为在社会上引起了强烈

① 杨东平：《艰难的日出：中国现代教育的 20 世纪》，文汇出版社，2003 年。

② 《温故现代教育史影响最深变革：1922 年壬戌学制》，新浪网：http://news.sina.com.cn/c/2009-01-21/090317088747.shtml。

的反响，这说明我国改革开放以后公民意识的觉醒以及公民社会的形成对制度评价和制度变革的影响。在参与高考制度评价和推动高考制度变革的社会力量当中，除了利益相关者外，尤其值得一提的是知识分子的力量。许多知识分子看到高考制度中的一些问题，为之撰文、呼吁，为社会弱势群体平等的受教育机会代言，很好地履行了身为“社会良心”的职责。如对倾斜的高考分数线的声讨，对文理分不分科的热议，民间高考改革方案的出炉等，都反映了这些有着厚重的社会责任感的知识分子的努力。

公民社会的形成与社会力量的强大可能会改变制度变迁的方式。在当代中国教育制度的变迁当中，多数时候都是“看得见的手”（即政府）在起主导作用，教育制度创新多数是政府推行的结果，几乎每一次的高考改革都是自上而下进行的。政府推行的强制性变迁的优点在于节约成本，尤其是节约了谈判成本和实施成本，但其局限性也是很突出的。这主要是因为它违背了“一致同意”原则，即缺乏广泛的民意基础。那么今后推动教育改革的根本力量是国家还是公民社会？也许两者都不是唯一的选择，它们之间得像走钢丝一样保持平衡。

与评价主体的改变相关联的问题是评价方式的改变。改革开放以来，社会力量的逐渐强大使得不同利益阶层能够通过多种渠道表达自己的利益诉求。中国有句古话，“不平则鸣”。看到不公平之事，受到不公正的对待，总要有个发声的渠道，而不公正不仅是受害者本人的事，也是感知到不公正者的事。在过去传媒不发达的时代，书籍是最重要的表达方式。在儒家经典之一的《诗经》中，有许多诗篇抒发了被压迫人民的强烈感情和社会底层的呼声，如“不稼不穑，胡取禾三百廛兮？不狩不猎，胡瞻尔庭有县貆兮？”就表达了人们对可怕的权力的诅咒、对公正世界的渴望。面对不公正的残酷现实，劳动人民发出了宁愿与残酷现实的制造者同归于尽的怒吼：“时日曷丧，予及汝偕亡，民欲与之偕亡！”但是由于表达方式的局限，更由于时代的局限，底层社会人民对社会公正的诉求丝毫未能改变其自身的处境。

在科技迅猛发展的今天，谈及国家与社会的良性互动，社会民意的公共表达，人们的目光很容易就集中在大众传媒身上了。在一个民主化的社会中，大众传媒必然扮演着一个至关重要的角色。公民社会与大众传媒之间存在着一种互动的关系。一方面，传媒能够培育公民意识，保护公民合法权利，引导公民舆论的动向，以及为公民代言并监督公民言行等；另一方面，公民社会对传媒具有保护和制约作用，具有良好媒介素养的公民对传媒会进行监督、引导。当今时代，新媒体对公民社会的形成更加起到了推波助澜的作用。新媒体是新的技术支撑体系下出现的媒体形态，如数字杂志、数字报纸、数字广播、手机短信、移动电视、网络、桌面视窗、数字电视、数字电影、触摸媒体等。相对于报刊、户外、广播、电视四大传统意义上的媒体，新媒体也被称为“第五媒体”。美国《连线》杂志对新媒体的定义是：“所有人对所有人的传播。”新媒体的出现为公众表达对高考制度的观点和看法提供了一个更加便捷、畅通的渠道。“在互联网上，大众可以用匿名方式，通过对话、协商、辩论、揭露批评等形式高效地传递有关高考的信息和建议，为政府与公众之间、公众与个人之间、有关官员与考生及其家长之间搭起了沟通的桥梁。”① 人们可以通过网上投票来表达对高考改革的态度，可以通过网络博客对高考制度进行议论和评价。

公众通过新媒体发表观点、看法、意见和建议既可喜又可忧。可喜的是，新媒体的传播方式有即时性、自主性、开放性和互动性等特点，为人们提供了一定程度的话语自由，未来的高考改革有望有一个较好的民意基础，形成一股自下而上的推动力量。可忧的是，一方面，新媒体中的自由同时也带了很多负面的东西，需要网民提高公民素质，有自律的意识；另一方面，代表民意的高考改革投票结果以及网络博客群中达成一致的意见是否就具有真理性和可行性，仍然是不确定的。对事物的伦理评价必须以对事物的认知为基础，没有对事物属性和人自身需要的认知，是很难做出客体对主体的意义及价值的正确认识与评价的。对事物的认知是促进主体进行合理评价的条件，主体对事物属性的认知愈深刻，对事物的评价就愈充分、愈合理。伦理评价活动是一个含有认知形式的复杂的认识活动。从这个意义上说，虽然几乎每个人都能对高考制度做出伦理评价，但由于人们对高考制度的认识有深有浅、有偏有全，这就影响了人们对高考制度做出伦理评价的充分、合理的程度。因此，对于大众传媒中的高考评议，真理有的时候可能并不掌握在大多数人手中。

二、对评价尺度与评价标准的反思

从评价标准看，当教育公平的衡量标准发展到较高的程度，即以人的自由全面发展作为衡量教育公平的标准时，对教育公平以及高考制度公平的批评自然就前所未有的激烈了。显然，单纯地按照基本的教育公平观和关于单

① 覃红霞：《大众传媒与高考互动关系研究》，《江苏高教》2005 年第 1 期。

纯机会的平等来作为衡量现代社会中教育公平的标准是不够的。扩招以后的高考制度所面临的公平问题已经变得更加复杂和多样化。

在教育发展已经达到一定程度和水平以后，特别是在基本普及九年义务教育和实现高等教育大众化以后，人们对教育公平或平等的认识已经开始有了更多的不同标准和含义。或者说，人们已经越来越多地把教育公平与自身的发展需要和实际联系起来了，他们常常根据这样的实际需要或处境去评价教育公平的问题和提出教育公平的要求。尤其是在学历社会愈演愈烈的情况下，人们已经非常清楚地看到，缺乏一定的教育背景，便不可能积极参与社会流动，不可能获得更好的发展空间，由此形成了更加广泛的竞争。“个体的学习要求和接受教育包括接受高质量教育的欲望都得到了前所未有的释放，同时，对教育公平的批评的内在冲动也到达了空前的水平和程度。”①

在基本普及九年义务教育和实现高等教育大众化，人们已经获得了基本的教育公平和机会平等以后，民众对教育公平的关切已经不仅仅是能否获得平等的机会，而且是希望能够通过机会的平等进一步促进自己的发展，他们更加关切的是教育的公平和机会平等能否给自己带来实际的意义与价值。所以他们对高考公平的批评和要求，往往是针对争取更大的自由发展时所需要的高考公平和平等，或者是在这个层次上对高考公平的批评和要求。而对于那些还没有能够完全普及义务教育的贫困和边远地区，人们对教育公平和平等的追求，也已经并不仅仅在于单纯获得读书和上学的机会。他们不仅希望自己的子女能够获得读书和上学的机会，而且更加在意这种教育机会能否给自己子女的发展带来实际的好处。如果看不到这种教育公平和机会平等对于自己以及子女发展的实际利益与价值，他们很可能会放弃这种教育公平和机会的平等。近几年弃考人数的逐年攀升从一个侧面反映了这个问题。“‘包分配’至今仍是不少农村人对大学的理解，分配制度的结束和就业神话的破灭，让不少家长开始质疑‘大学’、‘高考’在新时代的就业含金量。”② 高昂的学费和无望的就业前景是造成贫困家庭子女被动弃考的重要原因。被动地弃考是考生用脚对教育制度和高考制度投票的结果，是对教育公平和高考

① 谢维和，等：《中国的教育公平与教育发展（1990—2005）——关于教育公平的一种新的理论假设及其初步证明》，教育科学出版社，2008 年，第 126 页。

② 郑褚：《“弃考背后的教育两重天”》，经济观察网：http://www.eeo.com.cn/eeo/jjgcb/2009/06/08/139329.shtml。

公平的无言的否定。

从评价结果的角度看，对高考制度公正性的质疑与批评总是不绝于耳。由于公正具有相对性和主观性，不同的时代不同的人持有不同的公正观，因此对高考制度公正性的评价结果也就莫衷一是。

之所以说公正的观念具有相对性，是因为社会公正作为一种价值理想，注定了其唯有在世代不懈努力中才能不断实现，但又不可能绝对实现，一旦实现，它就成为历史，就会又有新的价值理想取而代之。甚至在人类发展的不同阶段，社会公正会变更原有的曾经拥有合理性的某些具体内容。社会公正作为人们的价值追求是应有的，但这种价值追求又基于一定的社会现实基础之上，因而又是实然的，具有现实必然性。现实不会绝对地善美，因而就必然存在着对社会公正的追求。然而，社会公正的价值理想正由于基于现实，它自身就可能蕴含着某种缺憾，完满的公正状态只存在于理想状态之中。社会公正，说到底，是一种道德理想，如果没有作为社会理想的社会公正，人们就会满足于现状，陶醉于所谓“保守公正”，人类社会也就不会进步了。正因为社会公正是一种理想，可以认为，一个被社会成员公认为公正的社会似乎从未实现过。虽然如此，人们对社会公正的理论探讨却从没停止过，社会在不断克服不公正的过程中走向公正。可见，任何可能的制度公正都是相对的公正。正如赵汀阳所说，“制度建构的问题可能是人类所有问题中最复杂、最冒险的问题，它意味着人类实现自身管理。每个人都有着各自的利益、意愿和优势资源，要满足每个人的利益在逻辑上永远不可能，因此公正问题是无解的。绝对意义上的公正是个伪问题，任何可能的制度都是不公正的”①。

社会公正从未最终实现过，但社会公正的相对性并不意味着它是虚幻莫测、虚无莫存的，也并不意味着对不公正的批评是毫无意义的。“围绕公正的含义和定义的争论，总是同反映社会生活特性的冲突和合作的历史流变紧密相连的。对公正的不同理解，对现存不公正及其应对措施的不同看法，改变了个人生活、人际关系、生活政策和整个社会。而且，我们有充分理由认为，这一发展趋势必将持续下去。”② 在人类历史上，只有相对的社会公正，这也意味着相对的不公正。近年来，部分地由于受到公正哲学家诺齐克提出

---

① 赵汀阳：《没有世界观的世界》，中国人民大学出版社，2003 年，第 201 页。

② R L 科恩：《公正：社会科学领域的观点》，程立显：《伦理学与社会公正》，北京大学出版社，2002 年，第 307 页。

的“不公正的矫正原则”的启发，越来越多的哲学家认识到，在当代社会，对不公正的矫正，可能是通向社会公正的最为重要的途径。因此对高考制度公正性的批评，其意义也正是在于，敦促有关部门通过对不公正的可能的矫正方式使这一制度更加趋于公正。

之所以说公正的观念具有主观性，是因为社会公正意识是人们在对现实生活条件感觉基础上形成的社会意识。作为道德的重要组成部分，社会公正理想培育人类的道德信念，为社会制度的道德评价提供了标准；它唤起积极的社会舆论，谴责社会不公正。由于社会公正是一种道德理想，所以只能通过诉诸社会的公正感和不公正感特别是诉诸个人对于公正和不公正的道德意识，来逐步接近和实现这一理想。现代心理学理论研究成果表明，人们对于利益关系的肯定性判断并不取决于利益的绝对量，而是取决于与他人比较中的相对量。人们在与他人比较中所获得的公正感或不公正感主要受参照群体的影响。由于个体对制度的公正性感受更多地来自横向的与同辈之间的比较而不是纵向的和代际之间的比较，因此不公正的感受会更强烈一些。另一方面，有些个体和社会群体尽管可能已经在高考中获得比较好的机会，但他们如果选择某些在高考中具有更大优势的个体和群体进行比较，就仍然会感到高考制度是不公平的，仍然会对高考制度公平提出尖锐的批评。此外，不同的社会群体由于对高考的期望不同，也可能对高考制度的公平有不同的要求和评价标准。正是由于人们对教育公平以及高考公平的主观感受不同，所以，尽管教育发展已经达到一定的程度和水平，高考制度也在不断改进完善，但人们对教育公平和高考公平的要求往往更高，而且更加多样化了，批评之声仍会不绝于耳。

第三节　两种高考制度“恶”

高考制度总会呈现出“邪恶”的一面，从而招致批评甚至否定。高考制度是一种妥协的结果，某些制度价值的让步是制度妥协的代价，那么，由此产生的制度之恶就是不可避免的。还有一些制度恶是由制度缺失所造成的，制度的缺失为制度恶的滋生提供了土壤，为想钻制度空子的人提供了可乘之机，最直接的后果就是损害了制度公正。因此由制度缺失所致的高考制度恶就是必须加以防范和杜绝的，是高考改革的永恒的主题。

一、制度妥协所致的高考制度“恶”

高考制度的形成与发展是制度妥协的结果。在现代民主社会中，制度妥协具有道德合理性，因为制度妥协往往是基于理性法则做出的，是放弃了某些东西而获得总体利益最大化的一种选择。制度妥协往往采取的是两害相权取其轻的策略，因而由制度妥协产生的制度恶是不可避免的，是必要的。制度妥协实际上也是一种价值让步，会形成对某种制度价值的压力，同时造成对某种制度价值的破坏。由于制度妥协而产生的高考制度恶，可能是对更高程度上的高考公平的延迟供给，对高考效率的轻度损害，也可能是对人的自由全面发展要求的有限满足所导致的，等等。

制度妥协是如何产生的，又为什么是合理的呢？现代社会价值多元，对于哪种价值更有价值，人们有不同的意见，罗尔斯把这个现象称之为合理的多元主义，并提出了“判断的负担”概念来说明这个问题。判断的负担所指的是作判断时会碰到的不可克服的困难。罗尔斯一共列了六条困难，它们分别是：经验证据可能相冲突并且太复杂；即使大家同意哪些因素应该列入考虑，但是对于各个因素的重要性大家可能有不同的看法；关键性的概念可能含混不清，因此可以有不同的解释及了解；在现代世界中，决定我们如何评判证据及权衡价值的整体经验，是极为复杂的，而且也因人而异；关涉一个问题的各方面可能有不同种类的规范性的考虑；当被迫对于我们所珍惜的诸种价值做选择时，我们会遇上很大的困难来决定它们的优先性①。制度妥协意味着承认人的有限理性，绝对理性主义者充分信任人类智力水平，确信理性能够帮助人类认识全部知识与终极真理。他们充分相信个人理性或组织理性，因而在思想上排除与不同意见者的协商、对话与妥协的可能性。而事实上，“社会生活如此复杂，以致很少有人或者根本无人能够在总体的规模上评价某项社会工程的蓝图；评判它是否可行；它是否会带来真正的改善；它可能引起何种苦难；以及什么是保证其实现的手段”②。在广泛的语境中，人们的每一次行动都是一次选择。在做出选择时，人们不仅受到价值理念的制约，还受到信息或知识的限制。正是因为理性的有限，才使得人们愿意接

---

① 罗尔斯：《政治自由主义》，万俊人译，译林出版社，2000 年，第 60 页。

② 波普尔：《开放社会及其敌人（第 1 卷）》，陆衡，等译，中国社会科学出版社，1999 年，第 294 页。

受不完美的结果，在无法“最优”时就谋求“满意”，无法“满意”时就避免“最糟”。

我们可以设想，如果高考制度只坚持“分数面前人人平等”，坚持一种丝毫不妥协的仅以“分数”来分配高等教育机会的方案，那就一定会导致制度的僵化。适当的妥协既是出于政治的考虑，也是出于经济的谋算。首先，政治性的教育决策过程及其结果总是具有妥协性的。“为了选择最佳政策而精疲力竭地去追求极限，通常是得不偿失的，在实际上也是不可能达到的。因此一个可供选择的战略不是要过分追求——而是决定低于极限、但可接受、能完成的目标水平”①，人们生活在现实的教育世界，注定要接受不完美的事实。教育决策无法去追求最大的善，而只能尽量避免最大的恶，因而大多数人的“满意”成为教育决策的出发点。“在现代教育生活中，多元主体（包括平等的个体、群体、国家）之间的让步与妥协，是解决教育制度变革过程中的争端与分歧、阻力与障碍，推动教育制度变革的重要机制。”②可以说，高考制度是不断协调各方面的利益关系，从而缓解高等教育供需矛盾的积极的制度妥协。

其次，高考制度妥协也是出于一种经济上的谋划。在现代社会生活中，如果合作产生的剩余不能合理分配，往往导致合作失败。所以，对合作剩余的分配问题成为合作能否实现或持续实现的关键。什么样的分配方案合理呢？在经济学家看来，就是相关双方或多方能够达成均衡，而所有的均衡都是妥协。制度妥协是人们的一种合作行为，其本质是妥协各方的一致赞同和共同契约。按照布坎南等人的观点，一致赞同实际上是很难达到的，但是，它却是人民追求的理想目标和最高的规范标准。因为，一致赞同是各个行为主体的自主选择，是他们根据对自己成本收益的计算做出的最佳选择。这时各方的净收益达到尽可能的大，而且不可能再大，因而一致赞同不仅符合平等原则，而且符合效率标准，二者在根本上是一致的。如果一方要进一步增大自己的利益，就会损害他方的利益，必然会招致他方的反对，这时必然会造成效率损失，使得这一行为的边际成本大于边际效益；同时必然是强加于人，破坏一致赞同的基础和前提，使得妥协归于失败。一致赞同由于其具体

---

① 林德布洛姆：《决策过程》，竺乾威译，上海译文出版社，1988年，第37页。

② 李江源：《论教育制度变革中的妥协机制和妥协程序》，《清华大学教育研究》2007年第8期。

条件不同而有各种情况，有被迫同意的一致赞同，有完全自觉自愿的一致赞同。而不管具体情况如何，只要是双方赞同的，就是有效率的。“表面来看，不同条件下的一致赞同会导致结果的不平等，从而使妥协归于失败，其实，只要选择规则是一致赞同的，其前提就是平等的，妥协就是可以接受的。”①

举例来说，在关于高考制度恶的话语当中，对考试戕害青少年的身心的指责是较多的。在这个意义上说，高考制度之恶主要表现为考试之苦。因为高考结果对人的一生至关重要，因此千千万万的孩子们从入学起就过上了“三点一线”的生活，周而复始，直到高中生活结束，十几年的艰苦学习就为了迎来高考的那几天。而其间经历的大大小小无数次考试，尤其高中阶段的模拟考试、摸底考试都是高考之前的演习。“考试的项目多，时间久，一关一关地闯下来，身上的红细胞不知要死去多少千万。”② 考试之苦真是苦不堪言。

然而，比起科举考试，高考之苦就轻得多了。唐宋时期科举考试的场所多设在佛寺、学校和官舍，北宋中期开始兴建贡院。贡院虽然设备规范，但条件仍很简陋。如江南乡试多于秋季举行，每闱三场，每场三昼夜。由于中间两次换场，因此实际是九天七夜。由于科举考试事关重大，为确保考试顺利进行，开考后号舍就会上锁，其间无论发生什么事，即便是发生火灾烧死考生也不能开锁。当时的号舍一律南向成排，一个字号长的近百间，短的也有五六十间，巷口门头大书某字号，备置号灯和水缸，可供考生夜间行路，白天饮水之用。两排之间留约四尺宽的长巷，号舍屋顶盖瓦，每间隔一砖墙，外侧高六尺，长四尺，宽三尺，每号对面的墙壁上留有小龛，可以放置小炉以热茶水，考试期间伙食由考生自备。因为乡试时间较长，加上天气闷热，饭菜很快就会变质，所以考生一般都只带干粮充饥。号舍左右两壁砖墙在离地一二尺之间，砌出上、下两道砖托，以便在上面放置上、下层木板。白天考试，上层木板代替桌案，下层木板为坐凳，供考生坐着答题，夜晚取出上层木板并入下层，用来当睡觉的床。但因号舍长度只有四尺，相当于1.33米，人睡下去连腿都无法伸直。而这个面积只有一个多平方米的号舍没有门，考生需自备油布作门帘以防风雨。在考试的九天七夜里，考生答题和食宿全在号舍里，考试过程中的艰苦程度可想而知。又如明清两代每三年

---

① 张曙光：《论妥协》，《读书》1995年第3期。

② 梁实秋：《谈考试》，天涯社区：http：//laiba.tianya.cn/tribe/showArticle.jsp?groupId= 32163&articleId=c337b0597e3ee8032b677ef024f8a495。

在京城举行的一次考试，叫作会试，在乡试的第二年举行，由于交通不便，进京赶考是充满艰辛的旅程，很多士子甚至病倒在赶考途中。而经过千辛万苦赶到京城参加考试的士人一旦落榜，又使得许多无颜见江东父老的举子羁留京城，等待下一次的机会。

这种竞争性考试所致的考试之苦是不可避免的，而且考试的竞争性越强，考生所受的苦难也就越深重。“只有在一个由于普遍消除了社会障碍而达到了一体化的社会中，这种担任挑选和分配工作的教育任务才会丧失其消极的筛滤功能，而具备促进人类成就的积极的特征。”① 因此，这种高考制度恶是必需的，不可逾越的，它只能在程度上有所减轻。

二、制度缺失所致的高考制度“恶”

高考舞弊是人们深恶痛绝的一种社会现象。依据高考制度的主要环节划分，高考舞弊主要有两类，即考试环节的高考舞弊和招生环节的高考舞弊。前者既包括考场舞弊，也包括枪手替考、集体替考、试题泄漏等围绕着考试进行的作弊行为。随着电子信息技术的发展，考场舞弊从简单的夹带、抄袭邻座发展到了利用高科技手段进行作弊的形态，显影碳粉、透视眼镜、针孔摄像机、无线耳机、信息手表、隐形钢笔等高科技作弊工具层出不穷；后者包括高考移民、身份（资格）造假等作弊行为。20 世纪 80 年代以来，高考舞弊呈愈演愈烈的趋势，已不仅仅是考生的个体行为，而且表现出了群体化和产业化特征，严重威胁高考制度的公信力。高考舞弊侵害了考试的公平，形成“不公平竞争”，鸠占鹊巢，使得一部分人不当占取高等教育资源和就业机会。不但如此，这种公然存在的舞弊会颠覆学生的是非观。舞弊规模的扩大将使十几年的道德教育功亏一篑，侥幸逃脱惩罚的考生在未来的岁月中有可能会一错再错，而那些勤奋学习的考生可能会从这种丑陋的现实中开始怀疑社会的公正，怀疑自我奋斗的价值。高考舞弊实在是高考制度的一个顽渍。对高考舞弊行为必须给予严厉的惩治，这是一种惩罚性公正。所谓惩罚性公正，指的是对不公正行为的惩罚。“惩罚性公正直接要保护的不是人们的利益，而是要保护公正本身。它保护的是‘公正’本身的有效性。”②

---

① 联合国教科文组织国际教育发展委员会：《学会生存——教育世界的今天和明天》，教育科学出版社，1996 年，第 87 页。

② 赵汀阳：《论可能生活——一种关于幸福和公正的理论》，中国人民大学出版社，2004 年，第 185 页。

从制度伦理的意义上说，高考舞弊是制度缺失所致。“舞弊的产生，首先应该是源于道德、心理和行为的失范，然后是制度的不健全。道德的失范，导致从不健全的体制中寻求并获得利益；而制度的不健全，则为这种失范提供了实践的土壤，并且强化了这种失范的心理和行为。”① 柯武刚和史漫飞认为，好的或者有效的制度应遵循三项准则：第一项准则是制度应具有一般性。换言之，制度不应在无确切理由的情况下对个人和情境实施差别待遇。第二项准则是有效规则必须在两种意义上具有确定性，即它必须是可以认识的（显明的）和可为未来的环境提供可靠的指南。因此，确定性意味着正常的公民应能清晰地看懂制度的信号，知道违规的后果，并能恰当地使自己的行为与之对号。第三项准则是制度应当具有开放性，以便允许许多行为通过创新行动对新环境做出反应②。这就是说一个好的有效的制度要兼具一般性、确定性和开放性。就此而言，高考制度在确定性上存在着两种制度缺失，一种是显性缺失，另一种是隐性缺失。高考制度本身存在着作弊的诱因，从而使高考舞弊得以大行其道。

高考制度的显性缺失，一方面表现为缺乏惩治高考舞弊的专门的法律法规。目前治理高考作弊实际上是有法可依的，刑法对考试舞弊、非法泄露个人信息的惩处都有明确规定。如刑法第四百一十八条规定：情节严重的考试舞弊行为可判三年以下有期徒刑或拘役；2009 年第十一届全国人大常委会第七次会议通过的刑法修正案（七）增加规定：教育机关工作人员贩卖或非法泄露公民个人信息，情节严重的，处三年以下有期徒刑或拘役，并处或单处罚金。2015 年，第十二届全国人大常委会第十六次会议通过的刑法修正案（九）新增规定：“在法律规定的国家考试中，组织作弊的，处 3 年以下有期徒刑或者拘役，并处或者单处罚金；情节严重的处 3 年以上 7 年以下有期徒刑，并处罚金。”“代替他人或者让他人代替自己参加第一款规定的考试的，处拘役或者管制，并处或者单处罚金。”有些地方已经依据刑法规定对作弊人员进行了惩处。但是专门用来惩治考试舞弊的法律还没有，这就使得公民无法清晰地看懂制度的信号，不明了违规的后果，不能使自己的行为与之对号。虽然高考制度在不断改进，但现在的考试制度基本上还是“一考定终生”，只要作弊成功，就能获得较高的分数，考上较好的大学，进而获得

① 裴云：《高考舞弊及其所预示的危机》，《湖北招生考试》2006 年 12 月号下半月。

② 柯武刚、史漫飞：《制度经济学》，韩朝华译，商务印书馆，2000 年，第 148 页。

较高的社会地位。因此，作弊的收益是很大的，而相对来说风险却小得多，这无疑会成为促使广大考生及利益相关者铤而走险的一大诱因。所以，要加强高考制度的明确性就要加快考试法的制定，以法律形式明确受教育者的考试权益，明确政府、考试组织机构、大学、中学在考试、招生中的权利与责任，严厉打击考试作弊行为，追究在考试招生中弄虚作假、侵犯受教育者权益的行为的法律责任。

高考制度显性缺失的另一方面表现为缺乏相关配套措施，由于相关配套的制度没有跟上而造成制度的完整性无法实现。要使对高考舞弊行为的处理有法可依，不仅要建立类似考试法这样的专门法规，还必须把高考舞弊现象纳入到整体社会的制度框架内加以审视。不仅要对教育体制、招生模式以及考试法规进行改革完善，还要辅以对诸如人才评估体制、权力与资源的分配体制中不合理因素的制度清理。在高考招生录取环节中涉及的户籍管理制度、个人信息管理制度、高考报名资格审查制度、学生档案管理制度等如果出现漏洞，就会给舞弊者以可乘之机。近年频发的“冒名顶替上大学”现象，正是个人信息管理制度漏洞严重的一个重要表现。而一直以来颇受诟病的加分制度也由于造假丑闻频出而处于进退两难的尴尬境地，不但出现三好学生、优秀学生干部等荣誉造假，还出现特长生造假、少数民族身份造假等涉及高考加分或降分录取、优先录取等环节的舞弊行为。因为“‘荣誉’造假的‘好处’不仅体现在录取时‘加分’上，还体现在进入大学以后的成长上。一个在中学就是三好学生或优秀学生干部的学生，很容易给大学老师留下品学兼优的印象，安排为学生干部，甚至对学生毕业后就业也有帮助”①，因此使得权势阶层趋之若鹜。显然，减少乱加分现象，一方面需要整饬不合理的加分政策，另一方面需要相关配套措施，建立一套公开、公平、规范的学生档案管理制度，通过制度约束造假行为；还需要加强权力监督和制衡，约束官员权力，使有加分权者不能随意弄权，让加分细节公开、透明，并配套设置一系列周详、到位、透明、有效的公众监督机制。更为根本的是，要加强精神文明建设，杜绝权力腐败之风。曾有论者建议，对所有的高考加分应一律取消，不给官员子女上下其手、以售其奸的空间。此情可鉴，但这无疑使制度再次走向僵化。加分政策是无辜的，是腐败污染了加分。如果这种风气不变，高考制度的变通性和开放性就会受到很大的破坏，走向僵硬就在

---

① 马书平：《荣誉造假：高考舞弊新热点》，《中国社会导刊》2003 年第 1 期。

所难免。因为实际上有能力破坏高考制度公正的只是少数人，但这种破坏性具有扩散性，随后多数人的愤怒将使制度回归僵硬，增加种种监管程序也可能只不过是增加了制度成本和寻租机会，结果是所有人一起分担制度落后的成本。

还有一种容易为人们所忽视的制度缺失是隐性缺失。隐性缺失是指表面上某方面的制度十分“齐全”，而实际上却毫无效果或效果不显著，甚至教育部门、监管部门的人员都参与其中。如2009年教育部普通高校招生办法就对严重违规的考生和工作人员等的惩罚作了明确的规定，如对高中非应届毕业生报考、在高考中利用通信工具作弊、由他人代考或替他人考试的，不但取消今年录取资格，还要取消下一年度报名资格，违规参加高考的在校大学生要依据有关规定严肃处理直至开除学籍。对指使、组织或参与组织“高考移民”活动、高中非应届毕业生或高校在校生参加高考、群体性考试舞弊，属教师或教育系统人员的，取消其工作人员资格、撤销职务并给予调离工作岗位或开除公职等党纪政纪处分；属社会其他人员的，通报其所在单位或主管部门，建议给予党纪政纪处分或相应处罚。违反法律的将依法追究法律责任。继续加强诚信考试宣传教育，组织签订诚信高考承诺书，教育考生诚实面对高考，诚信做人，考试不作弊、资格不作假，更不要搞冒名顶替一类的事。同时完善考生高考诚信电子档案和国家、省两级国家教育考试诚信档案查询系统，强化对违规考生的约束力。采取有力措施强化考场管理，特别是加强对利用通信工具作弊的防范、识别及处置能力，同时，教育部门将积极与公安、无线电管理等部门配合，按照国家有关规定加强对利用通信工具内外串通舞弊、雇人代考或替考、传播涉嫌危害考试安全有害信息等行为的联合防范和打击。这些防范高考舞弊的规定不可谓不细密周全，但当年的高考舞弊事件未必比以往更少更轻。2012年教育部网站公布了修订后的《国家教育考试违规处理办法》，加大了对严重考试作弊行为的惩戒力度，细化了考试管理相关制度。但当年的高考作弊案也是此起彼伏。

这种制度的隐性缺失主要在于执法主体缺少严格执法的动机。监考人员法律观念淡薄甚至参与到高考舞弊的行为当中，是考场舞弊事件发生的主要原因之一；除此之外，高考中存在的地方保护主义，也是滋生高考舞弊的温床。因为高考成绩牵涉地方的政绩问题，升学率高，就说明当地的教育办得好。虽然现在大多数地区都实行异地监考制度，但是有些地方官员地方保护主义严重，只想提高本地升学率而漠视为国选才的高度责任，有的地方领导甚至暗示和鼓励高考作弊以提高地方的升学率。某些地区监考人员抓出了作弊者，领导担心影响不好，有的会从中调节，对作弊者作最轻处理甚至不处理，报喜不报忧，欺上瞒下，考风考纪就无从抓起。

当然，制度缺失只是高考舞弊问题的一个制度诱因，而不是最根本的原因。即使有严密的高考专门法，即使对高考舞弊行为给予极为严厉的惩处，仍然不会杜绝高考舞弊现象的发生。举科举考试的例子来说，为保证科举考试的公正性，历朝历代都制订出各种规则以防止科场舞弊，“种种防弊之法实际上已到了过分繁密和严苛、相当束缚考官和士子的自主性和创造性的地步，其对考官和士子的不信任无以复加，我们在中国传统中不易发现的对人性阴暗面的认识和中国人的实用智慧，都在这里得到了淋漓尽致的表现”①。但清中后期，科场舞弊不仅没有因统治者实施严刑峻法而减少、收敛，反而越来越严重。科举关防越严格，科场舞弊查处越严厉，考试舞弊手段也随之越巧妙多样。如果说，“一个国家中的每个个人抵抗不公正行为的力量与这个国家所出现的不公正行为的总量正好成反比”②，那么，对于科举制而言，科场舞弊总量的增长说明应试者抵抗不公正力量的微小，以至于到后来，夹带的现象已经十分普遍，也就是说，士子们不但抵抗不公正的意识越来越淡薄，反而试图加入舞弊的行列成为不公正行为的获利者。这说明，首先，科举制作为科举社会中社会阶层流动的重要甚至几乎是唯一的方式，必然因其过重的价值负载而造成对人的精神重压，其制度本身的公正性也会在整体社会制度安排非正义的背景下遭遇扭曲变形。其次，惩罚性公正对公正的保护是有一定局限的，因此不能寄希望于依靠加强惩罚性公正而有效保护制度的公正性。惩罚从来不是目的，而只是一种手段，惩罚最终是为了减少惩罚，或者说，公正的消极方面最好能发展成另一个积极方面。但即便如此，惩罚性公正仍不失其存在的价值。以古鉴今，在高考舞弊案中，考生、家长、老师甚至其他社会人员都参与到舞弊行为当中，正向我们发出了一个危险的信号，改革单一的高考评价体系，建立完善的高考法规两措并举依然任重道远。

---

① 何怀宏：《选举社会及其终结——秦汉至晚清历史的一种社会学阐释》，生活·读书·新知三联书店，1998 年，第 118～119 页。

② 弗里德里希·包尔生：《伦理学体系》，何怀宏、廖申白译，中国社会科学出版社，1988 年，第 532 页。

本章小结

制度的伦理评价合理与否有一定的标准，制度的伦理评价往往是对制度价值实现与否的一种判断，制度价值的实现要受各种条件的制约，高考制度价值的现实可行性是高考制度伦理评价的一个依据。对高考制度以及科举制度的伦理评价应该秉持一种历史主义的态度。即使用现代社会的公正标准来衡量古代科举制度，仍可得出一个接近肯定性的答案，可见科举制度公正在当时社会的极其重要性以及对后世的极大影响。

在各种高考制度伦理评价中，高考制度的公正性遭受非议最多，这一方面是一种“社会事实”，另一方面也是一种舆论失实。事实上，高考制度的公正性虽然没有人们期待的那么好，但也没有人们批评的那么差。高考制度公正之所以经常被推到风口浪尖上，这除了是因为前面有一个公正程度较高的科举制度的榜样，还因为公民社会的形成，教育参与程度的提高，势必进一步转变人们对教育的态度，更加积极和主动地关心教育和考试的改革和发展，关心高考与个人利益之间的关系，进而更加关心高考制度的公平。另一方面，公正观念的相对性和主观性也是高考制度公正评价莫衷一是的一个重要原因。

高考制度是高考价值之间妥协的结果，每一次高考改革都是高考制度价值之间关系的一次调整，制度妥协带来的一个结果就是某种或者某些价值的让步，制度价值的有限实现难免会造成一种制度恶的错觉，而这其实正是为了实现更大的善。由于高考法制建设的滞后以及相关配套制度的不完善，使得舞弊与反舞弊每年都像是一场没有硝烟的战争，高考舞弊是高考制度本身难以克服的，但由制度缺失所致的高考舞弊却是可以杜绝的。

余论：高考制度伦理是公共行政伦理的应有之义

高考制度既是教育制度的组成部分，也是一项重要的社会制度，因而就必然要受公共道德理性的追问。“制度伦理既是人们对制度合理性的道德诉求，也是人们对公共道德理性最基本的社会认同。”① 无疑，高考制度伦理是公共行政伦理的应有之义。这表现在两个方面，其一，公共政策伦理对高考制度伦理起着指导性的作用，在公共行政伦理的意义上，公共利益是高考制度价值选择的最重要依据；其二，政府作为公共行政的主体，有责任对高考的向善建制进行制度供给。

首先，高考制度伦理是公共政策伦理的具体化。一项稳定的社会制度是由若干公共政策决定的，或者说是依据若干公共政策制定的，因此，其价值取向要受公共政策价值选择的制约。

从公共行政伦理的角度看，建立效能政府的一个重要的前提就是公共性，忽视公共性也就使行政效能失去了归依。“公共性”指政府组织应着眼于社会长期发展、根本的利益和公民普遍、共同的利益开展其基本活动。衡量公共行政是否达到公共性的基本标准是，公共政策及其执行是否坚持和维护了公民的基本权利，是否在舆论中体现和表达了公民的意志，政策和执行的出发点是否超越了政府的自利倾向，而考虑更为普遍的社群利益和社会长远利益等。公共性的主要表现形式是，政府作为人民权力的授予者和委托权力的执行者，按照社会的公共利益和人民的意志，从保证公民利益的基本点出发，制定与执行公共政策。

公共政策是公共权力机关（主要指政府）经由政治过程所选择和制定的

---

① 李仁武：《制度伦理研究——探寻公共道德理性的生成路径》，人民出版社，2009 年，第 201 页。

为解决公共问题、达成公共目标、以实现公共利益的方案。从一般意义上讲，公共利益是具有社会分享的、为人们生存、享受和发展所需的资源和条件。在公共利益的体系中，不仅存在着不同层次和不同领域的公共利益，还存在着完全自愿性分享，以及包含着自愿性分享与强制性分享并存等多种形式的公共利益。亚里士多德是较早关注公共利益的哲学家，他提出用正义来维护公共利益。正义所要维护的东西有两样，一是公共利益，二是每个人具体的应得的利益。他说："政治学上的善就是'正义'，正义以公共利益为依归。"如何来维护公共利益？亚里士多德的办法是用法律，"法律是以合乎德性以及其他类似方式表现了全体的共同利益"，因为法律是为了促进某种公共利益而制定的。

政府在管理社会公共事务、调整社会关系的过程中有责任确保公共利益居于支配地位，其所有的行政决策和活动必须能够有效地凝聚、表达和实现公共利益。公共政策伦理是制定良好公共政策的前提。就此意义而言，政策伦理比任何单个的政策都更加重要，原因在于所有的政策都依于伦理。公共政策的本质在于对社会利益和价值进行权威性的分配。因而在资源稀缺的政策情境下，公共政策背后所隐藏的伦理选择就显得十分重要。如果政府的公共政策选择偏离了公共利益的轨道，后果是不堪设想的。归根结底，公共政策伦理所涉及的是正义价值的选择问题，也就是如何做到社会利益和社会负担的合理分配。这就要求政府部门制定公共政策的时候，必须以公共利益为重，慎重选择政策取向，最大限度地增进公共利益。高考制度的公正问题之所以成为当今社会的一个极为敏感的问题，一个重要的原因就在于教育的公共性特点，高考是涉及公共利益的一项社会制度。因而在市场经济条件下，也许人们能够在一定程度上容许经济上的差异，包括收入等方面的分化，但是，他们往往绝对不能容忍教育上的差异和分化。因此，在高考制度的价值取向上，最大限度地增进公共利益就成为价值选择的最重要依据。政府要面向全体社会成员，体现无差别原则和无歧视原则。对于高考制度的改革要充分体现"规则均等"的无差别原则，也要体现对弱势地区和弱势群体的"补偿原则"。

其次，教育属于公共事务，对公共事务进行管理是政府的主要职责之一，政府通过对公共事务进行制度供给来促进制度创新，以对公共事务实施有效管理，满足公共需求，达成善治。

随着改革开放的不断深入，公共需求发生着相应变化。首先，在量上表现出剧增趋势，日益增长的公共需求同公共服务体系发展滞后之间存在着矛盾。其次，公共需求更加追求品质。随着社会的进步和公共空间的逐渐形成，社会公众在政治参与方面的意识越发强烈，越发注重公共产品和公共服务的质量。这两种变化突出地表现在高等教育的入学机会当中。目前我国高等教育虽然迅猛发展，成为高等教育的大国，但仍不能满足人民群众渴望接受高等教育尤其是优质高等教育的需求，这除了需要进一步加大政府在教育上的投入外，还要对高等教育机会进行“规则平等”的分配，进一步完善高考制度。

教育具有公共物品的属性。依据公共物品理论，公共物品相对于私人物品而言，是一种满足社会公共消费需求的物品，具有消费的非排他性和非竞争性。所谓非排他性，是指公共物品是提供给所有人消费的，既无法也无必要只提供给一些人而排除另一些人。所谓非竞争性，是指一个人对公共物品的消费，不会减少其他人的消费。简而言之，就是美国经济学家萨缪尔森的概括：私人物品在人与人之间是完全可分的，而公共物品在人与人之间是不可分的。既然公共物品的消费具有非排他性和非竞争性，是一视同仁地提供给所有人消费的，于是私人行为和市场行为失效和失灵，从而构成了政府行为介入和活动的范围。因此，向全社会提供基本的公共物品是政府义不容辞的责任，甚至可以说是政府存在的依据和理由。

一般来说，可将我国的教育物品按公共性程度划分为三种：一是教育中的公共物品，面向所有社会成员，主要由政府提供给受教育者，如九年义务教育已纳入国家法律和国家政策框架。二是教育中的准公共物品，如非义务教育阶段的幼儿教育、高中阶段教育、高等教育，因受教育资源的限制，目前条件下的教育消费具有一定程度的排他性和竞争性，由政府、社会、个人的混合方式提供，但政府决不应缺席和退场。三是教育中的私人物品，如民办教育或私立教育，具有较高程度的排他性和竞争性，由市场提供，受教育者缴费上学，政府实行监管。相对于三类不同性质的教育物品，政府的职责也相应不同。对于教育的公共物品，政府应一视同仁，免费提供；对于教育的准公共物品，政府负有重要责任，要行为介入；对于教育的私人物品，政府也负有责任，要实行监管。

高考制度反映着人们的基础教育（公共物品和部分准公共物品）的获得品质和高等教育（准公共物品）的获得机会，政府有责任对高考制度进行制度供给，满足高考制度所反映的公共需求。可以说，政府也一直在进行着供给型制度变迁，20 世纪 80 年代中期以来的高考几乎每年都会有新的制度变化，没有哪一项教育制度比高考制度变动得更加频繁。而事实上，政府对公共事务的制度供给并不是越多越好，因为教育领域中主要发生的是政府主导型的制度变迁，这种制度变迁既可能导致供给不足，也可能导致供给过剩。一方面，政府主导型的制度变迁由于是自上而下进行的，缺乏完善、健全的“自下而上”的公共需求表达机制，造成结构性的制度供给不足，致使高考制度难以反映公众对高等教育的真实需求。另一方面，由于政府能力和意愿的强势，供给主导型制度变迁容易产生制度供给过剩问题。由于政府能力的内在扩张性，在公共物品和公共服务的提供上具有超额生产公共物品的内在倾向，这会导致供给的相对过剩。所谓制度供给过剩，是指相对于社会对制度的需求而言有些制度是多余的，或者是一些过时的制度以及一些无效的制度仍然在发挥作用。这些多余的、过时的和无效的制度与现存处于供求均衡状态下的制度同时在运行，影响了制度的供求均衡。

当然，制度并不是万能的，政府的制度供给只是高考制度伦理建设的一个方面。一直以来，高考改革总是在坚硬、无法变通的制度和灵活、以人为本的制度之间做钟摆式的运动，很难两全其美。这种状况的改变需要公民素养的提升，需要一个信奉公平竞争、人人独善其身的社群，需要一个更高的执政能力和执政责任心的公共权力机关。在公民素养不高、公共权力机关执政能力低下的情况下，所谓制度严密的结果往往就是让所有人沦为制度刚性的牺牲品。可以说，执政能力的增强和公民社会的强大是高考制度“善”的两个重要支撑。

参考文献

一、著作

[1] 程立显. 伦理学与社会公正 [M]. 北京：北京大学出版社，2002.
[2] 陈忠武. 人性的烛光 [M]. 昆明：云南人民出版社，2004.
[3] 段治乾. 教育制度伦理研究 [M]. 郑州：河南人民出版社，2005.
[4] 樊浩. 伦理精神的价值生态 [M]. 北京：中国社会科学出版社，2001.
[5] 费孝通. 乡土中国 [M]. 南京：江苏文艺出版社，2007.
[6] 高峰. 温馨与哀愁——科举与女性 [M]. 长春：时代文艺出版社，2007.
[7] 高兆明. 社会变革中的伦理秩序——当代中国伦理剖视 [M]. 徐州：中国矿业大学出版社，1994.
[8] 高兆明. 制度公正论 [M]. 上海：上海文艺出版社，2001.
[9] 何怀宏. 选举社会及其终结——秦汉至晚清历史的一种社会学阐释 [M]. 北京：生活·读书·新知三联书店，1998.
[10] 黄全愈. “高考”在美国：旅美教育学专家眼里的中美“高考” [M]. 桂林：广西师范大学出版社，2003.
[11] 贾非. 考试制度研究 [M]. 成都：四川教育出版社，1995.
[12] 刘海峰. 科举学导论 [M]. 武汉：华中师范大学出版社，2005.
[13] 刘海峰. 科举考试的教育视角 [M]. 武汉：湖北教育出版社，1996.
[14] 刘海峰，李兵. 中国科举史 [M]. 上海：中国出版集团东方出版中心，2004.
[15] 刘海峰. 公平与效率：21 世纪高等教育改革与发展 [M]. 福州：福建教育出版社，2003.

[16] 刘海峰. 高校招生考试制度改革研究 [M]. 北京: 经济科学出版社, 2009.
[17] 刘精明. 国家、社会阶层与教育——教育获得的社会学研究 [M]. 北京: 中国人民大学出版社, 2005.
[18] 李弘祺. 宋代官学教育与科举 [M]. 台北: 联经出版事业公司, 1994.
[19] 李立峰. 中国高校招生中的区域公平研究 [M]. 武汉: 华中师范大学出版社, 2007.
[20] 李仁武. 制度伦理研究——探寻公共道德理性的生成路径 [M]. 北京: 人民出版社, 2009.
[21] 李文胜. 中国高等教育入学机会的公平性研究 [M]. 北京: 北京大学出版社, 2008.
[22] 劳凯声. 教育法论 [M]. 南京: 江苏教育出版社, 1993.
[23] 厉以宁. 经济学的伦理问题 [M]. 北京: 生活·读书·新知三联书店, 1995.
[24] 罗国杰. 中国伦理学百科全书: 第 1 卷 [M]. 长春: 吉林人民出版社, 1993.
[25] 倪愫襄. 伦理学导论 [M]. 武汉: 武汉大学出版社, 2002.
[26] 倪愫襄. 制度伦理研究 [M]. 北京: 人民出版社, 2008.
[27] 裴娣娜. 教育研究方法导论 [M]. 合肥: 安徽教育出版社, 1997.
[28] 瞿葆奎. 教育基本理论之研究 [M]. 福州: 福建教育出版社, 1998.
[29] 钱穆. 中国历史研究法 [M]. 北京: 生活·读书·新知三联书店, 2001.
[30] 秦晖. 问题与主义: 秦晖文选 [M]. 长春: 长春出版社, 1999.
[31] 施惠玲. 制度伦理研究论纲 [M]. 北京: 北京师范大学出版社, 2003.
[32] 宋希仁. 西方伦理思想史 [M]. 北京: 中国人民大学出版社, 2004.
[33] 宋增伟. 制度公正与人的全面发展 [M]. 北京: 人民出版社, 2008.
[34] 孙正聿. 哲学通论 [M]. 沈阳: 辽宁人民出版社, 1998.
[35] 覃红霞. 高校招生考试法治研究 [M]. 武汉: 华中师范大学出版社, 2007.
[36] 施惠玲. 制度伦理研究论纲 [M]. 北京: 北京师范大学出版社, 2003.

[37] 涂艳国. 走向自由——教育与人的全面发展问题研究 [M]. 武汉：华中科技大学出版社，1999.
[38] 王炳照，徐勇. 中国科举制度研究 [M]. 石家庄：河北人民出版社，2002.
[39] 王海明. 公正平等人道——社会治理的道德原则体系 [M]. 北京：北京大学出版社，2000.
[40] 王海明. 新伦理学 [M]. 北京：商务印书馆，2001.
[41] 王金秀. 公共财政政策与政府治理 [M]. 北京：中国财政经济出版社，2007.
[42] 王秀卿. 高等学校招生考试理论研究 [M]. 北京：航空工业出版社，1994.
[43] 潘慧玲. 教育研究的取径：概念与应用 [M]. 台北：高等教育文化事业有限公司，2004.
[44] 吴钢. 现代教育评价基础 [M]. 上海：学林出版社，1997.
[45] 谢青，汤德用. 中国考试制度史 [M]. 合肥：黄山书社，1995.
[46] 谢维和，等. 中国的教育公平与教育发展（1990—2005）——关于教育公平的一种新的理论假设及其初步证明 [M]. 北京：教育科学出版社，2008.
[47] 辛鸣. 制度论——关于制度哲学的理论建构 [M]. 北京：人民教育出版社，2005.
[48] 许庆豫，卢乃桂. 教育分流论 [M]. 南京：江苏教育出版社，2005.
[49] 杨东平. 艰难的日出：中国现代教育的 20 世纪 [M]. 上海：文汇出版社，2003.
[50] 杨东平. 中国教育公平的理想与现实 [M]. 北京：北京大学出版社，2006.
[51] 杨晓民，周翼虎. 中国单位制度 [M]. 北京：中国经济出版社，1999.
[52] 杨学为，廖平胜. 考试社会学问题研究 [M]. 武汉：华中师范大学出版社，2003.
[53] 杨学为. 高考文献 1949—1976 [M]. 北京：高等教育出版社，2003.
[54] 杨学为. 中国高考史述论 [M]. 武汉：湖北人民出版社，2007.
[55] 杨学为. 中国考试改革研究 [M]. 北京：北京大学出版社，2001.

[56] 杨学为. 中国考试大辞典 [M]. 上海：上海辞书出版社，2006.
[57] 杨学为. 中国考试通史：一至五卷 [M]. 北京：首都师范大学出版社，2008.
[58] 杨学为，刘芃. 中国考试史文献集成：第一卷 [M]. 北京：高等教育出版社，2003.
[59] 杨光斌. 制度变迁与国家治理——中国政治发展研究 [M]. 北京：人民出版社，2006.
[60] 袁振国. 当代教育学 [M]. 北京：教育科学出版社，1999.
[61] 张德胜. 儒家伦理与秩序情结 [M]. 台北：台湾巨流出版公司，1993.
[62] 张东骄. 最后的图腾——中国高中教育价值取向与学校特色发展研究 [M]. 北京：教育科学出版社，2005.
[63] 张仲礼. 中国绅士研究 [M]. 上海：上海人民出版社，2008.
[64] 张人杰. 大教育学 [M]. 广州：广东高等教育出版社，1995.
[65] 张民选. 高校招生考试制度改革研究 [M]. 上海：上海教育出版社，2008.
[66] 赵汀阳. 论可能生活——一种关于幸福和公正的理论 [M]. 北京：中国人民大学出版社，2004.
[67] 赵汀阳. 没有世界观的世界 [M]. 北京：中国人民大学出版社，2003.
[68] 郑若玲. 科举、高考与社会之关系研究 [M]. 武汉：华中师范大学出版社，2007.
[69] 郑永廷. 人的现代化理论与实践 [M]. 北京：人民出版社，2006.
[70] 谢维和. 教育活动的社会学分析 [M]. 北京：教育科学出版社，2000.
[71] 当代国外马克思主义评论 (7) [M]. 北京：人民出版社，2009.
[72] 关世杰. 人类文明中的秩序、公平公正与社会发展 [M]. 北京：北京大学出版社，2009.
[73] 何东昌. 中华人民共和国重要教育文献 [M]. 海口：海南出版社，1998.
[74] 中共中央党史研究室. 中华人民共和国教育大事记 (1949—1982) [M]. 北京：教育科学出版社，1984.

[75] 国家教育发展研究中心．中国教育绿皮书——中国教育政策年度分析报告［M］．北京：教育科学出版社，2008.
[76] 教育部考试中心．难忘 1977：恢复高考的历史实录［M］．天津：天津人民出版社，2007.
[77] 教育部高校学生司．“十五”期间研究生招生政策与实践［M］．北京：北京师范大学出版社，2006.
[78] 中国教育年鉴编辑部．中国教育年鉴（1949—1981）［M］．北京：中国大百科全书出版社，1984.
[79] 中华人民共和国教育部．共和国教育 50 年［M］．北京：北京师范大学出版社，1999.
[80] 梁启超．新民说［M］．沈阳：辽宁人民出版社，1994.
[81] 欧阳修．欧阳文忠公集［M］．北京：中华书局，2001.
[82] 阿德勒．六大观念［M］．北京：团结出版社，1989.
[83] 阿克顿．自由与权力［M］．侯健，范亚峰，译．北京：商务印书馆，2001.
[84] 波普尔．开放社会及其敌人：第 1 卷［M］．陆衡，等译．北京：中国社会科学出版社，1999.
[85] 布尔迪厄．布尔迪厄访谈录——文化资本与社会炼金术［M］．包亚明，译．上海：上海人民出版社，1997.
[86] 杜赞奇．文化、权力与国家［M］．王福明，译．南京：江苏人民出版社，1996.
[87] 黑格尔．小逻辑［M］．北京：商务印书馆，1980.
[88] 霍布豪斯．社会正义要素［M］．孔兆政，译．长春：吉林人民出版社，2006.
[89] 林德布洛姆．决策过程［M］．竺乾威，译．上海：上海译文出版社，1988.
[90] 矢仓久泰．学历社会［M］．长春：吉林人民出版社，1982.
[91] 亚里士多德．亚里士多德全集：第 8 卷［M］．北京：中国人民大学出版社，1992.
[92] 弗里德里希·包尔生．伦理学体系［M］．何怀宏，廖申白，译．北京：中国社会科学出版社，1988.
[93] 哈贝马斯．包容他者［M］．上海：上海人民出版社，2002.

[94] 柯武刚，史漫飞. 制度经济学：社会秩序与公共政策［M］. 韩朝华，译. 北京：商务印书馆，2001.
[95] 亚里士多德. 尼各马科伦理学［M］. 北京：中国社会科学出版社，1999.
[96] R 尼布尔. 道德的人与不道德的社会［M］. 蒋庆，等译. 贵阳：贵州人民出版社，2009.
[97] EARL BABBIE. 社会研究方法：上［M］. 邱泽奇，译. 北京：华夏出版社，2000.
[98] 艾伦・布坎南. 伦理学、效率与市场［M］. 廖申白，谢大京，译. 北京：中国社会科学出版社，1991.
[99] 伯顿・R 克拉克. 高等教育系统——学术组织的跨国研究［M］. 王承绪，等译. 杭州：杭州大学出版社，1994.
[100] 道格拉斯・诺斯. 制度、制度变迁与经济绩效［M］. 杭行，译. 上海：格致出版社，上海三联书店，上海人民出版社，2008.
[101] 吉尔伯特・罗兹曼. 中国现代化［M］. 南京：江苏人民出版社，1995.
[102] 罗尔斯. 正义论［M］. 何怀宏，何包钢，廖申白，译. 北京：中国社会科学出版社，1988.
[103] 罗尔斯. 政治自由主义［M］. 万俊人，译. 上海：译林出版社，2000.
[104] 麦金太尔. 德性之后. 龚群，戴扬毅，等译. 北京：中国社会科学出版社，1995.
[105] 迈克尔・沃尔泽. 正义诸领域：为多元主义与平等一辩［M］. 北京：译林出版社，2002.
[106] 威廉・K 弗兰克纳. 伦理学［M］. 北京：生活・读书・新知三联书店，1987.
[107] 青木昌彦. 比较制度分析［M］. 上海：上海远东出版社，2001.
[108] MONTGOMERY R. 考试的新探索［M］. 黄鸣，译. 南宁：广西人民出版社，1984.
[109] 弗里德里希・冯・哈耶克. 法律、立法与自由：第一卷［M］. 邓正来，等译. 北京：中国大百科全书出版社，2000.
[110] 卡尔・波普. 开放社会及其敌人：第 1 卷［M］. 陆衡，等译. 北京：

中国社会科学出版社，1999.
[111] 麦考密克，魏因贝格尔. 制度法论 [M]. 周叶谦，译. 北京：中国政法大学出版社，1994.
[112] 约翰·B汤普森. 意识形态与现代文化 [M]. 高铦，译. 上海：译林出版社，2005.
[113] 联合国教科文组织国际教育发展委员会. 学会生存——教育世界的今天和明天 [M]. 北京：教育科学出版社，1996.

二、杂志、报纸

[1] 陈彬莉. 高考制度历史演变轨迹探析 [J]. 山西师大学报（社会科学版），2007 (1)：137-140.
[2] 陈兴德. 科举观：科举学研究的新视角 [J]. 厦门大学学报（哲学社会科学版），2009 (6)：79-86.
[3] 戴家干. 高考改革与教育公平公正 [J]. 中国高等教育，2006 (12)：7-9.
[4] 邓宏图. 转轨期中国制度变迁的演进论解释 [J]. 中国社会科学，2004 (5)：130-140.
[5] 丁小浩. 规模扩大与高等教育入学机会均等化 [J]. 北京大学教育评论，2006 (4)：24-33.
[6] 段钢. 秩序的维护与知识权力的演变——纪念恢复高考制度30年 [J]. 上海青年管理干部学院学报，2007 (3)：32-34.
[7] 冯菊香，郝琦. 高考加分政策对西部教育发展的负效应 [J]. 探索与争鸣，2009 (8)：64-66.
[8] 冯科，聂海峰. 高考录取机制的帕累托效率分析 [J]. 经济科学，2007 (3)：53-65.
[9] 冯敏. “五四”前后的教育改革与中国近代学校考试制度的建立和发展 [J]. 民国档案，1999 (2)：69-73.
[10] 付刚华，尹辉. 综合评价录取：招生录取改革的新尝试 [J]. 中国高等教育，2009 (7)：41-43.
[11] 干春松. 科举制的衰落和制度化儒家的解体 [J]. 中国社会科学，2002 (2)：107-117.

[12] 郭冰. 中国教育目的 60 年：演变与反思 [J]. 中国教师，2009 (11)：18-27.
[13] 高耀明. 民国时期高校招生制度述略 [J]. 高等师范教育研究，1997 (4)：69-73.
[14] 高兆明. 制度伦理与制度"善" [J]. 中国社会科学，2007 (6)：41-52.
[15] 顾海兵. 中国高考制度批判：计划经济式的考试可以休矣 [J]. 中国改革，2001 (10)：12-14.
[16] 顾卫临. 高考：还有更好的路可走吗 [J]. 瞭望，1997 (20)：36-39.
[17] 韩东屏. 考试伦理的失落与拯救 [J]. 湖北大学学报 (哲学社会科学版)，2005 (5)：541-543.
[18] 胡敏慧，梁其健. 现行高考是推行素质教育的最大障碍——兼论高考制度改革 [J]. 湖北招生考试，2006 (12)：33-36.
[19] 扈中平. "人的全面发展"内涵新析 [J]. 教育研究，2005 (5)：3-8.
[20] 蒋纯焦. 制度公正与社会公平——科举考试的伦理学分析 [J]. 考试研究，2004 (2)：87.
[21] 蒋德海. 科举制在中国近代的遭遇 [J]. 复旦学报 (社会科学版)，1996 (5)：50-54.
[22] 瞿葆奎，熊川武. 论解读教育——兼论导致我国大陆"零诺贝尔奖"的主要原因不在教育 [J]. 北京大学教育评论，2003 (1)：13-17.
[23] 雷颐. 教育与社会 [J]. 中国教师，2004 (2)：5-8.
[24] 李弘祺. 中国科举考试及其近代解释五论 [J]. 厦门大学学报 (哲学社会科学版)，2006 (2)：18-27.
[25] 李江源. 论教育制度变革中的妥协机制和妥协程序 [J]. 清华大学教育研究，2007 (8)：12-21.
[26] 李希贵. 高考录取制度关乎高中素质教育的成败 [J]. 中国教育学刊，2005 (10)：8-9.
[27] 刘超良. 论制度德性 [J]. 江西教育科研，2004 (10)：10-12.
[28] 刘海峰. "科举，非恶制也"——兼谈教育史研究中的知今通古问题 [J]. 教育史研究，2003 (1)：40-45.
[29] 刘海峰. 高考并非"一试定终身" [J]. 高等教育研究，1997 (5)：55-59.
[30] 刘海峰. 高考并非万恶之源 [J]. 北京文学 (精彩阅读)，2006 (1)：125-127.

[31] 刘海峰. 高考改革中的公平与效率问题 [J]. 教育研究，2002 (12)：80-84.
[32] 刘海峰. 高考改革中的全局观 [J]. 教育研究，2002 (2)：21-25.
[33] 刘海峰. 高考改革中的两难问题 [J]. 高等教育研究，2000 (3)：36-38.
[34] 刘海峰. 高考制度与诺贝尔奖 [J]. 湖北招生考试，2004 (20)：1.
[35] 刘海峰. 科举制对西方考试制度影响新探 [J]. 中国社会科学，2001 (5)：188-202.
[36] 刘海峰. 科举制与儒学的传承繁衍 [J]. 中国地质大学学报（社会科学版），2009 (1)：7-13.
[37] 刘海峰. 素质教育与高考改革 [J]. 校长阅刊，2007 (Z1)：23-24.
[38] 刘海峰. 为科举制平反 [J]. 书屋，2005 (1)：4-10.
[39] 刘海峰. 为什么要坚持统一高考 [J]. 上海高教研究，1997 (5)：44-46.
[40] 刘海峰. 以考促学：高等教育考试的功能与影响 [J]. 厦门大学学报（哲学社会科学版），2002 (2)：5-7.
[41] 刘海峰. 终结盲目批评科举的时代 [J]. 东南学术，2005 (4)：41-46.
[42] 刘海峰. 重评科举制度——废科举百年反思 [J]. 厦门大学学报（哲学社会科学版），2005 (2)：5-12.
[43] 刘虹. 科举制与文学浅探 [J]. 河北师范大学学报（哲学社会科学版），2005 (7)：134-140.
[44] 刘清华. 民国时期高校招生考试与学校教育的关系 [J]. 宁波大学学报（教育科学版），2004 (10)：41-47.
[45] 罗立祝. 高考加分政策的历史演变与反思 [J]. 考试研究，2008 (7)：36-48.
[46] 马书平. 荣誉造假：高考舞弊新热点 [J]. 中国社会导刊，2003 (1)：31-32.
[47] 欧海燕. 考试伦理之探微 [J]. 哈尔滨学院学报，2006 (1)：68-71.
[48] 潘懋元，覃红霞. 高考从选拔性考试到适应性考试 [J]. 湖北招生考试，2003 (12)：22-23.
[49] 庞皎明. 教育体制缺失下的中国式复读 [J]. 科学决策月刊，2007 (10)：48.
[50] 裴云. 高考舞弊及其所预示的危机 [J]. 湖北招生考试，2006 (12)：37-40.

[51] 裴云. 公平与效率——高考改革的永恒动力 [J]. 湖北招生考试, 2005 (8): 56-59.
[52] 彭拥军. 论高考的功能 [J]. 湖北招生考试, 2006 (8): 42-45.
[53] 苏尚锋. 考试的起点、过程和结果公平 [J]. 湖北招生考试, 2005 (20): 15-19.
[54] 孙开键, 吴琼. 科举考试的信度及效度 [J]. 考试研究, 2006 (12): 40-45.
[55] 覃红霞. 大众传媒与高考互动关系研究 [J]. 江苏高教, 2005 (1): 49-51.
[56] 覃红霞. 高考不是素质教育的对立物 [J]. 学习月刊, 2007 (9): 24-25.
[57] 万俊人. 制度伦理与当代伦理学范式转移 [J]. 浙江学刊, 2002 (4): 11-16.
[58] 汪丁丁. 教育的问题 [J]. 读书, 2007 (11): 39-44.
[59] 王北生. "育才"与"制器": 教育究竟为了什么和应做什么——由状元风引发对教育目的的再思考 [J]. 教育理论与实践, 2009 (1): 8-11.
[60] 王本陆. 教育公正: 教育制度伦理的核心原则 [J]. 华南师范大学学报 (社会科学版), 2005 (1): 97-103.
[61] 王策三. 认真对待"轻视知识"的教育思潮——再评由"应试教育"向"素质教育"转轨提法的讨论 [J]. 北京大学教育评论, 2004 (7): 5-23.
[62] 王长乐. 从公正到功利: 高考意义为什么变化 [J]. 教育理论与实践, 2008 (4): 28-32.
[63] 王后雄. 新课程高考科目方案述论与改革价值取向 [J]. 高等教育研究, 2007 (5): 26-31.
[64] 韦森. 语言、道德与制度——语言哲学能搭起"实然"与"应然"之桥? [J]. 东岳论丛, 2004 (3): 27-42.
[65] 吴薇. 科举制度与高考改革——当代大学生"科举与高考印象"问卷调查 [J]. 考试研究, 2006 (1): 90-99.
[66] 项义华. 制度的道德与个人的道德 [J]. 浙江社会科学, 1997 (1): 67-69.
[67] 萧成勇, 朱引芳. 学生高考成绩与道德品质相关性问题研究 [J]. 教育科学研究, 2005 (3): 41-44.

[68] 徐萍. 高等教育大众化对日本大学入学制度的影响及启示 [J]. 高等工程教育研究, 2009 (1): 125-128.
[69] 徐梓, 王炳照. 科举制度的公平追求及其对自身的戕害 [J]. 教育学报, 2005 (8): 3-9.
[70] 杨德广. 评"名校统揽高分者, 高分者统统进名校"——对"平行志愿投档"的深层次思考 [J]. 北京大学教育评论, 2009 (1): 179-182.
[71] 杨东平. 教育公平的理论和在我国的实践 [J]. 东方文化, 2000 (6): 86-94.
[72] 杨学为. 高考四十年 [J]. 中国考试, 1997 (2): 2-5.
[73] 余小波. 当前我国社会分层与高等教育机会探析 [J]. 现代大学教育, 2002 (2): 40-47.
[74] 臧铁军. 考试的人道性与人道原则 [J]. 北京师范大学学报 (社会科学版), 1996 (3): 37-42.
[75] 臧铁军. 考试改革与人的全面发展 [J]. 教育研究, 1995 (11): 61-66.
[76] 张路雄. 困境与出路: 现代化市场化进程中的中国教育体制 [J]. 社会科学论坛, 2006 (8): 49-71.
[77] 张学强, 彭慧丽. 民国时期高校自主招生考试探析——兼论对完善我国高校自主招生制度的启示 [J]. 社会科学战线, 2009 (5): 210-216.
[78] 张亚群. 从单独招考到统一招考——民国时期高校招生考试变革的启示 [J]. 中国教师, 2005 (6): 24-26.
[79] 张亚群. 理性认识高考负面影响 [J]. 粤海风, 2003 (2): 37-41.
[80] 赵炎秋. 回到原点: 对高考制度改革的几点思考 [J]. 中国考试, 2009 (1): 46-51.
[81] 郑若玲, 杨旭东. 高考改革: 历史与现实的思考 [J]. 厦门大学学报 (哲学社会科学版), 2003 (1): 108-114.
[82] 郑若玲. 保送生制度: 异化与革新 [J]. 湖北招生考试, 2003 (4): 43-46.
[83] 郑若玲. 高考与应试教育、素质教育关系新论 [J]. 教育发展研究, 2007 (Z1): 14-17.
[84] 郑若玲. 考试公平与区域公平——高考录取中的两难选择 [J]. 高等教育研究, 2001 (6): 53-57.
[85] 郑若玲. 试析高考的指挥棒作用 [J]. 厦门大学学报 (哲学社会科学

版)，2002 (2)：7-10.
[86] 周业安. 中国制度变迁的演进论解释 [J]. 经济研究，2000 (5)：3-11.
[87] 邓建国. 科举制度的伦理审视 [D]. 长沙：湖南师范大学伦理学研究所，2007.
[88] 毛晓阳. 清代科举宾兴研究 [D]. 厦门：厦门大学教育研究院，2009.
[89] 王后雄. 我国高考政策的公平性研究 [D]. 武汉：华中师范大学政治学研究院，2008.
[90] 焉明明. 大规模考试的演变与育人——论会考与高考的改革 [D]. 武汉：华中师范大学教育科学学院，2003.
[91] 张耀萍. 高考形式与内容改革研究——基于利益博弈的视角 [D]. 厦门：厦门大学教育研究院，2007.
[92] 张和生. 高考公平问题的伦理审视与实证研究 [D]. 南京：中南大学，2013.
[93] 荀人民. 高等教育平等权初探 [N]. 光明日报，2006-05-24.
[94] 邓桂明，肖文娟. 湖南省 2003 年高招 并列志愿初见成效 [N]. 湖南日报，2003-07-16.
[95] 刘海峰. 从重学历到重“学校历”并非偶然 [N]. 中国教育报，2009-07-13.
[96] 刘海峰，文理分科乎 [N]. 中国教育报，2009-03-09.
[97] 闾丘露薇. 高考的公平性 [N]. 商周刊，2009-07-06.
[98] 潘懋元. 分类与定位：高校可持续发展的关键 [N]. 光明日报，2004-04-15.
[99] 潘晓凌. 春天已远：农村大学生在大学里的比例沉浮 [N]. 南方周末，2011-08-05.
[100] 许纪霖. 高考制度——迫不得已的荒谬 [N]. 中国新闻周刊，2005-07-25.
[101] 左春明. 理性审批：教育公平与效率 [N]. 中国教育报，2002-12-06.
[102] 秦春华. 重点大学农村学生比例为何上不去 [N]. 光明日报，2015-09-08.
[103] 兰德华. 复读生连续四年高考：因对命运的不甘与抗争 [N]. 工人日报，2015-06-29.

三、网络资源

[1] 彭洁云，周凯.部属高校生源本地化 外地人进名校难上加难？[EB/OL].[2008-7-30]. http://edu.sina.com.cn/gaokao/2008-07-30/1610156832.shtml.

[2] 青岛3考生状告教育部[EB/OL].[2001-8-23]. http://hsb.hsw.cn/gb/newsdzb/2001-08/24/2001-08-24-05gnxw3.htm.

[3] 温故现代教育史影响最深变革：1922年壬戌学制[EB/OL].[2009-1-21]. http://news.sina.com.cn/c/2009-01-21/090317088747.shtml.

[4] 姜伯静.2007高考作文在黔驴技穷之中走投无路[EB/OL].[2007-6-11]. http://gb1.chinabroadcast.cn/9223/2007/06/11/1266@1629022.htm.

[5] 梁实秋.谈考试[EB/OL].[2010-6-22]. http://laiba.tianya.cn/tribe/showArticle.jsp? groupId=32163&articleId=c337 b0597e3ee8032b677ef024f8a495.

[6] 余瑛瑞."科举制"盖棺百年涌风烟 重新评价观点成为学术界思潮[EB/OL].[2005-11-6]. http://news.sina.com.cn/w/2005-11-06/10337371401s.shtml.

[7] 俞可平.正在兴起的公民社会与治理的变迁[EB/OL].[2002-2-5]. http://www.360doc.com/content/10/0130/16/16099_14738188.shtml.

[8] 叶铁桥.专家建言规范和改进高考加分政策[EB/OL].[2010-6-9]. http://www.neworiental.org/publish/portal0/tab6385/info523640.htm.

[9] 左春明."花盆"还是"大地"[EB/OL].[2009-1-10]. http://www.eywedu.com/Jiaoshibolan/zsbl2003/zsbl20030305.html.

[10] 郑褚.弃考背后的教育两重天[EB/OL].[2009-6-8]. http://www.eeo.com.cn/eeo/jjgcb/2009/06/08/139329.shtml.

[11] 赵汀阳.教育观察：招生体制不应是人人皆输的游戏[EB/OL].[2009-3-29]. http://www.cbe21.com/public/news/html/210101/2005_03/20050329_26429.html.

后　　记

博士后经历应该是一种工作经历，但从当前的实际情况来看，除了生活待遇好一些以外，博士后生活和研究生生活也没什么两样，这其实也正是吸引我获得博士学位后想再争取两年纯净的读书时间的原因之一。非常感谢合作导师刘海峰教授，我的出站报告与其说是一项研究报告，不如说是从学于刘老师的读书笔记、心得体会。刘老师集研究之大成于科举学，平素最喜进士登科录与乡试题名录，这无形之中督促我等在学术研究上囊萤映雪、补拙救愚、孜孜以求、止于至善，以"登科"或"题名"为学术进取之标记。

特别感谢潘懋元先生给予我的充分信任和为我提供的各种机会，衷心感谢谢作栩教授、张亚群教授、郑若玲教授在开题时提出的宝贵意见。衷心感谢史秋衡老师、杨广云老师、王洪才老师、郑若玲老师、覃红霞老师、陈兴德老师、范孝平老师、叶燕老师等院里诸位老师对我的关心与照顾。感谢建状兄、晓阳兄、巧燕、本富、传松、额尔敦、振宇、希伟、张森、上洪、一彬、用军、建民、剑清、叶子、小卉等刘门兄弟姐妹，大家一次次在白城岗亭处等赴刘老师沙龙的快乐期待将变成永远的温馨回忆。感谢在潘先生家沙龙时唇舌争锋的各位院友以及东南西北客，先生家的沙龙是难得的给人以思考与激辩的乐趣的学术集会。感谢和我一起爬山观海的博士后和博士生，为数不多的几次山林漫游与海边漫步为平淡的生活增添了不少乐趣。感谢厦门大学博士后管理办的罗俊峰老师（现已调到其他科室）和尹青萍老师，她们认真负责的工作态度令人感念，衷心感谢罗俊峰老师的无私帮助。

感谢我的博士生导师、北京师范大学檀传宝教授，他一直鼓励与支持我在学术道路上积极进取、勇敢开拓。感谢我的丈夫谷敏强博士和我的女儿谷雯君，我做出站报告那一天正是孩子一周岁的生日，虽然在亲人的悉心照顾下雯雯能够茁壮地成长，但是在她可爱的婴儿时期我却忙于科研任务而分身乏术，这也令我不无遗憾。感谢每一次相遇，感谢所有给我帮助的人！

徐　萍

于汕头大学文北楼

2016 年 3 月 15 日